es 1160

edition suhrkamp

Neue Folge Band 160

Die vorliegende Arbeit weist in ihrem ersten Teil das relative Recht und die jeweiligen Schwächen der positivistisch, formalistisch, strukturalistisch, materialistisch und psychoanalytisch orientierten Literatur- und Kunsttheorien auf. Der zweite Teil unternimmt eine Rekonstruktion zentraler Begriffe der Ästhetik, die sowohl auf jene divergierenden Theorien als auch auf den Zusammenhang und die Diskontinuität von traditioneller und moderner Kunst ein neues Licht wirft. Entwickelt wird damit der Neuentwurf einer systematischen Ästhetik, der am Ende, über den artifiziellen Bereich der Kunst hinaus, auch den der gewachsenen Natur umfaßt.

Franz Koppe, geboren 1931, ist Professor für Philosophie an der Hochschule der Künste Berlin.

Franz Koppe
Grundbegriffe der Ästhetik

Suhrkamp

Für Raphael

edition suhrkamp 1160
Neue Folge Band 160
Erste Auflage 1983
© Suhrkamp Verlag Frankfurt am Main 1983
Erstausgabe
Alle Rechte vorbehalten, insbesondere das
der Übersetzung, des öffentlichen Vortrags,
der Übertragung durch Rundfunk und Fernsehen,
auch einzelner Teile
Satz: LibroSatz, Kriftel
Druck: Nomos Verlagsgesellschaft, Baden-Baden
Umschlagentwurf: Willy Fleckhaus
Printed in Germany

3 4 5 6 7 8 – 97 96 95 94 93 92

Inhalt

Vorwort

Wer was schreibt, hat dabei Leser im Sinn. Mir waren bei der Arbeit an diesem Band vor allem zweierlei, ziemlich verschiedene, vor Augen. Auf der einen Seite der mit Dichtung und Kunst längst vertraute Leser, den aber früher oder später die Frage bewegt, womit er da eigentlich vertraut und womöglich intim ist. Was ihm das eigentlich bedeutet oder auch zu schaffen macht. Was da fasziniert oder irritiert, und warum. Ob es hält, was es verspricht; oder durchschaut, was es denunziert. Kurz, was es ist und was daran ist. Mit anderen Worten, jemand, der – durch die Kunst selbst motiviert oder provoziert – nach einem der erregenden Rätsel fragt, das zu unserem Leben gehört: dem der Kunst und ihrer Wahrheit, des Ästhetischen und seiner Schönheit. Wer so, mehr oder weniger spontan betroffen, sich jedenfalls mit hochkarätigen Theorien dazu nicht weiter geplagt oder herumgestritten hat, mag geradewegs den zweiten Teil aufschlagen, der sich ohne Umschweife just dieser Frage stellt. Damit kommt er gleich zum Haupt- und Kernstück über *Grundbegriffe der Ästhetik*[1], das deshalb dem Buch den Titel gibt (obwohl es der Seitenzahl nach eher kurz und wohl auch kurzweiliger zu lesen ist als der opulentere Rest). Vielleicht wird sich dann im Nachhinein manch einer überdies für die Geschichte zumal der neueren Diskussion hierzu interessieren und gelegentlich einmal im ersten Teil blättern. Da zeigt sich auch, wieviel von der im zweiten entwickelten Alternative in dieser Diskussionsgeschichte, wenngleich auf längeren und widersprüchlichen Wegen verstreut, schon enthalten ist – ausgenommen insbesondere die Pointe des Ganzen (die ich lieber nicht vorab verrate, sondern der Lektüre, sozusagen live, überlasse).

Der andere Leser, der mir vorschwebte und sich beim Schreiben – je länger, desto mehr – in den Vordergrund schob, ist der weniger unbeschwerte, weil in die einschlägige Debatte bereits gründlich hereingezogene Leser. Wo er sich freilich – je tiefer, um so eher – kaum mehr zurecht- und schon gar nicht aus ihr herausfindet, ja vor lauter Bäumen den Wald nicht mehr sieht (wie es mir weiland selber ergangen ist). Im Hinblick auf diese notorische Desorientierungssituation ist der theoriegeschichtliche erste Teil geschrieben, um wenigstens in großen Zügen Licht in eine ziemlich dunkle Affäre zu bringen. Auf jeden Fall aber sollte man ihn nicht als ein Stück bloß beschreibende Theoriehistorie, sondern eher wie eine Detektivgeschichte lesen. Nur daß es hier nicht um die Identifizierung eines dingfest zu machenden Individuums geht, sondern um einen Begriff: eben den der Kunst und der ihn tragenden Grundbegriffe der Ästhetik. Und zwar, wie es sich für eine Detektivgeschichte gehört, über allerlei Irr- und Umwege (mit fälschlich oder zu Recht Verdächtigten) hindurch und immer auf eine Lösung des Knotens gespannt, die auch hier erst der Schluß zu Tage fördert.

Soviel zum ›implizíten Leser‹. Darüber hinaus nur noch eine weitere Bemerkung zum Titel. Danach geht es also um Grundbegriffe der Ästhetik. Aber sie werden hier, im historischen wie im systematischen Teil, auf dichtungstheoretischem Boden erörtert. Anders gesagt: der Ausgang von Theorien der Sprachkunst her zielt, umfassend, auf eine Theorie der Kunst. Es geht demnach zunächst genauerhin um *Grundbegriffe der Poetik* – aber doch von vornherein, und dezidiert im zweiten Teil, in paradigmatischer Absicht: eben mit Blick und ausgreifend auf *Grundbegriffe der Ästhetik*. Daß bei diesem weitergehenden Schritt systematische Lücken bleiben, ist nicht von ungefähr. Zeigt sich doch der untheoretische Charakter der Kunst insbesondere da, wo das am ehesten theoriefähige Fundament der verbalen Sprache (oder anderer propositionaler Zeichensysteme) entfällt. Gleichwohl bietet sich, wenn überhaupt, von dort aus die Chance, auch den außerverbalen Sprachen der Kunst auf die Spur zu kommen. Daß das bislang, allenthalben, eher schlecht als recht gelingt, zeichnet den Gegenstand der Kunsttheorie aus; und wohl auch dann noch, wenn es ihr in Zukunft einmal besser glückt – wozu diese Studie, mit Maßen, beizutragen sucht.

Vorworte schließen gern mit Dank – auch wenn derer, denen zu danken ist, stets etliche mehr sind, als sich öffentlich machen lassen. Zu letzteren zählt hier an erster Stelle Friedrich Kambartel, dem ich nicht nur als philosophischem Lehrer verbunden bin. Kritische Bestärkung verdanke ich auch Jürgen Habermas und insbesondere Albrecht Wellmer, der zudem fruchtbare Diskussionen zu meinem Ästhetik-Konzept initiierte (namentlich mit Ursula Wolf, Martin Seel und Gerald Müller als ersten Rezensenten).[2] Förderlich waren mir auch zahllose Mitternachtsdebatten (im ehemals hiesigen *Roten Knopf*), vor allem mit Gottfried

Gabriel, Albert Veraart, Hans J. Schneider, Thomas Rentsch und Rüdiger Welter, dem mich überdies ein gemeinsames Seminar zur interpretationspraktischen Erprobung der graueren Theorie verpflichtet.[3] Von Utrecht aus nahm Bernhard F. Scholz engagiert an der Diskussion teil. Nicht zuletzt bin ich Karlheinz Müssig und Heinrich Lindenmayr sehr dankbar, die mir nicht nur bei der technischen Bewerkstelligung des Unterfangens geholfen, sondern auch Korrekturen und Bereicherungen beigetragen haben, die hier unmittelbar zu Buch schlagen.

Insel Reichenau, Frühjahr 1981   *F. K.*

Teil I

Die literaturtheoretischen Hauptschulen und ihr Ertrag für den Begriff der Kunst

Einleitung

Literatur- und Kunstgelehrsamkeit gibt es seit alters. Als Wissenschaft etabliert hat sie sich aber erst im letzten Jahrhundert: seit sie sich ihre Gegenstandsauffassung (was es denn mit Dichtung und Kunst eigentlich auf sich habe) nicht mehr von einer spekulativen Philosophie vorgeben ließ, sondern – als Antwort auf die herausfordernden Erfolge der Naturwissenschaften – mit deren längst metaphysischer Vormundschaft lediger Systematik zu wetteifern begann. Dabei handelt es sich, genau besehen, um die Neubegründung eines ganzen Wissenschaftsbereichs: den der Kunstwissenschaften (im weitesten Sinn), unter denen freilich die Literaturwissenschaft – als Wissenschaft von der Dichtung als der redenden Kunst – von vornherein den ungleich stärksten Platz einnahm und bis heute behauptet.[1] Man darf gespannt sein, ob oder wie weit diese ungewöhnliche Wissenschaftsgründung, die die notorisch theorieresistenten Künste zu ihrem Forschungsfeld machte, inzwischen gelungen oder gediehen ist. Und das betrifft bereits die Frage, um die es in diesem ersten, historischen Teil geht.

Jedenfalls hat der Gründungsprozeß nicht, wie zunächst erhofft, zur Entwicklung eines einheitlichen Konzepts, das dem der Naturwissenschaften vergleichbar wäre, sondern in sehr verschiedene Richtungen geführt. Unter den zahlreichen Schulen, die so entstanden und meist bald wieder vergingen, lassen sich immerhin einige wenige Hauptschulen ausmachen, an die man sich halten kann, wenn man jener Frage nachgehen will, ohne sich dabei in Seiten- und Nebenwege zu verlieren. Da ist zunächst die seinerzeit große Schule des klassischen Positivismus, die bis zur Jahrhundertwende ziemlich unangefochten blieb, inzwischen freilich bereits der Wissenschaftsgeschichte angehört. Im Gegenzug dann die kleinere, aber vehemente und folgenreiche des klassischen Formalismus, der später in der noch fortdauernden strukturalistischen Bewegung aufgegangen ist. Geblieben sind auch, in schon früh einsetzenden weiteren Gegenzügen, die materialistische und psychoanalytische Schule, die miteinander wie mit der strukturalistischen konkurrieren (was gelegentliche Verbrüderungen nicht ausschließt). Und in der genannten Reihenfolge stehen sie hier zur Debatte. Kurz nur, als prototypische Vorgeschichte, in den beiden schon zur Vergangenheit zählenden Fällen: Positivismus und Formalismus. In der Hauptsache aber befaßt sich dieser erste Teil mit den drei noch lebendigen Schulen, die seit rund einem halben Jahrhundert bis heute die Theoriediskussion der Kunst- und Literaturwissenschaft, im wesentlichen kontrovers, beherrschen: Strukturalismus, Materialismus und Psychoanalyse (wo überdies jeweils zwei, ihrerseits antagonistische, Richtungen zu berücksichtigen sind). Sie machen, aus der Perspektive der Gegenwart, zweifellos die eigentlichen Hauptschulen aus.[2] Allerdings bleiben sie auf die beiden erloschenen Prototypen der modernen Kunst- und Literaturwissenschaft bezogen: nehmen doch Materialismus und Psychoanalyse das positivistische Konzept einer von den Lebensumständen determinierten Kunst wieder auf (wenn auch unter veränderten Vorzeichen und mit späterem Protest aus den eigenen Reihen), während der Strukturalismus ans formalistische Konzept einer Verfahrensästhetik, unter systematischer Ausblendung der Lebensumstände, anschließt (um es, nach einer ersten Phase lebenspraktischer Erweiterung des Blickfelds, am Ende noch zu radikalisieren).

Die Beschränkung aufs Wichtigste, im Horizont wissenschaftstheoretischer Zeitgeschichte gesehen, macht zunächst deutlich, worum es hier nicht geht. Einerseits kommt es weder auf Vollständigkeit im Blick auf den Reigen wechselnder Schulen noch auf einen lückenlosen Aufweis ihrer Genesen und Filiationen an. Statt dessen Konzentration nicht allein auf die Hauptrichtungen, sondern überdies – zugunsten weiterer Straffung – auf deren klassische Repräsentanten (während nachrangige Vertreter oder Schulen geringerer Tragweite allenfalls am Rande zur Sprache kommen). Dabei tritt streckenweise auch die Chronologie in den Hintergrund, wenn es darauf ankommt, Schulentwicklungen als kontinuierlichen Diskussionszusammenhang zu verdeutlichen.[3] Andererseits geht es erst recht nicht um theorienpluralistische Darstellung, die eine Auswahl von Richtungen und Schulen zur unverbindlichen Ansicht Revue passieren läßt. (Weshalb einschlägige Kompendien auf der Konjunkturwelle des zeitgenössischen Methodenpluralismus um so langweiliger werden, je kompletter ihr Sortiment ausfällt.)

Es geht hier vielmehr, von Anfang bis Ende, um eine hartnäckig zu verfolgende Fragestellung, unter der jene Schulen selber in Frage stehen. Sie lautet etwa so: Was hat die Literatur- und

Kunstwissenschaft, in ihren Hauptschulen beim Wort genommen, für eine Bestimmung ihres eigenen Gegenstands – den der Literatur, den der Kunst – geleistet? Sind hier entsprechende Definitionen (explizit oder über gegenstandsspezifische Methoden und Ziele) überhaupt zustande oder wenigstens zuwege gebracht worden? Einander bestätigend – oder aber widerstreitend, so daß zwischen Alternativen zu entscheiden wäre?

So legitim nämlich die neue Literatur- und Kunstwissenschaft darauf bestand, sich ihren Gegenstandsbegriff nicht mehr von anderwärts vorgeben zu lassen, so unausweichlich ist es damit andererseits ihr selbst zugefallen, diesen ihren Emanzipationsanspruch durch eigene Erarbeitung entsprechender Begriffsbestimmungen auch einzulösen. Die Konstitution des Gegenstandsbegriffs (mit dem Begriff der *Kunst* als gemeinsamem Kernstück durch die verschiedenen *Künste* hindurch) ist damit konstitutiv für jene Wissenschaften selbst. Solange man nicht sagen oder methodenspezifisch präzisieren kann, was Literatur, was Kunst (im Unterschied zu allem sonst) ist, solange kann auch noch keine Rede davon sein, daß eine literatur- oder kunstwissenschaftliche Schule als erfolgreich gelten darf: kann sie doch – auch wenn sie nach außen Erfolge zu häufen scheint und ganze Bibliotheken mit Publikationen über Literatur und Kunst füllt – gleichwohl an der Literatur, an der Kunst im wesentlichen gründlich vorbeigehen. (Ein inzwischen unumstrittenes Beispiel dafür ist die positivistische Schule, wie sich zeigen wird.) Die sich eingangs stellende Frage nach dem Gelingen oder Gedeihen der Literatur- und Kunstwissenschaften als neuem Wissenschaftsbereich spitzt sich also, über kurz oder lang, zur Frage nach dem Gelingen oder Gedeihen ihrer Gegenstandsbestimmung zu: nach einem überzeugenden Begriff der einzelnen Künste wie (fundamentaler) der Kunst überhaupt. Hier liegt der Prüfstein und Maßstab, mit dem die Bedeutung einer jeden Schule und damit auf Dauer sie selber steht und fällt.

Die so, gezielt, zur Diskussion gestellte Gründung, Entwicklung und Leistung jenes neuen Wissenschaftsbereichs läßt sich nun faktisch aufs genaueste am Beispiel der Literaturwissenschaft verfolgen, die in ihrer Theoriebildung unter den Kunstwissenschaften jeweils am frühesten, deutlichsten und weitesten ausgebildet war und ist. Ich werde mich deshalb insbesondere ans literaturtheoretische Paradigma – als den roten Faden im Durchgang durch die heterogenen Richtungen und Schulen – halten: freilich zugleich im Blick aufs kunsttheoretische Ganze, das die wechselnden Literaturtheorien zumeist auch von sich aus, mehr oder weniger, mit im Auge haben. (Wie denn ja auch in der älteren Tradition, nicht anders als in der Moderne, der Kunstcharakter der redenden Kunst nicht von ungefähr als Muster des Kunstcharakters überhaupt galt.) In dieser paradigmatischen Fassung läßt sich jetzt die Leitfrage der folgenden Untersuchungen so formulieren: Was haben die großen Schulen der Literaturwissenschaft – beispielhaft für die über hundertjährige Geschichte der Kunstwissenschaften – für eine Neubestimmung ihres Gegenstands erbracht: für die Definition seines Kunstcharakters, der ihn gegenüber jedem anderen Gegenstand der Wissenschaft auszeichnet und mit dem aller Kunstwissenschaften verbindet? So verstanden, fragt der Titel dieses ersten Teils, kurz, nach den literaturtheoretischen Hauptschulen und ihrem Ertrag für den Begriff der Kunst. Und in diesem Sinn handelt es sich hier um den *historischen* ersten Teil: nämlich in ausgesprochen *systematischer* Absicht (die dann der zweite geradewegs weiterverfolgt) und in entsprechend geraffter Form.

1. Zur Vorgeschichte

1.1 Positivismus

> Die Naturwissenschaft zieht als Triumphator auf dem
> Siegeswagen einher, an den wir Alle gefesselt sind.
>
> *Wilhelm Scherer*

Obzwar der literatur- und kunsttheoretische Positivismus eine im
wesentlichen überwundene, ja obsolete Position ist, kommt ihm
die Ehre, gleichwohl in einschlägigen Lehrbüchern, und gar an
vorderster Stelle, aufgeführt zu werden, nicht von ungefähr zu.
Verkörpert er doch, historisch gesehen, das erste unter den groß-
mächtigen Theoriekonzepten der modernen Kunst- und Literaturwissenschaft.[4]

Wie denn überhaupt der von Auguste Comte als Programm einer
universalen Gesetzeswissenschaft kreierte klassische Positivismus
im neunzehnten Jahrhundert nicht nur die stärkste und einheit-
lichste wissenschaftstheoretische Richtung war, sondern als solche seinen Geltungsanspruch dezidiert auf alle Disziplinen er-
streckte.[5] Also nicht allein auf die bereits reüssierten Naturwissenschaften, die dazu den Anlaß und das Modell gaben, sondern
insbesondere auf die vor allem theoriebedürftige neue Wissenschaft der Soziologie, wozu im weiteren Sinn auch die kulturhisto-
rischen Fächer zählen: nicht zuletzt die Literatur- und Kunstwissenschaften. Das Neue ihrer positivistischen Vereinnahmung
springt denn auch sofort angesichts der Tatsache in die Augen,
daß jetzt ihr Gegenstand – Dichtung und Kunst – mit einem Mal
als ein Phänomen betrachtet wird, das einer im Grunde naturwissenschaftlichen Erklärung ebenso fähig und bedürftig sein soll
wie Erzvorkommen, Mutationen oder nervöse Syndrome.

Es war allerdings nicht mehr Comte selber, sondern der Kultur-
historiker Hippolyte Taine, der das positivistische Konzept durch
eloquente Adaptation auch in der Kunst- und Literaturwissenschaft zum Durchbruch brachte. Danach kommt es, wie in jeder
positivistisch aufgefaßten Wissenschaft, auch hier auf Kausalfor-
schung an: genauerhin auf die in Rasse, Milieu und Zeit des
Künstler- oder Dichterlebens aufzusuchenden Ursachen, aus

denen die zugehörigen Werke mit kausalgesetzlicher Notwendigkeit – wie es für alles geschichtliche Geschehen unterstellt wird – hervorgegangen und entsprechend deduzierbar sein sollen: die Ilias wie die Bibel, die Göttliche wie die Menschliche Komödie, die Bühne Shakespeares wie die Molières, die Verse der Pléiade wie die der Romantik. So heißt es in Taines programmatischer Einleitung seiner *Histoire de la littérature anglaise* anfangs der sechziger Jahre, daß die Geschichte ihre »Anatomie« gefunden habe, daß ihre »Laster« wie ihre »Tugend« Erzeugnisse seien wie »Vitriol und Zucker« und es deshalb gelte, ihre Dokumente, auch und zumal in der Kunst, einzig auf die sie nach den »Regeln der menschlichen Vegetation« erzeugenden Ursachen zu untersuchen.[6] Damit tritt die Künstler- und Dichterbiographie ins Zentrum des Forschungsinteresses, gegebenenfalls mit soziologischer Horizontausdehnung auf epochale und insbesondere nationale Dimensionen der Kunstproduktion: in jedem Fall aber unter dem postulierten Forschungsprinzip der dreifach pünktlichen Determination durch Rasse, Umwelt und Evolutionsmoment. In Deutschland hat dann die Scherer-Schule das positivistische Programm literaturwissenschaftlich aufgenommen und an theoretischem Rigorismus womöglich noch zu übertreffen gesucht.[7] (Daß es wissenschaftspraktisch nirgends einzulösen war, versteht sich von selbst. Und ebenso selbstverständlich hat die Forschungs- und Interpretationspraxis der Literatur- und Kunstwissenschaft unter positivistischem Vorzeichen allenthalben mehr und Erklecklicheres zustande gebracht, als es ihr theoretisches Credo erlaubte.[8])

Im übrigen schlug das Echo der neuen Literaturtheorie auch auf die Literatur selbst durch. Unternahmen es doch deren Autoren, jetzt ihrerseits den erb- und milieudeterminierten Menschen zu ihrem Thema zu machen, um so mit den Theoretikern womöglich zu wetteifern. Das zeigt sich im literarischen Naturalismus vom Schlage des theorieambitionierten Emile Zola. Freilich übersieht der positivistisch inspirierte Literat, der sich – wie Zola – gegenüber seinen fiktiven Protagonisten gern in die Pseudorolle eines wissenschaftlichen Experimentators versetzt, daß er ja doch zugleich selber mit seinem Werk Gegenstand und Opfer der positivistischen Determinationstheorie wird, der er auf seine Weise hatte Geltung verschaffen wollen.[9] Diesem Selbstmißverständnis unterliegt letztlich allerdings auch der wissenschaftliche Verfechter einer jeden universalen Determinationstheorie. Denn der beim Wort genommene Determinist wird ja am Ende genauso das Opfer seiner Theorie: weil er sein eigenes wissenschaftliches Tun, insbesondere sein methodisches Vorgehen, eigentlich nicht als durch die besseren Argumente begründet begreifen kann, sondern konsistenterweise ebenfalls als Determinationsprodukt hinnehmen muß, das gegen Argumente immun ist und schon gar keine Möglichkeit einer Entscheidung für die als besser erachteten zuläßt.[10] So führt die positivistische Determinationsprämisse nicht nur das Schreiben von Literatur (wie die Artikulation durch Kunst überhaupt), sondern schließlich auch das Treiben von Wissenschaft und damit freilich sich selbst ad absurdum.[11]

Für die kritische Leitfrage, auf die es hier ankommt, ist es allerdings nicht einmal entscheidend, ja in einem bestimmten Sinn sogar unerheblich, ob die Unterstellung einer quasi naturwissenschaftlich faßbaren Determiniertheit der Kunst, die an deren kommunikativem Handlungscharakter (wie er insbesondere bei der redenden Kunst unübersehbar ist) vorbeigeht – ob diese abenteuerliche Unterstellung nun richtig oder falsch sein mag. Und zwar insofern unerheblich, als die Determinationsthese, so oder so, und auch im Rahmen ihres positivistischen Verständnisses, jedenfalls *nicht kunstspezifisch* ist. Denn die positivistische Absicht, sprachliche oder andere Kunst durch biographische und soziobiographische Daten rasse-, milieu- und evolutionsbezogener Natur kausal erklären zu wollen, besagt ja – auch auf dem Boden positivistischer Dogmatik – ohnehin nichts darüber, was hier Kunst oder Dichtung von beliebigen anderen kulturellen Manifestationen unterscheiden könnte. Verfolgt doch die orthodox positivistische Kulturwissenschaft, und zwar aus Prinzip, allemal dasselbe Ziel nach derselben Methode: in bezug auf jedes Kulturphänomen – innerhalb wie außerhalb der Kunst.

Und in der Tat läßt sich, auch ohne deterministisches Mißverständnis, ausnahmslos alles Tun oder Lassen auf individual- und sozialbiographische Voraussetzungen hin befragen. Das ist für eine lebensbezogene und damit allererst relevante Kunstkritik sogar unerläßlich. Nur ist damit kunsttheoretisch noch nichts gewonnen. Geht es doch vielmehr darum, das Machen und Erfassen von Kunst, das Schreiben und Lesen von Literatur als ein Tun oder Lassen sui generis auszuzeichnen (wenn anders die Literatur- und Kunstwissenschaft einen eigenen Gegenstand hat) und die so durch Kunst vermittelte Erfahrung von jeder anderen zu unterscheiden. Dazu hat die positivistische Schule nicht nur keine Antwort gegeben – sie hat die Frage, auf die es ankommt, überhaupt nicht und nirgends gestellt.[12]

Wohl aber hat sie – und das bleibt als nicht zu entwindende Errungenschaft des positivistisch ansonsten verfehlten Auftakts der modernen Literatur- und Kunstwissenschaft festzuhalten – zu Recht auf zweierlei gepocht: auf deren wissenschaftstheoretische Fundierung – gegen spekulative Luftschlösser; und zum andern auf ihre Einbettung in den Lebenskontext – gegen die Unterschlagung des Zusammenhangs von Kunst und Leben im Abseits belangloser Theorien des L'art pour l'art.

1.2 Formalismus

> Indessen verhielten sich die Literaturhistoriker meistens wie die Polizei, welche, in der Absicht, eine bestimmte Person zu verhaften, auf alle Fälle sämtliche Leute festnimmt, die sich in der Wohnung aufhalten – und noch einige Straßenpassanten dazu. In ähnlicher Weise konsumierten die Literaturhistoriker alles, was ihnen zwischen die Finger kam: das Milieu, die Psychologie, die Politik, die Philosophie. Statt einer Wissenschaft von der Literatur entstand ein Konglomerat hausgemachter Disziplinen.
>
> *Roman Jakobson*

> Kunst ist die Summe ihrer Verfahren.
>
> *Formalistisches Sprichwort*

Die formalistische Schule, die ihre Kunstauffassung im wesentlichen literaturtheoretisch entwickelte und während des Ersten Weltkriegs als Petersburger Gesellschaft für Dichtersprache (*Opojaz*) auf den Plan trat (später allgemein als ›russischer Formalismus‹ bekannt)[13], ist historisch nicht die erste und unmittelbarste Antwort auf den literaturwissenschaftlichen Positivismus. Ihm folgte als Gegenkonzept zunächst die sogenannte geistesgeschichtliche Literaturwissenschaft, welche die positivistische Verdinglichung dadurch wettzumachen suchte, daß sie nunmehr Dichtung als – mehr oder weniger verschlüsselte oder ausgeschmückte – Weise des Denkens, gleichsam als eine andere Art von Philosophie, betrachtete und damit besser zu würdigen meinte.[14] Aber diese ›Vergeistigung‹ konnte der Sprachkunst ebensowenig gerecht werden wie ihre Verdinglichung durch die Positivisten: mußte doch ihre eigentliche Besonderheit, die auffälligen Formqualitäten dichterischer Rede, statt als deren Stärke eher als Schwäche erscheinen, durch die sie hinter begriffs- und argumentationsschärferen Texten zurückbleibt. Offensichtlich kann Dichtung auch so nicht zu ihrem bereits vom Positivismus verfehlten eigenen Recht kommen.

Dieses Eigenrecht erstmals und mit aller Deutlichkeit eingeklagt zu haben, ist das große und bleibende Verdienst der formalistischen Schule. Zumal sich ihre Begründer nicht allein mit philosophisch bis theologisch orientierten Geistesgeschichtlern auseinanderzusetzen hatten, sondern – im Verbund mit der Avantgarde des russischen Futurismus – überdies mit einer an Boden gewinnenden Literaturkritik, die im Blick auf den poetischen Realismus Dichtung auf ihre gesellschaftsanalytische Funktion reduzierte und diese zudem alsbald auf vulgärmarxistische Widerspiegelung festlegte.[15] Anlaß genug für die jungen Formalisten, ihre Einsicht nur um so entschiedener zu artikulieren, solange es ihnen politisch möglich blieb. Alle voraufgehende oder konkurrierende Literaturtheorie hatte es ihrer Meinung nach zugunsten anderweitiger (biographischer, soziologischer, philosophischer, religiöser oder profanideologischer) Interessen versäumt, an der Dichtung das zu beachten, was sie doch offensichtlich im Unterschied zu anderen Redeweisen allererst ausmacht: ihre sprachlich außerordentlichen Formen oder (wie es seither auch gern heißt) ihre Kunstgriffe; allgemeiner gesagt: ihre besonderen *Verfahren* der Rede, die sie zur redenden *Kunst* machen.[16]

Gewöhnlich wird dem Formalismus vorgeworfen, daß er – wie der Name sagt – einseitig auf die (sprachlich artifizielle) Form achte und die (sogenannten) Inhalte der Dichtung außer acht lasse. Der Vorwurf wird also analog dem gegenüber der geistesgeschichtlichen Betrachtungsweise berechtigten Einwand erhoben, sie hebe aus der Dichtung einseitig etwaige Ideen hervor, die sich auch unabhängig von dichterischen Sprachformen ausdrücken lassen. Danach wäre der Formalismus bloß ins andere Extrem gefallen und mithin um nichts besser als die geistesgeschichtlichen oder vergleichbare Richtungen der Literaturwissenschaft. Aber so einfach ist die Sache nicht. Denn was der Geistesgeschichtler auf Grund seiner Abstraktion in der Hand behält, sind ja Ideen, wie sie ebensogut, wenn nicht besser, in unliterarischen Texten, etwa der Philosophie, zur Sprache kommen. Was dagegen der Formalist in der Hand behält, sind just die besonderen literarischen Verfahren, die gegenüber sonstiger Rede ungewöhnlichen Sprachformen der Dichtung. Aus dem ideengeschichtlichen Rest ist das eigentlich Literarische ausgetrieben; der formalistische ›Rest‹ ist dagegen ausgesprochen literarisch: konstitutiv für den Kunstcharakter der Dichtung. Insofern ist der literaturwissenschaftliche Formalismus kunsttheoretisch auf dem richtigen Weg. Die Frage ist allerdings, ob die Formalisten einen zureichenden Verfahrensbegriff entwickelt und entsprechend literarische Verfahren als *Sprachhandlungsmodus* eigener Art bestimmt haben, der als solcher in seinen Mitteln und Zielen zu *verstehen* ist. Bei allem Respekt für die formalistische Schule wird man diese Frage, an der ihre kunsttheoretische Relevanz und Tragweite letztlich zu messen ist, kaum bejahen können.

Von einer unbestimmt schwankenden Frühphase abgesehen[17], hatte der russische Formalismus eine ausgesprochen naturalistische Verfahrensauffassung. Waren seine Protagonisten doch der dezidierten Meinung, daß sich literarische Verfahren rein deskriptiv erfassen lassen: daß sie beschreibbar und analysierbar seien wie Naturdinge oder mechanische Vorgänge. Ja, sie waren der Überzeugung, daß gerade in dieser deskriptiven Askese die Wissenschaftlichkeit des formalistischen Vorgehens begründet sei. Hatte der Formalismus in der Zuwendung zum literarischen Kunstverfahren wie in der Abkehr von deterministischen Vorstellungen den kunsttheoretischen Positivismus einerseits überwunden, so blieb er andererseits in seinem deskriptiv eingeschränkten – und mithin sinnverkürzten – Verfahrensbegriff demselben Positivismus dennoch verhaftet. Zu Viktor Šklovskijs Programmtitel *Kunst als Verfahren* (1916) gehört als Pendant *Das literarische Faktum* Jurij Tynjanovs (1924) dazu: und entsprechend ist allenthalben pointiert von ›Fakten‹ und ›Material‹, von ›Dingen‹ und ›Sachen‹ die Rede, die für sich selbst sprächen und als solche fraglos zu beschreiben seien.

Derlei Terminologie, die die Sinnfrage und zumal alle ihr zugehörige Selbstreflexion unterschlägt, ist hier keine bloße façon de parler. Daß sie vielmehr ein überlegen positivistisches Selbstverständnis zum Ausdruck bringen soll, wird in Boris Eichenbaums manifestartigem Rückblick aufs erste, klassische Jahrzehnt des russischen Formalismus unmißverständlich ausgesprochen. Danach ist es die »objektive Einstellung zu den Fakten«, die »das neue Pathos des wissenschaftlichen Positivismus, das die Formalisten auszeichnet«, begründet: »Dieser Bruch mit der philosophischen Ästhetik und mit der ideologischen Interpretation der Kunst wurde von der Sache selbst diktiert. Es ging darum, den Fakten zu ihrem Recht zu verhelfen« und »dort anzusetzen, wo die Tatsachen evident werden.«[18] Und wenn es im selben Zusammenhang heißt, daß die formalistischen ›Gesetzeshypothesen‹ (die hier nicht mehr als biographische Kausalität, sondern als funktionale Konstanz literarischer Verfahren gemeint sind) »vom Material verifiziert werden«, ist die neuerliche Fehleinschätzung erst recht deutlich.[19] Denn in welchem Sinn sollten wohl ›materiale Fakten‹ (als die literarische Verfahren hier ausgegeben werden) ein vorgeschlagenes Verfahrensverständnis (hier als Gesetzeshypothese angesehen) bestätigen oder widerlegen können: so wie an Meßzeigern abgelesene Protokollsätze eine physikalische Gesetzeshypothese, zu der sie passen oder nicht, verifizieren oder falsifizieren? Da wird der naturalistisch verfehlte Ansatz vollends offenkundig. Literarische Verfahren sind eben keine physikalischen Fakten (noch darauf zu reduzieren), sondern kommunikative Handlungsweisen. Deshalb ist die Frage ›Wie geht literarische Rede vor?‹ unverzichtbar mit der Frage verbunden ›Was will und tut sie, indem sie so vorgeht?‹ – und die Frage *Wie Gogols ›Mantel‹ gemacht ist*[20] mit der Frage nach dem kommunikativen Wert seiner Machart; sonst bleibt die Verfahrensfrage am Ende belanglos. Und eine Antwort auf die Sinnfrage – aufs Einzelwerk oder auf Dichtung überhaupt bezogen – läßt sich nicht unbeteiligt deskriptiv geben: nicht als Beschreibung oder Erklärung von etwas, das keinen Sinnanspruch an mich selber stellt und mit dem ich in dieser Hinsicht nicht selbst ›etwas zu tun‹ hätte, sondern nur als Antwort auf eine Frage, mit deren Gegenstand ich kommunikativ verwickelt bin, sobald ich sie im Ernst stelle. Kurz: sie ist – über alle ›äußerlich‹ bleibende Beschreibung hinaus – eine Sache des partizipativen, gegebenenfalls kritischen, Verstehens.

Freilich haben die Formalisten ihr Programm nicht wirklich naturalistisch deskriptiv durchführen können; denn dann hätten sie sich bei der Erfassung literarischer Verfahren ja auf rein akustische oder optische Gestaltschemata im Sinne zwar regelmäßiger, aber bedeutungsloser Reihenfolgen beschränken müssen. Davon kann natürlich keine Rede sein. Vielmehr haben sie bei ihren Verfahrensanalysen nicht nur (zwangsläufig) von einem semantischen Textverständnis Gebrauch gemacht (um etwa »Unterbrechung und Verzögerung« als ein »zentrales Kompositionsprinzip der Literatur« überhaupt identifizieren zu können).[21] Sie haben überdies durchaus Wert darauf gelegt, auch entsprechende pragmatische Funktionen – also kommunikative Sprachhandlungsziele – zu bestimmen und schließlich auch nach Gründen des literarischen Verfahrenswandels in der Geschichte zu fragen. Nur hat ihre szientistische Selbsteinschätzung die Formalisten daran gehindert, über ein rudimentäres Funktionsverständnis hinwegzukommen. Läuft es doch im wesentlichen darauf hinaus, daß Sinn und Zweck des Kunstcharakters von Literatur in der Verlängerung und Intensivierung der Lektüre durch ostentative Spracherschwerung bestehe. Entsprechend Šklovskijs ebenso kurzer wie repräsentativer »Definition der Dichtung als einer gebremsten, verbogenen Sprache« (kurz: einer »Konstruktions-Sprache«), wodurch ihre Rezeption »aufgehalten« werde und ihre »höchstmögliche Kraft und Dauer« erreiche.[22] Was Leseverlängerung im Umgang mit beschwerlich konstruierten Texten heißt, ist zwar wohl jedermann klar; aber es läßt sich im Grunde formalistisch nicht mehr klarmachen, was die Metapher der ›Kraft‹ heißen und was solche Potenzierung der Lektüre mithin für einen Wert haben soll, zumal sie auf die Wahrnehmung des Sprachverfahrens selbst und als solches bezogen ist. In der Konsequenz dieser – strenggenommen – leeren Funktionsbestimmung, die jedenfalls keine Antwort auf die Frage nach dem Platz der Literatur im Leben gibt, bleibt der Formalismus auch literarhistorisch in einem mechanistischen Evolutionskonzept stecken: im formalistischen Schema des ewigen Wechselbads von Innovation und Automation literarischer Verfahren, das seinerseits quasi automatisch zugunsten des unterstellten Kunstprinzips der erschwernishalber gesteigerten Sprache funktionieren soll.[23] Was wiederum, soviel an alledem auch richtig sein mag, die Dimension der Geschichte jedenfalls so wenig erreicht wie die des Lebens überhaupt.

Der formalistische Gegenzug zu den Fremdorientierungen vorgängiger Kunsttheorien war nach der Jahrhundertwende allerdings nicht auf den russischen Formalismus beschränkt. Die auch

und nicht zuletzt in der Literaturwissenschaft fällige Bewegung
›zu den Sachen selbst‹, zum dichterischen Text und seiner Eigenart als ihrem bisher vernachlässigten eigentlichen Gegenstand,
fand gleichzeitig und unabhängig voneinander auch andernorts
statt. Insbesondere im *New Criticism*, der seit J. E. Spingarns
gleichnamigem Manifest (1911) in den Vereinigten Staaten das
Postulat des close reading, des strikten und detailgenauen Am-
Text-Bleibens unter Ausblendung externer Bezüge – auch dort
engagiert polemisch gegen Theorien und Praktiken aller früheren
Literaturwissenschaft – erhob und damit im angelsächsischen
Bereich vor allem in den dreißiger bis fünfziger Jahren (durch J.
C. Ransom, C. Brooks, A. Tate und andere) tonangebend wurde
und bis heute prägenden Einfluß behalten hat.[24] Im Unterschied
zum russischen Gegenstück ist es hier aber nie zu einer Schule mit
vergleichbar einheitlicher Theoriebildung gekommen. Vielmehr
gehen die Differenzen zwischen den verschiedenen Vertretern
und Phasen der Bewegung bis zum offenen Widerspruch, so daß
oft kaum zu entscheiden ist, wer nun eigentlich dazugehört und
wer nicht; zumal es innerhalb des disparaten Spektrums auch
keine einzelne Fassung gibt, die zu einer ausgebauten Theorie mit
paradigmatischer Geltung gediehen wäre. Gemeinsamkeit besteht
allenfalls darin, daß die intendierte Text*beschreibung*, die sich insbesondere an literarische Mehrdeutigkeit (ambiguity), vor allem
der sprachlichen Bilder (imagery), formalistisch zu halten sucht,
hier – anders als bei den Russen – unvermittelt in einen mitunter
›neuromantisch‹ genannten Subjektivismus der Text*kritik* umschlägt: so daß die Abstraktion des close reading, die im New
Criticism textexterne Lebensbezüge methodisch ausschließen
sollte, dem kontingenten Assoziationshintergrund der Neuen
Kritik, methodisch unkontrolliert, Tür und Tor öffnet. Was nun
aber Literatur als Kunst auszeichnet – also eine Lösung der seinerzeit wissenschaftstheoretisch avantgardistischen Fragestellung –
blieb so erst recht im Dunkeln.[25]

Demgegenüber hatte die deutsche Parallele, die sogenannte
›werkimmanente Interpretation‹ (kurz: *Werkinterpretation*) eher
provinziellen Charakter; wenngleich sie hierzulande nach Oskar
Walzels richtungweisendem Vortrag über *Die künstlerische Form
des Dichtwerks* (1916) mit Leo Spitzers *Stilstudien* (1928) als erstem
Höhepunkt und einer Neubelebung nach dem Zweiten Weltkrieg
(vor allem durch Emil Staiger und Wolfgang Kayser) bis in die

sechziger Jahre vorherrschend war.[26] Dabei ist hier wie im New Criticism die Ergiebigkeit zahlreicher Stilanalysen und ihr Zugewinn gegenüber in der Hauptsache textextern orientierten Forschungen nicht von der Hand zu weisen, wie insbesondere die Arbeiten Leo Spitzers belegen, der zugleich Bindeglied zur angelsächsischen Schule war. Aber auch die Bewegung der ›Werkinterpretation‹ lief, von Ansätzen abgesehen, weniger auf eine Theorie der Literatur als vielmehr, und hier zumal, auf ein zusätzliches Problem hinaus: nämlich das des sekundären Sprachkunstwerks aus der esoterischen Feder des nachschöpferischen, durchs »allersubjektivste Gefühl« inspirierten Interpreten.[27]

Unter den einschlägig vergleichbaren Schulen hatte also allein der russische Formalismus – über eine beträchtliche Ausbeute oft bestechender stiltechnischer Analysen hinaus – eine bündige Literaturtheorie vorgelegt. Allerdings war deren Konsistenz, wie gezeigt, um den Preis eines naturalistisch verkürzten Verfahrensbegriffs und einer entsprechend rudimentären Funktionsbestimmung des Literarischen erkauft, die am Lebensbezug und mithin an der Geschichte systematisch vorbeiging. Damit mußte sie die Frage nach dem Kunstcharakter der Dichtung (und also nicht nur aus politischen Gründen) in dieser wesentlichen Hinsicht weitergeben. Nichtsdestoweniger haben die Petersburger Formalisten – gegen alle vorgängige Kunst- und Literaturwissenschaft – ihrerseits dieser Frage eine unerhört neue Richtung gegeben, indem sie ebenso unbeirrt wie zu Recht darauf bestanden, daß diese, wenn überhaupt, nicht anders als durch eine Explikation der Verfahren, die Literatur als Kunst ausmachen, zu beantworten ist (und zwar ohne Rückfall in die altväterliche Tradition einer dabei stets zu kurz greifenden normativen Poetik).

2. Strukturalismus

Dem russischen Formalismus folgte, zeitlich wie sachlich, der tschechische Strukturalismus auf dem Fuß. Die bruchlose Kontinuität der räumlich disparaten Schulen beruht nicht zuletzt auf einer einzigartigen Verschränkung in der Person Roman Jakobsons. Verbindet doch seine bewegte Biographie, als Linguist und Literaturwissenschaftler zugleich, die formalistische Gründerzeit, zu deren Hauptvertretern er bereits gehörte, unmittelbar mit deren Fortsetzung in der strukturalistischen Bewegung: und zwar von ihren Prager Anfängen bis hin zum modernen Strukturalismus, in den Vereinigten Staaten und Frankreich, der sechziger Jahre.[28]

2.1 Strukturalistische Frühphase

> Die ästhetische Funktion stellt die Komposition des Sprachzeichens in den Mittelpunkt des Interesses. – Auf die Unbestimmtheit der sachlichen Bezogenheit des Kunstwerks antwortet das wahrnehmende Individuum mit allen Momenten seiner Stellung zur Welt. – Eine Umwertung der Werte ist hier von schweren Erschütterungen der ganzen Lebenspraxis des Kollektivs begleitet.
> *Splitter bei Jan Mukařovský*

Als Jakobson zusammen mit dem Leningrader Jurij Tynjanov 1928 in der russischen Zeitschrift *Novyi Lef* ein Fazit des Formalismus mit thesenhaften Ansätzen zu einer die »historischen Disziplinen« einbeziehenden Weiterentwicklung verband[29], die freilich in Rußland nicht mehr zum Tragen kam[30], arbeitete Jakobson bereits seit Jahren in der Tschechoslowakei und hatte dort seine formalistische Erfahrung in einen neuen Forschungskontext eingebracht, der sich im Oktober 1926 als *Prager Linguistenkreis* formierte. Die große Stunde der literaturtheoretischen Fortsetzung des russischen Formalismus unter neuen Vorzeichen kam allerdings erst später mit Jan Mukařovský, der in diesem Felde zum überragenden Akteur des jungen Prager Kreises wurde. Er trat 1934 mit der Rezension eines formalistischen Klassikers,

Viktor Šklovskijs erst kurz zuvor ins Tschechische übersetzter *Theorie der Prosa*, hervor.[31] (Ihr Autor selber hatte schon 1930 sein *Denkmal zur Erinnerung an einen wissenschaftlichen Irrtum* in der freilich vergeblichen Absicht publiziert, der formalistischen Forschungstradition damit im Lande ihrer Herkunft neue, gesellschaftsbezogene Perspektiven zu eröffnen.[32])

Die Geschichte des Übergangs vom russischen Formalismus zum tschechischen Strukturalismus hat, unter Berücksichtigung auch anderweitiger, darunter einheimischer Traditionen und Einflüsse, zuletzt J. Striedter detailliert dargestellt.[33] Dabei wird deutlich, wieviel im russischen Formalismus in Richtung auf diese Weiterentwicklung schon angelegt und in seiner letzten Phase bereits methodologisch auf den Weg gebracht war, so daß sich beide Schulen bei näherem Hinsehen in ihren Forschungen und Konzepten weitgehend überschneiden. Ich kann mich deshalb hier darauf konzentrieren, den theoretischen Entwurf Mukařovskýs allein in seinen gegenüber dem russischen Formalismus klassischer Ausprägung am weitesten fortgeschrittenen Positionen zu erörtern.

Wenn Mukařovský die von ihm beabsichtigte Neuorientierung mit einem seinerzeit noch unverbrauchten Schlagwort als ›Strukturalismus‹ vom vorgängigen Formalismus programmatisch abhob, so ist der damit verbundene Innovationsanspruch – auch wenn man dem Etikett selbst zunächst noch kein genaueres inhaltliches Gewicht beimißt – wissenschaftshistorisch gewiß berechtigt. Immerhin gelingt Mukařovský in Prag, was den Protagonisten in Leningrad und Moskau versagt blieb: er bringt die vom russischen Formalismus hinterlassene Problemsituation jedenfalls in vielversprechende Bewegung, und gleich in zweifacher Hinsicht. Galt es doch zum einen, die Verkürzung des formalistisch beschränkten Verfahrensinteresses (die Mukařovský klar durchschaut) durch systematisches Hereinholen des unterschlagenen Lebenszusammenhangs der Dichtung aufzuheben. Und zum anderen, den bislang überdies im wesentlichen literarisch begrenzten Horizont im Blick auf den Zusammenhang von Leben und Kunst überhaupt aufzubrechen. Entsprechend erweitert Mukařovský von vornherein die poetologische Fragestellung: nach dem Literaturcharakter von Literatur, zur ästhetischen: nach dem Kunstcharakter von Kunst. Damit knüpft er zugleich an die Tradition der klassischen Ästhetik an, ohne indes die wesentliche Intention des russischen Formalismus – die unspekulative und in metaphysikkritischer Absicht methodische Orientierung am Kunstverfahren – aufzugeben.

Allerdings wird man bei Mukařovský eine konsistent aufgebaute Definition des Ästhetischen nirgends, weder in bündiger noch in weitläufiger Form, finden. Wohl aber läßt sich aus einer ganzen Reihe verstreuter und oft widersprüchlicher Merkmalsbestimmungen eine Auswahl treffen, die den Versuch einer schrittweise definitorischen Rekonstruktion nahelegt.[34] So bestimmt Mukařovský – im Rückgriff auf De Saussures Unterscheidung von *signifiant* (Zeichengestalt) und *signifié* (Zeichenbedeutung)[35] –das *ästhetische Zeichen* (Kunstwerk) als Beziehung zwischen dem »materiellen Artefakt« einerseits und dem »ästhetischen Objekt« (als dessen »Reflex und Korrelat im Bewußtsein des Betrachters«) andererseits. Ersteres wird als »Träger einer potentiellen semantischen Energie« charakterisiert, letzteres als deren Aktualisierung im Verständnisrahmen eines Kollektivs.[36] So vielsagend das bereits klingen mag, gilt es doch zunächst noch für jedwedes Zeichen: ist doch jede sinnliche Zeichengestalt eine Anweisung zur regelgerechten (also nicht privaten, sondern kollektiven) Aktualisierung von Bedeutung. Schon spezieller ist das Kriterium, daß im Unterschied zur gewöhnlichen Mitteilung die Bedeutung des ästhetischen Zeichens »unbestimmt« sei.[37] Allerdings können, wie jeder weiß, auch nicht-ästhetische Zeichen höchst unbestimmt ausfallen, und das gegebenenfalls durchaus absichtsvoll (man denke nur an entsprechende Äußerungen gelernter Diplomaten). Nun spricht aber Mukařovský in diesem Zusammenhang (seinerseits eher unbestimmt) überdies von einer »dialektischen Verneinung« durch das ästhetische Zeichen[38]: ›Verneinung‹ insofern, als es sich sachbezogener Eindeutigkeit versage, ›dialektisch‹ wohl deshalb, weil ihm gleichwohl eine nur um so komplexere Aktualisierung (in der Rezeption) entsprechen soll. Genauerhin wird die Eigenart des ästhetischen Zeichens hier dadurch charakterisiert, daß es »eine bestimmte Einstellung zur Welt der Wirklichkeit anzeigt«, und zwar nicht allein in bezug auf »einzelne Dinge«, sondern auf »die Wirklichkeit insgesamt«, den »Gesamtkontext der sozialen Erscheinungen«, und so die »Gesamteinstellung des Betrachters« berührt; der entsprechend »keineswegs nur mit einer Teilreaktion antwortet, sondern mit allen Momenten seiner Stellung zur Welt und zur Wirklichkeit«.[39] Damit scheint mir (mit

Wittgenstein) in der Tat ein wesentliches Merkmal des Ästhetischen getroffen. Die Frage ist nur, ob es auch schon ein hinreichendes ist.

Es geht hier also um eine Einstellung zum Lebensganzen, die das ästhetische Zeichen aber nicht etwa als eine beliebige, sondern sehr wohl als eine ›bestimmte‹, wie es ausdrücklich hieß, ›anzeigt‹; freilich andererseits offenbar unbestimmt genug, daß hier ein Rezeptionsspielraum bleibt, der Aktualisierungen im Sinne einer ›Antwort‹, gemäß dem jeweiligen Lebenszusammenhang, fordert und ermöglicht. Aber das kann eben auch für nicht ästhetisch, sondern begrifflich-allgemein verfaßte Texte gelten, die als Antwort eine bestimmte Einstellung zum Lebensganzen postulieren, ohne deren je konkrete Aktualisierung im wechselnden Lebenskontext zu präjudizieren. Hat doch insbesondere die Philosophie, zumal die philosophische Anthropologie und Ethik, seit jeher in dieser unbestimmt-bestimmten Weise das existentielle Ganze zu ihrem Thema gemacht. Verlangt nicht auch jeder kategorische Imperativ eine umfassende Lebenseinstellung, ohne in seiner formalen Allgemeinheit ihre Konkretisationen vorzuschreiben? Und ist das nicht gerade ein Gegenbeispiel zur Eigenart ästhetischer Artikulation? Es käme also darauf an, hier die ästhetische Differenz auszumachen. Dazu finden sich bei Mukařovský zwar metaphorische Andeutungen: etwa daß ästhetische Bedeutung »aus einem Werk als Ganzem ausstrahlt«, als »dynamische Ganzheit« von Wertbeziehungen (usf.)[40], ohne daß damit aber etwas Genaueres gewonnen wäre. Daran ändert auch die Einbeziehung des Wertbegriffs nichts. Wertäußerungen sind nichts spezifisch Ästhetisches, sie kommen im Alltag ebenso vor wie etwa im Rechts- und Verfassungswesen, in der Predigt oder der Politik und nicht zuletzt wiederum in der Philosophie. Und sie lassen sich am wenigsten durch den Zusatz als ›ästhetisch‹ auszeichnen, daß »das Kunstwerk sich letzten Endes als eine tatsächliche Ansammlung von außerästhetischen Werten darbietet und als nichts anderes als gerade diese Ansammlung«.[41] Hier wiederholt sich die Frage nach der ästhetischen Differenz nur um so offenkundiger: Wie muß die Ansammlung außerästhetischer Werte beschaffen sein, damit sie ›ästhetisch‹ heißen kann?

Am weitesten reichen Mukařovskýs Überlegungen wohl ans eigentlich Ästhetische heran, wo er die Unbestimmtheit des ästhetischen Zeichens in Zusammenhang bringt mit dessen »Autonomie«.[42] Deutlicher als in den Ästhetik-Studien hat Mukařovský wenig später in den *Kapiteln zur Poetik* den Autonomiecharakter der Sprachkunst erläutert.[43] Dort stellt er der Ausdrucks-, Darstellungs- und Appellfunktion (nach dem Bühlerschen *Organonmodell der Sprache*[44]), die Mukařovský als »praktische« Funktion zusammenfaßt, die »ästhetische« Funktion gegenüber. Im Unterschied zu den »drei grundlegenden Mitteilungsfunktionen« rücke diese heterogene vierte Funktion »die Komposition des Sprachzeichens in den Mittelpunkt des Interesses«, »die Konzentration auf das Sprachzeichen selbst«; im Sinne einer »Rückwendung der sprachlichen Aktivität zu sich selbst«, die sie »dem unmittelbaren Zusammenhang mit der Praxis« entreiße. (Nicht ganz freilich, weil in jeder Sprachverwendung die praktische wie die ästhetische Funktion »allgegenwärtig« seien – nur daß in der Dichtung die ästhetische Funktion dominiert und mithin jene »Autonomie, die den ästhetischen Erscheinungen eigen ist«.) Das gibt der Fahndung nach dem Begriff des Ästhetischen im Werk Mukařovskýs noch einmal eine Wende, und sie könnte durchaus ins Schwarze treffen.

Allerdings: auch für den Grammatiker steht die Komposition des Sprachzeichens im Mittelpunkt des Interesses, und Sprachphilosophie ist ihrerseits nichts anderes als eine Rückwendung der sprachlichen Aktivität auf sich selbst – ohne daß dabei auch nur entfernt ein ästhetisches Interesse im Spiel sein muß. Das ist ja wohl erst dann der Fall, wenn es sich auf die Zeichengestalt als sinnliche Qualität richtet, deren Signifikanz außerhalb aller Regeln des korrekten Satzbaus und ihrer rationalen Rekonstruktion liegt.[45] Vielleicht ist Mukařovskýs Ansatz zur Charakterisierung der ästhetischen Funktion in diese Richtung gemünzt und damit wirklich einer grundlegenden Neubestimmung des Ästhetischen nahe. Indes kommt auch dann noch alles auf eine weitergehende Präzisierung an, die der entscheidenden Frage gewachsen ist: was denn Sinn und Wert jener eigentümlichen Rückwendung des ästhetischen Zeichens auf seine sinnliche Gestalt ausmache.

Aber da läuft Mukařovskýs Antwort wiederum auf die (auch als Unbestimmtheit verdeutlichte) »dialektische Negation« hinaus, die der zunächst »abgeschwächten« praktischen Mitteilungsfunktion dennoch am Ende, durch erhöhte Komplexität, »förderlich« sei. Eine Lösung jener ausschlaggebenden Frage kommt damit nicht in Sicht. Denn die als Rückwendung des ästhetischen Zeichens auf sich selbst gekennzeichnete Autonomie der Kunst (die Kant klassisch als ›reine Form der Zweckmäßigkeit‹ und ›interesseloses Wohlgefallen‹ an ihr charakterisiert hatte) kann ihren Sinn ja nicht ohne Widerspruch im Dienst – wie ›dialektisch‹ potenziert auch immer – der praktischen Funktion erschöpfen. Vielmehr muß die – im ›reflexiven‹ Zeichencharakter der Kunst wohl treffend angezielte – ästhetische Differenz, soll sie nicht bloß technischer Natur und damit das Gegenteil von Autonomie sein, selber und als solche einen kommunikativen Sinn und Wert haben, und zwar selber und als solche mit Bezug aufs Lebensganze (gemäß der anderen kardinalen Bestimmung Mukařovskýs). Erst wenn und soweit man diesen kommunikativen Selbstwert einsichtig machen kann, wäre die ästhetische Differenz, in der Konsequenz des Mukařovskýschen Entwurfs, begriffen.

Davon kann bei Mukařovský zwar keine Rede sein. Aber wenn auch sein Versuch einer Neubestimmung des Ästhetischen in wesentlichen Punkten unspezifisch und widersprüchlich geblieben ist[46], so hat er doch andererseits wesentliche Merkmale des Kunstcharakters in zeichentheoretischer Perspektive zu Tage gebracht. Insbesondere die hier herausgehobenen Kriterien, die schon eingangs in den ›Splittern‹ des Mottos angesprochen sind: die Reflexivität des ästhetischen Zeichencharakters, sein aufs Ganze gehender Lebensbezug und seine (im je konkreten Gesellschaftskontext zu aktualisierende) Unbestimmtheit.

Ungeachtet der damit eher neu gestellten als gelösten Probleme ist Mukařovský in einer Hinsicht jedenfalls eine einschneidende Umorientierung der Kunst- und Literaturwissenschaft gelungen. Wurde doch durch ihn zum Programm erhoben, was sich bei den späteren Formalisten erst anbahnte: nämlich die anfänglich bloße Addition im Sinne einer zufällig bleibenden Summe artistischer Verfahren durch systematisches Erfassen eines Verfahrensganzen zu überbieten, dessen Teile in ihrem Beziehungskontext nicht mehr als kontingent erscheinen. Daß der so postulierte Verfahrenszusammenhang – mit einer damals noch vom Reiz der Neuheit beseelten Baumetapher – als ›Struktur‹ und danach die neue Richtung als ›Strukturalismus‹ charakterisiert wurde, hat hier noch nicht die szientistischen Implikationen des späteren Strukturalismusbegriffs. Im Gegenteil verbindet sich mit dem frühen strukturalistischen Pathos im Kreise Mukařovskýs ja die Absicht, den kunsttheoretischen Formalismus gerade in seinen szientisti-

schen Verkürzungen zu korrigieren. Soll doch nicht allein das
›äußerlich‹ bleibende Additionsprinzip durch ein auf den ›inneren‹
Zusammenhang zielendes Strukturprinzip überboten, sondern
überdies die literarische ›Struktur‹ dadurch funktional verständlich werden, daß sie in ihrem kommunikativen Lebenszusammenhang, zumal in ihrer Relevanz für kollektive Werthaltungen und
Weltbilder, gesehen und damit in die Geschichte der Gesellschaft
eingebettet wird. Kurz: der kunsttheoretische Strukturalismus
Mukařovskýs war im Grunde ein hermeneutischer Strukturalismus und ist es in der unmittelbaren Nachfolge seines Initiators
(wenngleich ohne Zugewinn für die ästhetische Grundfrage) auch
geblieben. In literaturgeschichtlicher Hinsicht hat ihn insbesondere Felix V. Vodička, der bedeutendste unter den Mukařovský-
Schülern, entsprechend weiterentwickelt.[47]

2.2 Strukturalistische Hauptphase

> Strukturen erinnern ans Mysterium der unbefleckten
> Empfängnis: sie fallen vom Himmel.
>
> *Nach Roger Garaudy*

Was so als tschechischer Strukturalismus in die Geschichte der
Kunst- und Literaturtheorie eingegangen ist, muß nun aber gerade deshalb als atypisch gelten für das, was heute allgemein unter
kunst- und literaturtheoretischem Strukturalismus verstanden
wird. Denn dieser neue Strukturalismus, der, von der Sprachwissenschaft herkommend, inzwischen die kulturwissenschaftliche
Diskussion in allen Bereichen erfaßt hat, ist – um es vorab ebenso
kurz zu sagen – unhermeneutisch, ja gegenhermeneutisch.

Trotz dieser Kluft gibt es freilich Querverbindungen. Claude
Lévi-Strauss, die Zentralfigur der neuen Bewegung, wurde nämlich erst zu ihrem Promotor, als für ihn selbst die strukturale
Linguistik, insbesondere die Phonologie, zur methodologischen
»Offenbarung« wurde, die in seinen Augen die »Revolution«
seines Fachs, der Ethnologie, und darüber hinaus der Wissenschaften vom (gesellschaftlichen) Menschen überhaupt ermöglichen und tragen sollte:

Die Entstehung der Phonologie hat diese Situation von Grund auf verändert.[. . .] [Sie] muß für die Sozialwissenschaften die gleiche Rolle des

Erneuerers spielen wie zum Beispiel die Kernphysik für die Gesamtheit der exakten Wissenschaften.[48]

Dabei geht Lévi-Strauss einerseits auf den Begründer der modernen Linguistik, den Genfer Ferdinand de Saussure, zurück, dessen Sprachtheorie schon die Grundlage für Mukařovskýs Versuch einer Bestimmung des Kunstwerks als ›ästhetisches Zeichen‹ gewesen war, und vor allem auf die Phonologie des Russen Nikolaj Trubetzkoj[49], der auf der Seite der Sprachwissenschaft zu den Prominenten des Prager Strukturalistenkreises gehörte. Biographisch stringent wird die damit angedeutete Kontinuität ein weiteres Mal durch Roman Jakobson, der (nach einer Zwischenstation in Skandinavien) seine Arbeit seit den vierziger Jahren in den Vereinigten Staaten fortsetzte, wo auch Lévi-Strauss während des Zweiten Weltkriegs lehrte und es zu unmittelbar kollegialen Kontakten beider kam. Für Lévi-Strauss hat diese Begegnung wesentlich zu jener ›Offenbarung‹ methodischer Vorbildlichkeit der Sprachwissenschaft beigetragen, zumal Jakobson zu dieser Zeit die phonologische Forschung Trubetzkojs selbst systematisch weiterentwickelte.[50] Zugleich nahm hier aber auch ein gemeinsames dichtungstheoretisches Interesse seinen Ausgang, das für den von der Ethnologie kommenden Mythenforscher ja nicht weniger nahelag. Was später, als der neue Strukturalismus durch Lévi-Strauss' Wechsel nach Paris zum ›französischen‹ Strukturalismus geworden war (und dort den Existentialisten vom Caféhaus bis zum akademischen Katheder den Rang ablief), schließlich zu einer ausgesprochen literaturwissenschaftlichen Gemeinschaftsarbeit führte: zur denkwürdigen Interpretation eines Baudelaire-Gedichts, die bis heute als Paradigma des neuen literaturwissenschaftlichen Strukturalismus gelten kann.[51]

Das vorausgeschickt, will ich zunächst einiges Elementare zum Konzept des kulturwissenschaftlichen Strukturalismus erläutern, insbesondere zu seiner gegenhermeneutischen Verfassung, die für die Fragestellung nach der strukturalistischen Bestimmung des Kunstcharakters von Literatur natürlich folgenreich ist. Erst dann soll diese poetologische Hauptfrage selbst am Beispiel jener Gedichtanalyse von Lévi-Strauss und Jakobson erörtert werden. Der Umweg über einige schlichte Vorabklärungen mag im übrigen den Zugang zu einer ziemlich verworrenen Sache erleichtern, über die zwar viel, aber doch wenig elementar Erhellendes zu lesen ist. Fragen wir also zuerst allgemein, worin denn eigentlich die strukturalistische ›Revolution‹ der Kulturwissenschaften nach dem Vorbild der Phonologie genauerhin besteht.

De Saussures sprachwissenschaftliches Programm, nicht länger im Geist der historischen Grammatik dem Wandel isolierter sprachlicher Einzelphänomene nachzujagen, sondern in der Vielfalt der konkreten Äußerungen (*parole*) den sie durchgängig leitenden Regelzusammenhang (*langue*) systematisch zu erforschen, hatte Trubetzkoj für den Teilaspekt der sprachlichen Lautgestalt durch ein phonologisches Klassifikationssystem fürs erste erfüllt, das in der Tat die scheinbar diffuse Mannigfaltigkeit sprachlicher Laute auf einen einfachen Zusammenhang weniger Lautunterscheidungen zurückführt, kurz: auf eine Lautstruktur. Wie man nämlich jeden geordneten ›Aufbau‹ eines Unterscheidungszusammenhangs für einen Gegenstandsbereich – mit dem architekturmetaphorischen Fremdwort – als eine ›Strukturierung‹ dieses Bereichs bezeichnen kann, läßt sich deren Ergebnis, der erarbeitete Begriffszusammenhang, eine ›Struktur‹ des Gegenstandsbereichs nennen; was zugleich besagt, daß damit zugunsten einer leitenden Unterscheidungsabsicht von etwa hier sonst noch möglichen anderweitigen Unterscheidungen abgesehen wird. (Insbesondere hat sich diese Ausdrucksweise eingebürgert, wenn es dabei um Ordnungen geht, deren Teile durch Beziehungswörter – Relatoren wie ›gleich‹, ›benachbart‹, ›parallel‹, ›entgegengesetzt‹ – in ihrem Verhältnis zueinander bestimmbar oder wo Kombinationsregeln für den Aufbau eines komplexen Ganzen angebbar sind.[52])

So sieht eine Lautstruktur von bedeutungsirrelevanten Sprechgeräuschen (wie Lispeln, Näseln oder Krächzen) ab, aber zum Beispiel auch von suggestivem Timbre oder bedeutungsvoller Intonation – zugunsten derjenigen bedeutungsrelevanten Lautgestalten (Phoneme), die auch in der Schriftsprache, wo vorhanden, repräsentiert zu werden pflegen. Nehmen wir an, eine Lautstruktur unterscheidet etwa die Konsonanten der deutschen Sprache nach Dentalen, Labialen und Velaren, diese weiterhin nach Verschluß- und Dauerlauten, die wiederum nach stimmhaft, stimmlos (usf.). Dann läßt sich danach zum Beispiel der ›b‹-Laut (Labial/Verschlußlaut/stimmhaft) strukturell identifizieren und von anderen Lauten, etwa dem ›p‹-Laut (Labial/Verschlußlaut/stimmlos), unterscheiden: hier als nur im letzten Glied der ansonsten ›gleichen‹ Merkmalskette einander ›entgegengesetzt‹ (was in strukturalistischer Terminologie gern als Verhältnis der ›Opposition‹, im Unterschied zu dem der ›Äquivalenz‹, bezeichnet wird). Selbstverständlich mögen Lautstrukturen sehr viel subtiler, als damit lediglich der Illustration halber angedeutet, ausfallen.[53]

Im erläuterten Sinn waren die Wissenschaften (sieht man von einigen neueren Vorlieben, wie etwa computergerechte ›binäre‹, also zweigliedrige Unterscheidungsfolgen, ab) seit jeher strukturierend tätig und haben als Resultat seit jeher Strukturen ihrer Gegenstandsbereiche geliefert, in den Natur- wie in den Humanwissenschaften: für chemische Elemente und Prozesse ebenso wie für Wortarten, Staatsformen, Neurosen oder Kunstgattungen. Für Handlungsweisen, insbesondere institutioneller Art, sind selbstverständlich nicht Sachen oder Sachprozesse Gegenstand des systematischen Unterscheidungszusammenhangs, sondern Handlungsregeln, so daß man Strukturen dann auch ›Regelsysteme‹ (in eben diesem Sinn) nennen kann. In jedem Fall aber soll eine Struktur – sonst wäre sie kein geordnet aufgebauter Unterscheidungszusammenhang – durchgängig konsistent, lückenlos und frei von willkürlichen, für den Aufbau des Ganzen irrelevanten Elementen sein. Und genau so haben die Wissenschaften ihre ›Arbeit des Begriffs‹ im großen und ganzen ja wohl immer verstanden. Wo liegt dann aber das revolutionierend Neue? Obwohl hierzu insbesondere Lévi-Strauss in seinen Formulierungen oft undeutlich und schillernd, ja widersprüchlich ist[54], läßt sich doch – aufs Ganze gesehen – sagen: in einer Reihe unzulässiger Verallgemeinerungen im Ausgang von Eigentümlichkeiten der Phonologie, bezogen auf die Kulturwissenschaft insgesamt. Betrachten wir einige davon, die dichtungstheoretisch zu Buch schlagen, etwas näher.

Unter der Voraussetzung, daß man also bedeutungsrelevante Sprachlaute von irrelevanten Sprechgeräuschen verstehend – das heißt: am Redehandeln partizipierend – bereits unterscheiden kann[55], läuft die Lautklassifikation genauerhin auf physiologisch-physikalische Unterscheidungen hinaus (etwa nach Kehl-, Zahn- oder Lippenlauten, Explosiv- oder Reibelauten usf.). Insofern ist der Phonologie, als Teil der Sprach- und mithin der Kulturwissenschaft, ein singulärer Zwittercharakter eigen: einerseits beruht Phonologie auf (partizipativem) Verstehen, also einer hermeneutischen Unterscheidungsleistung, ohne die sie überhaupt nicht mit *Sprach*lauten zu tun hätte; andererseits besteht sie in physiolo-

gisch-physikalischer Klassifikation, also einer (partizipations-
freien) Unterscheidungsleistung im naturwissenschaftlichen Sinn.
Deshalb haben Lautstrukturen terminologisch eine außerhermeneutisch ›exakte‹ Verfassung, der man ihr hermeneutisches Fundament nicht mehr ansieht. Insbesondere nicht die grundlegende
sprachtheoretische Unterscheidung von ›Laut‹ *und* ›Bedeutung‹
überhaupt, als miteinander notwendig verbundene Aspekte ein
und derselben Abstraktion, ohne die es keine Phonologie geben,
ja ohne die sie nicht einmal den Begriff ihrer selbst haben kann.
Gleichwohl steht am Ende die physiologisch-physikalische Analyse im Vordergrund. Dabei hat man es, für sich genommen,
allerdings nicht mehr mit einem Kulturphänomen *als* Kulturphänomen, kurz: nicht mehr mit Sprache zu tun (sowenig die chemische Analyse eines Kunstwerks, etwa eines Gemäldes, dieses als
Kunstwerk analysiert). Aber es bleibt wohl dennoch der Schein,
daß hier für das Kulturphänomen par excellence, die Sprache, eine
außerhermeneutisch ›objektive‹ Struktur aufgedeckt worden sei,
die als Paradigma für die strukturalistische Revolution der Kulturwissenschaft überhaupt soll gelten können.

Dazu kommt, daß Lautstrukturen der verschiedenen Sprachen
vergleichsweise stabil, ja daß ihre physiologisch-physikalischen
Bedingungen sogar invariant sind, so daß sich (entsprechend der
faktischen Beschaffenheit des ›Sprachwerkzeugs‹) eine phonologische Grundstruktur menschenmöglichen Sprechens gleichermaßen kulturinvariant wie geschichtslos strukturieren läßt. Deshalb findet sich hier der Schein des außerhermeneutischen Charakters kultureller Strukturen bestätigt durch den zugehörigen
Schein ihrer außergeschichtlichen Verfassung. Damit wird der
Gegenstand der Kulturwissenschaften unter der Hand scheinbar
vollends zu einem Stück Natur – zum Paradox einer ›natürlichen‹
Kultur. Wie es ein wenn auch »gewagtes Bild« bei Lévi-Strauss
verdeutlichen soll, ist dann beispielsweise der Mythos, strukturell
betrachtet, »ein Wortgebilde, das im Bereich des Gesprochenen
einen ähnlichen Platz einnimmt wie der Kristall in der Welt der
physikalischen Materie«.[56]

In diesen Zusammenhang gehört auch die – wiederum gene-
relle – Unterstellung, daß strukturell aufgedeckte Regelsysteme
für die danach Handelnden ›*unbewußt*‹ seien. Das ist in einem
›schwachen‹ Sinn natürlich insoweit richtig (und trivial), als man
phonologische Regeln, die man in der Praxis des Redens ›spielend‹

beherrscht, im allgemeinen nicht auch explizit hersagen kann, und schon gar nicht in der exakten Form physiologisch-physikalischer Klassifikation – hat man sie doch seit der frühesten Kindheit gleichsam ›naturwüchsig‹ durch Vor- und Nachmachen, ohne jedes theoretische Beiwerk, gelernt. Was in dieser Weise, wie man zu sagen pflegt, ›in Fleisch und Blut übergeht‹ und so zur ›zweiten Natur‹ wird (wie viele unserer habituellen Handlungsweisen), ist aber deshalb nicht in irgendeinem strengen Sinn ›unbewußt‹: kann doch der Regelzusammenhang, dem solche Handlungsweisen folgen, (prinzipiell) explizit gemacht und (prinzipiell) auch geändert werden. (Etwas ganz anderes ist die ideologiekritische oder psychoanalytische Frage, welche gesellschaftlichen oder früh-familiären Hindernisse dem hier prinzipiell Möglichen in bestimmten Fällen faktisch im Wege stehen.) Nun wird zwar nirgends recht klar, was da eigentlich gemeint ist. Aber die gleichzeitigen Mißverständnisse vom außerhermeneutisch-ungeschichtlichen Strukturcharakter sprechen jedenfalls für die ›starke‹ Variante und damit für eine weitere (dritte) irreführende Generalisierung, wenn bei Lévi-Strauss von »unbewußter Aktivität des Geistes« als Grundlage aller gesellschaftlichen Institutionen und entsprechend von den »unbewußten Strukturen« der »sozialen Tatsachen« die Rede ist.[57]

Hier kommt überdies eine doppelte logische Verwechslung ins Spiel, die bei Lévi-Strauss an folgender Stelle besonders deutlich wird:

Aus den Wörtern zieht der Sprachforscher die phonetische Wirklichkeit des Phonems heraus; aus dieser die logische Wirklichkeit der differentiellen Elemente[. . .]: es ist das gleiche Phonem, das gleiche Element, das auf dieser neuen Ebene die tiefe Identität empirisch verschiedener Objekte garantiert. Es handelt sich nicht um zwei ähnliche Phänomene, sondern um ein einziges. Der Übergang vom Bewußten zum Unbewußten läuft neben einem Fortschreiten vom Speziellen zum Allgemeinen her.[58]

Einmal wird hier die Unterscheidung vom (›abstrakten‹) Schema einer Lautgestalt und seinen (›konkreten‹) Aktualisierungen[59] verwechselt mit der ganz andersartigen Unterscheidung von ›allgemein(er)‹ und ›speziell(er)‹ im Sinne eines (mehr oder weniger) weiten oder engen Begriffsumfangs[60]; zum anderen wird die (bereits als begriffliche ›Allgemeinheit‹ mißverstandene) logische Abstraktion im Übergang von konkreten Äußerungen zum (lehr- und lernbaren) Schema einer Lautgestalt ihrerseits noch einmal verwechselt mit einem psychologischen Übergang vom ›Bewußten‹ zum ›Unbewußten‹. Die Konsequenzen solcher Konfusion auf elementarer Ebene sind, wie sich schon jetzt zeigt, erheblich.

Dabei ist bisher erst die eine Seite irreführender Verallgemeinerungen im Ausgang von der Phonologie in den Blick gekommen. Sie betraf den Erkenntnisgegenstand des Kulturwissenschaftlers. Die andere betrifft den Wissenschaftler selbst als strukturierendes Erkenntnissubjekt. Wer strukturierend tätig ist, ob in den Natur- oder Humanwissenschaften, erarbeitet ja einen Unterscheidungszusammenhang für einen Gegenstandsbereich, und zwar, wie gesagt, unter einer bestimmten Unterscheidungsabsicht, so daß die betreffende Struktur, dieser Absicht entsprechend, von alternativen Unterscheidungsmöglichkeiten absieht. Denn ein und derselbe Gegenstandsbereich läßt sich ja, je nach Erkenntnisinteresse, unter durchaus verschiedenen Gesichtspunkten strukturieren. (So lassen sich beispielsweise Menschen nach rein phänomenalen oder nach biologischen oder nach soziologischen Gesichtspunkten in höchst unterschiedlichen Zusammenhängen betrachten.) Das mag dann zwar zu immer spezieller gefaßten Gegenstandsbereichen führen, ohne jedoch den Unterscheidungsspielraum – nach Art oder Grad der Differenzierung – aufzuheben. Allerdings kann man mit einer vorgelegten Struktur unter Umständen gleichwohl den Anspruch verbinden, daß die dabei leitende Unterscheidungsabsicht die in bezug auf den Gegenstandsbereich (für uns alle) ›wesentliche‹ und ihr Ergebnis überdies (entsprechend differenziert und dabei möglichst einfach[61]) gelungen sei. Ein solcher Anspruch (der gegebenenfalls zu rechtfertigen ist) läßt sich wohl auch so zum Ausdruck bringen, daß man hier nicht mehr von *einer* Struktur (unter anderen) spricht, sondern sie kurz als *die* Struktur des betreffenden Gegenstandsbereichs qualifiziert.

Nun kann die Phonologie, indem sie den akustischen Aspekt der Rede ausschließlich nach bedeutungsrelevanten Merkmalen strukturiert, in der Tat begründeten Anspruch auf die hier wesentliche Unterscheidungsabsicht erheben. Und sie definiert ihren (phonologischen) Gegenstandsbereich (im Unterschied zum phonetischen) ja auch von vornherein entsprechend. Dennoch umfaßt eine Lautstruktur bei weitem nicht alle hier sinnvoll möglichen Unterscheidungen (nicht zum Beispiel, wie wir gesehen hatten, eine Differenzierung nach bedeutungsträchtigen Intonationsweisen mit ihrer unabsehbaren Vielfalt). Aber das von ihr Erfaßte ist doch jedenfalls zweifellos das primär Wichtige für die lautliche Ordnung der Sprache. Deshalb läßt sich hier wohl statt von *einer* Lautstruktur, ihr Gelingen vorausgesetzt, kurzerhand auch von *der* Lautstruktur (einer Sprache oder der Sprache überhaupt) reden. Solange darüber nicht vergessen wird, daß sie – wie jede Struktur – ›relativ‹ bleibt in bezug auf das strukturierende Erkenntnisinteresse, signalisiert die unter dieser Voraussetzung nur scheinbar ›absolute‹ Ausdrucksweise lediglich, daß dieses Interesse hier (mit gutem Grund) zur Selbstverständlichkeit geworden ist. Aber das gilt eben nicht für alle, sondern für die wenigsten und insbesondere für die wenigsten kulturellen Wissenschaftsbereiche, zum Beispiel sicher nicht für Gesellschafsstrukturen (im weitesten Sinn). Hier ist der Spielraum für Unterscheidungsalternativen gewöhnlich ebenso erheblich wie die Wahl des Unterscheidungsgesichtspunkts folgenreich.

Aus diesem Grund wird die strukturalistische Verallgemeinerung des phonologischen Musters (mit seiner verkürzenden Ausdrucksweise von *der* Struktur eines Gegenstandsbereichs) ein weiteres Mal zur systematischen Irreführung: zum Schein ›absoluter‹ Strukturen. So als liege *die* Struktur eines Sachgebiets, unabhängig vom Unterscheidungsinteresse, sozusagen ›in der Natur der Sache selbst‹ und sei, wenn man ihr nur auf den Grund geht, als vermeintlich Vorgegebenes von ihr ›abzulesen‹: die der Kristalle oder Insekten nicht anders als die Struktur der Gesellschaft oder der Komödie. Auch das kommt bei Lévi-Strauss deutlich genug zum Ausdruck: So wie kraft ihrer »positiven Methode« die Sprachwissenschaft »das Wesen der ihrer Analyse unterzogenen Tatsachen« bereits »kennt«, lasse sich – wenn man nur »die Analyse weit genug treibt« – auch »die unbewußte Struktur, die jeder Institution und jedem Brauch zugrunde liegt«, prinzipiell »finden«, und zwar im Sinne der »Entdeckung allgemeiner Gesetze« mit »absolutem Charakter«.[62]

Damit vollendet sich der Schein vom außerhermeneutischen Erkenntnisgegenstand der Kulturwissenschaften durch den komplementären Schein vom Kulturwissenschaftler als außerhermeneutischem Erkenntnissubjekt. Die doppelgesichtige Illusion des ›absoluten‹ Strukturbegriffs unterschlägt so den Menschen als Handelnden (und das heißt: den Menschen überhaupt) auf der einen wie auf der anderen Seite – womit das eigentliche Problem,

die kritisch-partizipative Vermittlung beider, aus der Welt
scheint. Und genau das betrachtet der neue Strukturalismus ausdrücklich als seine entscheidende Leistung: »die Idee des Menschen in der Forschung und im Denken überflüssig zu machen«.[63]
Es hat aber keinen Sinn, dies als bloße Übertreibung des strukturalistischen Standpunkts zu beklagen, ohne die methodologischen
Schritte, die dahin führen, als irrig nachzuweisen. Wer die ›Methode‹ des neuen Strukturalismus hinnimmt oder gar als Errungenschaft preist (wie das fast alle seine Kritiker tun[64]), hat keinen
stichhaltigen Grund, gleichwohl die strukturalistische ›Ideologie‹
zu verurteilen – hat er doch seiner Kritik zuvor den methodischen
Boden selbst entzogen.

  Das szientistische Fazit der strukturalistischen ›Revolution‹ im
Ausgang von der Phonologie steht nun bekanntlich in signifikan-
tem Kontrast zur Metaphysik seiner erkenntnistheoretischen
Rechtfertigung.[65] Sie läuft bei Lévi-Strauss auf einen spekulativen
Naturalismus hinaus, der für alles Tun, Reden und Denken, für
jede Institution, ja für jede Form von Regelhaftigkeit oder Organisation in der Welt überhaupt – geht man ihr nur durch die
Oberfläche der Erscheinungen hindurch auf den Grund – eine
unvordenklich gemeinsame Struktur unterstellt, die nichts anderes als die ›Natur‹ selber ist: Wenn diese sich auch in einer Fülle
struktualer Variationen entfaltet, so hat sie doch alles gleichsam
aus demselben Holz geschnitzt und umfaßt den Menschen in
seiner ›unbewußten Geistestätigkeit‹ ebenso wie die Gegenstände,
auf die sie sich richtet. Deshalb ist hier der Begriff des ›Unbewußten‹ (im Sinne der kollektiven Befolgung eines Regelzusammen-
hangs, über den die ihn Befolgenden sich keine Rechenschaft
geben) auch nicht genuin ideologiekritisch, sondern naturmythisch gewonnnen. Der Wissenschaftler, ob Natur- oder Kultur-
forscher, soll nun diese unveränderliche Ur- und Grundstruktur
(die selbst letztlich geheimnisvoll bleibt) in ihren mannigfachen
Entfaltungsformen zu Tage bringen. Sein Organ für diese (gewöhnlich übertönte) ›Stimme der Natur‹ ist, wie bei Rousseau,
»der innere Sinn« (*le sens intérieur*), der für die »empirische und
subjektive Synthese« genüge.[66] Dieser natürliche Spürsinn ist
insbesondere in der Rückwendung zum ursprünglichen »wilden
Denken« (wider seine Abstumpfung in der Menschengeschichte)
zu schärfen, um desto eher auch die geschichtlich-zivilisatorischen
Verschleierungen der wahren Natur strukturalistisch zu durch-

dringen.[67] Man hat diesen erkenntnistheoretischen Naturalismus als »subjektlosen Transzendentalismus« bezeichnet[68], und so ist er strukturalistischerseits auch ausdrücklich bestätigt worden: als paradoxer Anspruch auf ein »Denken vor dem Denken«, als »anonymes Denken, Erkenntnis ohne Subjekt, Theoretisches ohne Identität«.[69] Nun sind bereits die in derlei erkenntnistheoretischen Formeln relevanten Wörter (›Natur‹, ›Geist‹, ›Bewußtsein‹, ›unbewußte Aktivität‹, ›innerer Sinn‹ usf.) hier samt und sonders ohne weitere Klärung aus den Traditionen der Bildungssprache, die doch gerade für Lévi-Strauss höchst verschleierungssuspekt und also gründlich aufklärungsbedürftig sein sollte, einfachhin und unbesehen übernommen. (Daran können auch die ›exakten‹ Teile der strukturalistischen Analyse-Terminologie mathematisch-linguistischer Provenienz nichts ändern.) Schon deshalb wird – vom metaphysischen Gehalt ganz abgesehen – der strukturalistische Anspruch auf eine wahrhaft revolutionäre, ja überhaupt auf eine begründete Wissenschaftstheorie in seiner erkenntnistheoretischen Rechtfertigung erst recht zunichte: müßte sie doch konsistenterweise allererst das Instrument der eigenen Sprache als transparente terminologische Struktur aufbauen.

Indessen tut das alles der verbreiteten Faszination durch den neuen Strukturalismus keinen Abbruch. Verspricht er doch (wie spekulativ fundiert auch immer) den alten Traum vom ›Gegebenen‹ als menschenunabhängig sichere Garantie ›objektiver‹ Erkenntnis nicht nur zu erneuern, sondern entscheidend zu überbieten. Hatte diese Vorstellung sich im klassischen Empirismus John Lockes atomistisch auf die kleinsten Einheiten ›einfacher Ideen‹ beschränkt und noch im *Tractatus logico-philosophicus* nicht die schlichten Sachverhalte von Elementarsätzen überschritten (aus denen die Tatsachen komplexer Sätze logisch aufzubauen sind), so erweitert sie sich jetzt, gleichsam mit einem Schlag, auf ganze Strukturen[70]: und zwar nicht einer distanzierten mathematisch-physikalischen Welt, sondern auf Strukturen der ganzen menschlichen Lebenswelt, zu der wir selbst gehören. Daß solche kulturellen Strukturen nicht offenbar, sondern verdeckt seien, scheint den Reiz ihrer objektivistisch verbürgten Entdeckung – kraft analytischem Scharfblick und kombinatorischer Begabung in einem quasi ästhetischen Sinn – nur noch weiter beträchtlich zu erhöhen.

Auf eine Reihe gelegentlicher (teils nur verbaler) Anreicherungen des neuen Strukturalismus aus älteren Theoriebeständen, die insbesondere dichtungsanalytisch praktisch keine Rolle spielen, braucht hier nicht näher eingegangen zu werden: weder auf Rückgriffe auf den linguistisch vermittelten mathematischen Strukturalismus (der von Hilbert bis zu den Bourbakisten mit ›abstrakten‹ Strukturen die formalistische Idee der ›impliziten Definition‹ verband); noch auf Anleihen bei dessen realwissenschaftlicher Adaptation durch Carnap und seinem (an Diltheysche Formulierungen anknüpfenden) Programm ihrer Übertragung auch auf die Kulturwissenschaften[71]; noch schließlich auf mengengelehrte Computeranalogien, insbesondere in Form der binären Trimmung von Unterscheidungsfolgen um jeden Preis. Für die hier am Ende allein interessierende poetologische Fragestellung kann derlei jedenfalls ganz außer Betracht bleiben.

Halten wir also fürs erste die wichtigsten der skizzierten Grundzüge fest, die das neue strukturalistische Konzept kennzeichnen: als ein durch systematisch irreführende Verallgemeinerung aus der Phonologie gewonnenes und im szientistischen Ergebnis, das die außerhermeneutische Gegebenheit kompletter Strukturen aufzudecken verspricht, naturmythisch gestütztes Revolutionsprogramm für die Kulturwissenschaften überhaupt. Soll doch nach dem phonologischen Muster die verborgene Struktur beliebiger Institutionenbereiche durch die konkrete Mannigfaltigkeit ihrer Erscheinungsformen hindurch zu Tage kommen: von Verwandtschaftsbeziehungen primitiver Kulturen, kannibalischen Küchensitten und archaischen Mythen bis zur Dichtung der Hochkulturen.

Wie aber ist das zu bewerkstelligen? Wie sollen selbst hochkarätig hermeneutische Aufgaben, wie die Interpretation von Mythen und Dichtung, im Rahmen eines dezidiert außerhermeneutischen Analyseprogramms praktisch angegangen und womöglich gelöst werden? Lévi-Strauss hat das fürs Beispiel der Mythen einmal mit Hilfe eines suggestiven Bildes illustriert (das ich hier noch etwas weiter ausmale)[72]: Man denke sich die Varianten eines Mythos als einzelne, mit unterschiedlichen komplexen Zeichen versehene, transparente Blätter, die man zu einem Buch so aufeinanderlegt, daß auf dem ebenfalls transparenten, aber selber leeren Buchdeckel genau das durchscheint, was allen Varianten gemeinsam ist: ein vergleichsweise einfaches Zeichen, das, sozusagen als

Buchtitel, *die* Struktur des *einen* Mythos darstellt – mit keinem der Zeichen auf den Blättern identisch, aber in einem jeden als das Wesentliche enthalten. (Dabei brauchen die zusammengetragenen Fassungen wohlgemerkt weder räumlich noch zeitlich in einem soziokulturellen Zusammenhang zu stehen.) Ja, die so in Erscheinung tretende Struktur *ist* dieser eine Mythos, der hinter allen Varianten steht. Das leere Deckblatt mit seiner wunderbaren Fähigkeit der systematischen Raffung des Mannigfaltigen ist dann natürlich nichts anderes als der strukturalistische Analytiker, der – so objektiv wie die transparente Folie – die gemeinsame Struktur der beschriebenen Blätter zum Vorschein bringen soll, deren Korpus den hier zu strukturierenden Gegenstandsbereich ausmacht.

Nun ist das alles natürlich leichter metaphorisch gesagt als methodisch getan. Und Lévi-Strauss entwickelt in diesem Zusammenhang denn ja auch eine ziemlich subtile Methodik »mehrdimensionaler« Tabellen- und Karteikarten-Analyse, was hier indes nichts prinzipiell ändert.[73] Denn schon die Abgrenzung des Gegenstandsbereichs – also die Entscheidung darüber, was hier (um im Bild zu bleiben) zum Blätterkorpus gehören soll und was nicht – ist offenbar nicht ohne hermeneutischen Vorgriff auf Grund eines entsprechenden Vor*verständnisses* möglich. Mit dem Abgrenzungsproblem steht und fällt aber das ganze Unternehmen, das sich mithin schon vom Ansatz her als hermeneutisches erweist, auch wenn es als solches nicht bedacht wird. Muß man doch hier schon (wenigstens vorläufig) darüber befinden, was angesichts der Verschiedenheit der Erscheinungsformen im einzelnen als das gemeinsame Wesentliche gelten soll; womit zugleich bereits die leitenden Gesichtspunkte der weiteren, genaueren Analyse vorgegeben sind. Und dabei bestätigt sich der (verschwiegen) hermeneutische Charakter des Ganzen nur um so deutlicher aufs neue. Wenn es nämlich im Detail der Analyse nunmehr darum geht, einzelne Züge der Varianten so zur ›Deckung‹ zu bringen, daß eine identische Struktur dabei herauskommt, so ergibt sich diese ja nicht von selbst. Vielmehr sind dazu, wie auch Lévi-Strauss als wesentlichen Teil der analytischen Leistung hervorhebt, immer wieder Transformationen und Vereinfachungen nötig, die geeignet sind, Unterschiedliches allererst auf einen gemeinsamen Nenner zu bringen.[74] Das heißt aber, daß die Methode des hermeneutischen Vorgriffs zu Beginn, die als globale Vorentscheidung die

Analyse orientiert, sich im Detail ständig wiederholt. Und auf eben diesem Wege ergibt sich, unter dem Postulat der Konsistenzbildung, die Gelegenheit zur Erhärtung oder aber zur Korrektur im vor- und zurückschreitenden Prozeß der hermeneutischen Vorgriffe. Das ist (mag man es durchschauen oder übersehen) natürlich nichts anderes als der klassische hermeneutische ›Zirkel‹, der – in Unterscheidung von der Fehlerhaftigkeit des logischen Zirkels – besser und im Bilde treffender etwa als hermeneutische ›Spirale‹ oder ›Helix‹ bezeichnet werden sollte.[75] Darin liegt hier der methodische Prüfstein für die Angemessenheit der eingebrachten Vormeinungen und gegebenenfalls das Korrektiv bloßer Vorurteile, und zwar mit fortschreitender Zuverlässigkeit. Auf welche Weise nun aber gleichwohl die strukturalistische Verschleierung des Hermeneutischen bis zu seiner scheinbaren Eliminierung *praktisch* vor sich geht und wie sie dann freilich unversehens doch sich selber wider Willen zu dementieren gezwungen ist, wird bei der Erörterung des Applikationsbeispiels noch zur Genüge deutlich werden.

Kehren wir zunächst noch einmal – jetzt aber im Blick auf literarische Texte – zu jener aufschlußreichen Illustration zurück, wonach die Strukturanalyse sich gleichsam als Röntgenbild einer Anzahl gebündelter Blätter darstellt. Denn statt um Mythen kann es sich dabei ebensogut um Dichtung handeln: sei es in ihrer Gesamtheit, sei es in den Teilbereichen einer Gattung, einer Schule, eines Autors oder eines Zyklus. Als Ergebnis der Analyse soll dann entsprechend die allgemeinste Struktur der Dichtung überhaupt oder aber die mehr oder weniger spezielle Struktur ihrer Teilbereiche offenbar werden; je nachdem, wie umfangreich das quasi röntgenologisch zu durchleuchtende Korpus der beschriebenen Blätter zusammengestellt wurde.

An dieser Stelle kommt nun allerdings eine Besonderheit der Dichtung strukturalistisch in den Blick, die Lévi-Strauss in der Vorbemerkung zu jener Baudelaire-Interpretation hervorhebt.[76] Während nämlich nach dem Gesagten zum Beispiel eine mythische Struktur prinzipiell nur durch Analyse *mehrerer* Mythen*fassungen* zu eruieren ist und deshalb von der Struktur eines einzeln betrachteten, konkreten Mythos keine Rede sein kann, soll das für die Dichtung nicht gelten. Andernfalls würde ja die Strukturanalyse eines Gedichts, als einzelnes, wie sie sich Lévi-Strauss und Jakobson vorgenommen haben, gar nicht möglich sein. Mit an-

deren Worten: der Gegenstandsbereich der Dichtung, als Bereich
der Kunst innerhalb der Sprache, soll strukturalistisch dadurch
formal ausgezeichnet sein, daß hier – und nur hier – die Analyse
bis zur Struktur eines einmaligen und unverwechselbaren Zei-
chenzusammenhangs, bis zur Identität des konkreten Einzelwerks
soll gelangen können. Lévi-Strauss gibt auch den Grund dieser
Besonderheit an, der zugleich zeigen will, daß dabei das illustrierte
Prinzip strukturaler Analyse – der Variantenvergleich – dem
Anschein zum Trotz unverletzt bleibt: »jedes dichterische Werk«
enthalte nämlich »in sich selbst seine Varianten«, da es »aus einander überlagernden Ebenen besteht: der phonologischen, phonetischen, syntaktischen, prosodischen, semantischen usw.«.[77] Während »der Wert des Mythos als Mythos trotz der schlimmsten
Übersetzung« unangetastet bleibe, weil seine »Substanz« in der
erzählten *Geschichte*, unabhängig von ihrer »Erzählweise«, liege,
sei im Gegensatz dazu »die Poesie eine Form der Sprache, die nur
unter großen Schwierigkeiten in eine andere Sprache übersetzt
werden kann«: nämlich nur unter »zahlreichen Deformationen«
jener charakteristischen Vielschichtigkeit.[78]

Nun ist diese Eigenart der Dichtung seit alters ebenso offenkundig wie unumstritten, auch wenn sie traditionell nicht in der
Strukturmetaphorik der ›Ebenen‹ oder ›Schichten‹ beschrieben
werden mag. Selbst methodologisch anspruchslose Interpretationen beschränkten sich ja nicht auf die semantische ›Oberfläche‹,
sondern pflegten sie gegebenenfalls auf prosodische, phonologische oder syntaktische Besonderheiten als das auffallend Artifizielle von Dichtung zu beziehen, um von daher wiederum deren
Deutung zu bereichern. Davon zeugen bereits die klassischen
Kompendien der Prosodik und Rhetorik, und so hat man es seit
langem, auch ohne weiteren theoretischen Aufwand, schon auf
der Schulbank gelernt. Und mit dem literaturwissenschaftlichen
Formalismus fanden erst recht auch die nicht unmittelbar semantischen ›Schichten‹ der Dichtung erhöhte Aufmerksamkeit und
wurden gelegentlich schon dort, über das anfängliche bloße Ad-
ditionsschema hinaus, zur Bedeutungsebene in Beziehung gesetzt.[79] Aber Lévi-Strauss verspricht jetzt doch offenbar mehr und
etwas anderes, wenn er die charakteristische Vielschichtigkeit der
Dichtung als strukturelle Einheit von ›Varianten‹ zu bestimmen
sucht: sozusagen als Variationen zu einem Thema, das (im Unterschied zur musikalischen Analogie) selber nirgends als solches

auftritt, sondern durch Strukturanalyse – im Sinne des magischen Ausgangsbildes – erst zum Vorschein kommt. So wie die aus den Varianten gefilterte Struktur allererst den Mythos zeige, soll sie hier das wahre, das eigentliche Gedicht ausmachen. Dabei hat es die Analyse freilich jetzt nicht mit mehreren Textfassungen, sondern mit einem einzigen Text zu tun, eben mit einem poetischen Text. Was aber die so angedeutete Eigenart der Dichtung genauerhin meinen kann, muß sich durch Präzisierung der Eigenart solcher Strukturanalyse erst noch erweisen. Und am ehesten im Blick aufs praktische Exempel, wo sich die gegenhermeneutische Metaphorik des Entwurfs ja konkretisieren und sich mithin zeigen sollte, ob und wie weit dieser Neuansatz zur Erhellung des Kunstcharakters von Dichtung trägt.

Angesichts des schon vorliegenden kritischen Materials[80] mag hier eine kurze Erörterung jener aufschlußreichen Gemeinschaftsarbeit der Protagonisten des neueren literaturwissenschaftlichen Strukturalismus genügen. Aber vergegenwärtigen wir uns zunächst, wenigstens mit einem Satz, worum es in dem nicht zuletzt durch Lévi-Strauss und Jakobson so berühmten ›Katzen‹-Sonett aus Baudelaires *Blumen des Bösen* geht. Sehr summarisch läßt es sich etwa so charakterisieren, daß hier in der Allegorie der Katze der (bis in die orientalische Vorgeschichte abendländischer Tradition zurückgehende und wohl heute wie je aufregende) Antagonismus von ›Geist‹ und ›Fleisch‹, Intellekt und Sinnlichkeit, Natur und Vernunft, Weisheit und Leidenschaft in eine spannungsreiche Synthese von imaginativer Anschaulichkeit überführt und damit zugleich die Katze (dieses ebenso vertraute wie geheimnishafte, nie domestizierte ›Haustier‹) zum unerhörten Faszinosum stilisiert wird. Was macht nun die neue, sich außerhermeneutisch verstehende Strukturanalyse mit einem so traditions- und bedeutungsschweren Gedicht? Wie läßt sie – im ›objektiven‹ Blick auf die verschiedenen Sprachebenen – diese ›Varianten‹ zur zeitlosen ›Struktur‹ gerinnen? Was kommt am Ende dabei heraus?

Auffällig ist zunächst eine deutliche Verschiebung sowohl der Reihenfolge der analytischen Erhebungen als auch ihrer Quantität. Unvermittelt setzt die Analyse bei prosodischen, phonologischen und syntaktischen Einzelheiten ein, die massenhaft ausgebreitet werden, während der (gewöhnlich die Analyse leitende) thematische Aspekt in spärlichen Raten eingebracht und im wesentlichen ans Ende gerückt ist. So werden auf den in einem ersten

Durchgang isoliert betrachteten Ebenen (›horizontale‹ Analyse), soweit es sich fürs erste um die nicht-semantischen Schichten handelt, sehr viel mehr Befunde als üblich erhoben: und zwar nach den – im Unterschied zum phonologischen Vorbild nunmehr allerdings äußerst vage verwendeten – Kriterien der Gleichheit oder Ähnlichkeit (›Äquivalenz‹ und, im Fall ihrer Reihung, ›Parallelität‹) oder der Gegensätzlichkeit (›Opposition‹), zuzüglich dem – phonologisch nicht vorgesehenen – Kriterium der Singularität.[81] Allerdings gehen solche Befunde, weil sie sich in außerhermeneutischer Perspektive unabsehbar vermehren lassen, nicht selten und manchmal bis zur Absurdität ins Leere (was die Unterstellung partizipationslos ›objektiver‹ Analysierbarkeit von Dichtung selbst für deren nicht-semantische Ebenen als irrig erweist).[82] Umgekehrt wird dann auf der semantischen Ebene nach denselben vagen Gesichtspunkten entschieden weniger als üblich herausgestellt, weil sich die Analyse hier eine – hermeneutisch ebenso willkürliche – Beschränkung auf ›Äußerlichkeiten‹ auferlegt (etwa auf die Gegensätze ›belebt‹/›unbelebt‹, ›hell‹/›dunkel‹, räumlich oder zeitlich ›eng‹/›weit‹ usf.), um auch auf diesem subjektivitätsverdächtigen Feld nicht weniger ›objektiv‹ zu erscheinen. So entspricht der Maximierung nicht-semantischer Befunde eine deutliche Minimalisierung der semantischen, wie das schon bei den Formalisten im Zeichen derselben Objektivitätsillusion unverkennbar gewesen war.

Die eigentlich strukturalistische Innovation, das qualitativ Neue, ist nun freilich auch erst im zweiten Durchgang, der ›vertikalen‹ Analyse, zu erwarten: in der Aufdeckung des Zusammenhangs der als ›Variationen‹ betrachteten Ebenen, deren strukturale Gemeinsamkeit die poetische Substanz, das wahre Gedicht, ans Licht bringen soll. Aber gerade hier gehen die Interpreten kaum über das Herkömmliche hinaus. Zwar lassen sich Äquivalenzen, Oppositionen oder Singularitäten gelegentlich (und angesichts der Vagheit dieser Kriterien wiederum beliebig oft) auf verschiedenen Ebenen an jeweils ein und denselben Textstellen ausmachen. Aber das sagt ja noch nichts über eine methodische Vermittlung ihres je heterogenen Charakters. Dieses ausschlaggebende Problem (wenn anders es sich denn um ›Variationen‹ handeln soll) bleibt der metaphorischen Intuition überlassen, die hier, wie immer schon, beispielsweise das ›finstere‹ Motiv mit dem ›dunklen‹, das ›lichte‹ mit dem ›hellen‹ Laut verbindet.[83] Und wo einmal eine systematisch zwingende Verknüpfung zu gelingen scheint, erweist sich die vermeintliche Deckung der ›Varianten‹ als bloß verbal, als terminologische Manipulation (etwa in der Übertragung des Gegensatzes ›männlich‹/›weiblich‹ von der semantischen auf die grammatische und prosodische Ebene).[84] Auf die eine oder andere Weise soll sich dann eine Vielzahl ›horizontaler‹, ›vertikaler‹ und selbst ›diagonaler‹ Äquivalenzen und Oppositionen zu quasi geometrisch gewonnenen Strukturen fügen.[85]

So ergibt sich, über die von der Sonettform vorgegebene Einteilung hinaus, schließlich eine ganze Reihe konkurrierender Gliederungen: nach prosodischen, syntaktischen, raumzeitlichen und allerlei symmetrischen Gesichtspunkten in jeweils wechselnder Kombination. Wie Vexierbilder nebeneinanderstehend[86], die sich noch vermehren ließen, weil *außerhermeneutisch* Segmentierungen offenbar wiederum ebenso beliebig zu vervielfältigen (und mithin beliebig) sind wie die Hierarchisierung von Segmenten oder ganzen Segmentierungsalternativen. Denn eine *hermeneutische* Abgrenzung und Gewichtung des einzelnen im Verhältnis zum Ganzen, die allein aus der Willkür strukturalistischer Vexierbilder herausführen kann, soll hier ja exaktheitshalber ausgeschlossen sein.

Gleichwohl kommt auch bei Lévi-Strauss und Jakobson die Analyse, ihrem gegenhermeneutischen Charakter zum Trotz, ans hermeneutische Ziel. Sogar mit teils großen, teils blumigen Worten. Ist doch schließlich die Rede von der »Antinomie« der zwei »entgegengesetzten Seinsarten«, den »beiden Kategorien des Menschlichen«, die hier »einander gegenüber[stehen] als: sinnlich/geistig«; und auch von der wesentlichen Funktion des allegorischen Sujets: »Es obliegt den Katzen, zwischen ihnen zu vermitteln«, so daß »die Magie des von den Katzen ausgestrahlten Lichts über den Schrecken der Finsternis« am Ende »triumphiert«.[87] Wie kann das angehen? Sollte die strukturale Analyse trotz ihrer semantischen Minimalinvestition eben dies als thematisches Resümee aus sich selbst hervortreiben? Natürlich nicht. Offenkundig handelt es sich da vielmehr um einen gewaltigen hermeneutischen ›Sprung‹, der durch die analytischen Befunde nicht gedeckt und daraus schon gar nicht im strukturalistischen Sinne zu deduzieren ist. Daß er dennoch nicht als völlig unvermittelt und willkürlich empfunden werden mag, kommt daher, daß er durch eine Reihe kleinerer Sprünge vorbereitet und flankiert wird. Das ist unschwer daran zu erkennen, daß dann jedesmal der strukturale Sachlichkeitstenor bildungssprachlich umschlägt bis zu unverhohlener Interpretationspoesie, die einem beflissenen Philologen alter Schule Ehre gemacht hätte.[88] Und das sind nur die augenfälligen Bestätigungen dafür, daß auch die strukturale Analyse, will sie nicht bis zur Lächerlichkeit irrelevant werden, wie jede Interpretation unter einem hermeneutischen Vorverständnis agiert. Nur daß es hier verschwiegen ist und deshalb seine Vorgriffe nicht schrittweise – sich differenzierend, verbessernd und bereichernd – methodisch eingeholt werden, sondern eben als Brüche oder Sprünge in Erscheinung treten. Zumal angesichts des strukturalistischen Exaktheitsgestus der Analyse, der die hermeneutische Arbeit teils behindert, teils verdeckt und neben Brauchbarem ebensoviel strukturalen Abfall zutage fördert – und sich schließlich doch gezwungen sieht, in kühnen Sätzen vollends über den eigenen Schatten zu springen, um das Ganze hermeneutisch zu retten.[89]

Aber der Blick auf die strukturale Analysepraxis hat auch gezeigt, woran eigentlich schon im Vorhinein kein Zweifel sein konnte: daß nämlich Lévi-Strauss' Redeweise von den Sprachebenen als ›Varianten‹ des Gedichts nicht beim Wort genommen werden kann. Wie sollte denn auch zum Beispiel die Prosodie des Baudelaireschen Sonetts, die es weitgehend mit anderen teilt, im Ernst eine ›Variante‹ seines allegorischen Themas sein? Nur soviel läßt sich auf Grund dieser Analyse sagen, wie es dort schließlich auch ausdrücklich heißt und seit jeher außer Zweifel stand: daß die Sprachebenen in der Dichtung »untereinander verbunden« sind, indem sie sich »ergänzen«.[90] Damit verliert aber Lévi-Strauss' Bestimmung des Kunstcharakters der Dichtung, wonach hier und nur hier der einzelne Text die zur Strukturbildung unerläßlichen ›Varianten‹ in einem strengen Sinn in sich selbst enthalte, ihre systematische Grundlage.

Dennoch bleibt ein Aktivposten herauszustellen, der sich vor allem den Forschungen Roman Jakobsons verdankt. In einem Punkt nämlich knüpft Jakobson, trotz allem, doch unmittelbar an Mukařovský an, und zwar an dessen Unterscheidung grundlegender Zeichenfunktionen.[91] Dabei kommt es jetzt nicht darauf an, daß Jakobson die vier Grundfunktionen Mukařovskýs, mit denen dieser das ursprüngliche Bühlersche Dreiermodell kunsttheoretisch ergänzt hatte, nun seinerseits noch einmal durch ein differenziertes Schema von sechs Sprachfunktionen zu überbieten sucht. Wichtig ist hier allein, daß Jakobson mit seiner letzten, der ›poetischen‹ Funktion – wenn auch ohne Mukařovský zu erwähnen – dessen Bestimmung der ›ästhetischen‹ Funktion im wesentlichen wiederaufnimmt, die dort, ebenfalls als letzte, allen anderen insgesamt (wieviele es denn auch immer sein mögen) als kategorial verschieden gegenübergestellt worden war: nämlich die Rückwendung des ästhetischen Zeichens auf sich selbst, zumal auf seine sinnliche Zeichengestalt. Obwohl hier die Formulierungen an Klarheit eher hinter Mukařovský noch zurückbleiben, hat Jakobson doch wie kein anderer die phänomenale Beschaffenheit poetischer Sprache – ihre Kombinatorik sinnfälliger Ähnlichkeiten und Kontraste – wieder und wieder herausgearbeitet und damit jene theoretische Bestimmung, die Mukařovský vorgegeben hatte, konkretisiert.[92] Und das gilt auch, mag dabei noch so viel Unverwertbares mit abgefallen sein, für die Analyse des Baudelaire-Sonetts. Nicht von ungefähr gipfelt daher ihr poetologischer Kommentar in der bekannten Formel, daß die Mehrschichtigkeit der Dichtung den »Charakter eines absoluten Gegenstands« verleihe.[93]

Die Gültigkeit *dieser* These bleibt gegebenenfalls davon unberührt, daß sich Lévi-Strauss' Theorie von den Sprachebenen der Dichtung als strukturalen ›Varianten‹ – am Exempel sich ins metaphorische Ungefähr verlierend – als unhaltbar erwiesen hat. Jedenfalls scheint jene Formel zutreffend, wenn man sie gegen strukturalistische Absolutheits-Mißverständnisse in Schutz nimmt. Dann nämlich läßt sich die Redeweise vom ›absoluten‹ Gegenstandscharakter der Dichtung schlicht so verstehen, daß sich hier der Text als komplexes ästhetisches Zeichen nicht im Zeigen von etwas anderem erschöpft, sondern – im Unterschied zur gewöhnlichen Zeichenfunktion – seine eigene Zeichengestalt, und damit sich selbst als phänomenalen ›Gegenstand‹, zur Geltung bringt. In diesem Sinne handelt es sich um eine weitere pointierte Fassung dessen, was Mukařovský mit einem entsprechenden Kürzel als ästhetische ›Autonomie‹ bezeichnet hatte. Und dieser (›autonome‹ oder ›absolute‹) Gegenstandscharakter der Dichtung zeigt sich in der Tat unverkennbar in ihrer signifikanten Mehrschichtigkeit: und zwar um so deutlicher, je eigenwilliger Klang, Rhythmus und Anordnung sich mit sprachlichen Bildern und Motiven zu einem sinnfälligen Ganzen unverwechselbar fügen. Damit tritt Dichtung aus der konventionellen Kontingenz der phänomenalen Beschaffenheit gewöhnlicher Sprachzeichen heraus und mithin als ›Gegenstand‹ in Erscheinung, dessen Gestalt nicht länger hinter ihrer Zeigefunktion als nebensächlich verschwindet, sondern als solche selber beachtlich wird. Und es ist ohne Zweifel in hohem Maße der textanalytischen ›Mikroskopie‹ Jakobsons[94], der mit linguistischer Präzision das Instrumentarium vorgängiger Rhetorik und Stilistik weit überbietet, zu verdanken, daß dieser Gegenstandscharakter der Dichtung gerade im Blick auf die herkömmlich unterbelichteten nicht-semantischen Sprachschichten unübersehbar und genauer erfaßbar wurde.

Hier ist allerdings auch die Grenze der poetologischen Tragweite dieser Forschungen erreicht. Zu der weitergehenden und am Ende entscheidenden Frage, was es denn überhaupt für einen Sinn und Wert hat, daß sich Zeichen über ihre gewöhnliche Zeichenfunktion hinaus in ihrer eigenen Phänomenalität zur Geltung bringen, hat Jakobson nichts gesagt. Ist es nun ein seinerseits zufälliges Kuriosum, wenn so das poetische Zeichen – dem gemeinen Wesen der Sprachzeichen zuwider – als nicht-kontingent in Erscheinung tritt? Diese für eine Funktionsbestimmung des Poetischen ausschlaggebende Frage hatte Mukařovský, mehr oder weniger deutlich, als Kernproblem der Ästhetik vor Augen gehabt und zu lösen versucht. Jakobson dagegen ist sie nirgends mehr in den Sinn gekommen. Wenn er gleichwohl Mukařovskýs Einsicht in die Reflexivität des ästhetischen Zeichens unter der Formel des ›absoluten‹ Gegenstandscharakters der Dichtung wiederaufnimmt, festhält und durch praktische Analysen poetischer Vielschichtigkeit konkretisiert, so geschieht das jetzt doch alles in einer anderen, gegenhermeneutischen Theorieperspektive, die Fragen nach dem Lebenssinn der Kunst, auf die es Mukařovský ankam, systematisch ausschließt. Und dafür war, vor Lévi-Strauss, insbesondere Jakobson selber, unbeschadet seiner gerade unterstrichenen Leistung, hauptverantwortlich.[95]

Für eine Zwischenbilanz des neuen kunsttheoretischen Strukturalismus gibt wiederum die von seinen beiden Vätern unternommene Baudelaire-Analyse – im Positiven wie im Negativen – beredtes Zeugnis: *positiv*, weil hier der eigentümliche Gegenstandscharakter als Merkmal der Dichtung, übers herkömmliche Maß hinaus, sozusagen mit Händen greifbar wird; *negativ* im gegenhermeneutischen Charakter des theoretischen Konzepts, das die Schichten des Gedichts als ›Varianten‹ einer vermeintlich ›absoluten‹ Struktur unterstellt und sich in der Praxis der Interpretation zwangsläufig selbst widerlegt. Über den damit erreichten und ineins blockierten Stand der Dichtungstheorie ist die Bewegung des neuen Strukturalismus auch anderweitig im wesentlichen nicht hinausgelangt. Jedenfalls nicht ohne Preisgabe des außerhermeneutischen Strukturbegriffs, der hier als das unterscheidende Grundprinzip die Grenzen des Schulzusammenhangs, soll er nicht ins Beliebige zerfließen, markiert.

Eine strukturalistische Dichtungstheorie in der anspruchsvollen Form einer Großstruktur, aus der alle Texte als deren Variationen ›ableitbar‹ wären, ist ohnehin reines Postulat geblieben – obwohl damit das Poetische erst strenggenommen strukturalistisch, nämlich über seine ›absolute‹ Universalstruktur, definiert wäre. Die in dieser Richtung angestellten Versuche strukturaler Verallgemeinerung reichen bestenfalls bis zur Schwelle einer universalen ›Erzählgrammatik‹, insbesondere bei Roland Barthes und Tzvetan Todorov.[96] Dabei handelt es sich freilich um eher programmatische Entwürfe. Ihre Ausarbeitung zu einem Modell, das es – nach Prinzipien eindeutiger Segmentierung und Hierarchisierung der erzählerischen Sprachebenen – erlaubte, auf deduktivem Wege bis zur Identität des Einzelwerks zu gelangen (von der Lévi-Strauss und Jakobson klugerweise von vornherein ausgegangen waren), steht jedenfalls in den Sternen. Aber sehen wir für einen Moment noch von den prinzipiellen Widerständen ab, die der Einlösung solcher Versprechen nicht nur vorläufig, sondern auf Dauer im Wege sind. Eine Erzählgrammatik wäre jedenfalls ohnehin noch nicht dichtungsspezifisch. Sind doch zum Beispiel auch Krankengeschichten Erzählungen, ebenso wie wissenschaftliche, etwa geologische, Naturgeschichte; während andererseits ausgesprochene Dichtung, vor allem im Bereich der Lyrik oder des Dramas, überhaupt nicht zu erzählen braucht und selbst die (im weitesten Sinn) epische Dichtung auch nicht-erzählende, insbesondere reflektierende Elemente als durchaus gattungstypische Bestandteile enthalten kann. Das Erzählerische ist also offenbar weder notwendige noch hinreichende Bedingung des Poetischen und daher zu dessen Bestimmung nicht einmal paradigmatisch geeignet. Im übrigen gilt auch gegenüber Gattungen der schon im Blick aufs Einzelwerk erhobene *prinzipielle* Vorbehalt, daß der

Aufbau einer strukturellen Ordnung außerhermeneutisch nicht begründet möglich ist, weil dann die Kriterien der segmentierenden Analyse wie der hierarchisierenden Synthese beliebig, weil beliebig multiplizierbar sind; wobei jetzt noch die (beim Einzelwerk selbstverständliche) Abgrenzung des Gegenstandsbereichs als Ausgangsproblem hinzukommt, das – wie bereits am Beispiel der Mythenstrukturen gezeigt – aus denselben Gründen gegenhermeneutisch nicht lösbar ist.

Diese grundsätzlichen Einwände sind nun allesamt genauso, und angesichts der höheren Komplexität erst recht, für jeden Versuch zwingend, die Gesamtheit der Dichtung in der Vielfalt ihrer Erscheinungsformen auf *eine* einheitliche Struktur zu bringen. Aber hier erhebt sich überdies ein weiterer Einspruch elementarer Art. Während sich nämlich manche Teilbereiche der Dichtung – etwa die Werke einer Epoche oder Schule, eines Autors oder eines Zyklus und selbst erloschene Gattungen – als abgeschlossenes Ganzes betrachten lassen, hat jedenfalls die Dichtung als solche kein abschließbares Repertoire: weil sie ja weitergeht und dabei in ihren je künftigen Möglichkeiten ebenso offen wie unabsehbar ist und bleibt. Jeder Versuch, die Dichtung heute als Repertoire zum Abschluß zu bringen, kann schon heute von den Dichtern überholt werden. Ja, der Bruch mit dem jeweiligen Stand des Regelsystems und seinen begrenzten Möglichkeiten scheint, wie schon die Formalisten immer wieder gezeigt haben, für den Kunstcharakter der Dichtung konstitutiv zu sein. Um so weniger kommt hier ein Globalmodell in Frage: müßte es doch alle ›Varianten‹ von Dichtung enthalten oder vorsehen, einschließlich derjenigen, die es selbst über kurz oder lang sprengen werden. Diesem Widerspruch, an dem die traditionellen normativen Poetiken stets gescheitert sind, kann auch der moderne Strukturalismus nicht entgehen: weder in der älteren ›taxonomischen‹ Form von Regelsystemen zur Sprachklassifikation noch in der neueren ›generativen‹ Form von Regelsystemen zur Spracherzeugung.[97] So oder so ist eine Definition von Dichtung, wie sie strukturalistisch letzten Endes vorschwebt, nämlich durch Angabe ihrer entsprechenden ›Universalstruktur‹, ausgeschlossen.

Inzwischen ist denn auch unter Literaturtheoretikern, die vom neuen Strukturalismus herkommen, eine mehr oder weniger deutliche Abkehr von dessen eigentlichen Prinzipien zu beobachten. *Lucien Goldmanns* Literatursoziologie hatte sie ohnehin, trotz verbaler Übereinstimmungen in der strukturalistischen Terminologie, von vornherein eher dementiert als bestätigt. Bei ihm geht es nicht um immobile Strukturen, sondern um literarische Genesen im Zusammenhang des Geschichtsprozesses. Die sich darin ausprägenden Literaturformen sollen in ihrer Eigenart mit der sie an ihrem historischen Ort jeweils bestimmenden »Weltanschauung« (*vision du monde*) ihrer Urheber verstehbar werden.[98] Und offenbar hat die sich historisch manifestierende Analogie zwischen Literaturform und Weltanschauung, wie sie Goldmann unterstellt, wenig gemein mit der verborgenen Strukturidentität, die bei Lévi-Strauss – über Zeiten und Zonen hinweg – auf einer unwillkürlichen ›Logik‹ der Menschennatur gründet (auch wenn hier, mit einem Kunstwort von Lévi-Strauss, in beiden Fällen von ›Homologie‹ die Rede ist). Aber selbst *Roland Barthes,* der durch sein rhetorisch brillantes Engagement zum prominentesten Verfechter des neuen literaturwissenschaftlichen Strukturalismus wurde und früher streng strukturalistische Reduktion von Dichtung, zum Beispiel auf kombinierte Metaphernketten[99], versuchte, hat sich seither deutlich gewandelt. Begnügt sich Barthes doch schließlich damit, Satz für Satz der Vieldeutigkeit literarischer Texte nachzugehen, um auf ein »Gewebe von Stimmen« (*tissu des voix*) aufmerksam zu machen, das in keine ›objektive‹ Struktur mehr zusammengefaßt, sondern der rezeptiven Synthese je überlassen wird.[100] Mag dabei die Analyse im einzelnen noch so scharfsichtig sein, so geht hier doch – auf die Ordnung des Ganzen gesehen – der Verbindlichkeitsanspruch, der strukturalistisch nicht anders als tendenziell ›absolut‹ sein kann, noch unter die Schwelle des hermeneutisch Üblichen zurück. Und was den Kunstcharakter der Dichtung angeht, hat sich wohl *Tzvetan Todorov* aus der jüngeren Strukturalistengeneration am deutlichsten klargemacht, daß dieses poetologische Hauptproblem im strukturalistischen Rahmen nicht zu lösen, ja nicht einmal zu behandeln ist.[101] Zwar würden hier »zum Beispiel die grammatischen Strukturen oder die lautliche Organisation beschrieben: aber wozu?« Zu diesem Wozu, das mittelbar die Dichtung selbst betrifft, ist aber unter strukturalistischer Absehung von ihrem Handlungscharakter prinzipiell nichts zu sagen und eben deshalb auch niemals »das Sesam der Ästhetik« zu öffnen. »Zwischen der Struktur und dem Wert eines Werks«, zwischen einer strukturalen »Poetik« und der »Ästhetik« liege »eine unüberwindbare Grenze«.[102] Sie lasse sich allein in einer ganz anderen Richtung überbrücken. Nämlich nur durch eine Poetik, die eine Untersuchung der Fähigkeiten des Individuums sowie der überindividuellen Traditionen einschließe und nicht zuletzt eine Kenntnis des Lesers – kurz: nur durch eine kommunikative Poetik. Erst auf diesem völlig verschiedenen Weg könne »die alte Frage nach der Schönheit des Werks von neuem gestellt werden«[103] – die ungelöste Frage nach jenem ›Sesam der Ästhetik‹, in dem sich auch der Kunstcharakter der Dichtung verschließt.

Es ist deshalb nur konsequent, wenn Lévi-Strauss der aus dem neuen Strukturalismus hervorgegangenen *Nouvelle Critique* schließlich eine unmißverständliche Absage im Namen des strukturalistischen Grundprinzips erteilt:

In den meisten literaturkritischen Arbeiten, die sich auf den Strukturalismus berufen, vermag ich allerdings keine strukturalistische Methode zu erkennen [. . .] wenn man vorgibt, die Schöpfungen des menschlichen Geistes sehr genau zu kennen, dann doch nur insofern, als sie ›geschlossene‹ Gegenstände sind. Von einem ›offenen‹ Werk zu sprechen, führt in eine ganz andere Richtung. Die Verfechter der ›neuen Kritik‹ schwanken fortwährend zwischen zwei Konzeptionen. Einerseits sehen sie im Werk, dessen innere Eigenschaften und dessen Struktur ebenso festgelegt sind wie wie, sagen wir, diejenigen eines großen organischen Moleküls, eine zweifellos sehr komplexe Konstruktion. Andererseits betrachten sie das Werk als eine Art Rorschach-Testbild, das keine eigene Bedeutung hat, sondern nur die von jeder Epoche und jedem Leser ihm gegebene. Nur die erste Konzeption hat etwas mit dem Strukturalismus zu tun. Aber man wechselt von der einen zur anderen, ohne sich darüber im klaren zu sein, daß beide miteinander unvereinbar sind.[104]

Dieser Unvereinbarkeitsthese kann man nur zustimmen. Sie läuft auf den Gegensatz von Strukturalismus und Hermeneutik hinaus (wenngleich hier die hermeneutische Position nur karikierend angedeutet ist). Wo Strukturen nicht mehr als geschlossen und ›absolut‹ betrachtet werden, wo sie nicht mehr ›vom Himmel fallen‹, da sollte man in der Tat – jedenfalls nach der Ära Lévi-Strauss – nicht länger von ›Strukturalismus‹ sprechen. Freilich ist mit den skizzierten Auflösungserscheinungen die strukturalistische Ideologie längst nicht aus der Welt. Und es ist damit andererseits auch noch kein Fortschritt in der poetologischen Grundlagenfrage verbunden – abgesehen von jener beginnenden Wiederbesinnung auf den hermeneutischen Weg zu ihrer Lösung.

3. Materialismus

Die Besinnung auf den Zusammenhang von Kunst und Geschichte hatte allerdings, wie wir sahen, Jahrzehnte zuvor schon einmal, nämlich in Abhebung vom russischen Formalismus, eingesetzt. Und das in zweierlei Richtung. Auf der einen Seite im frühen Strukturalismus der Mukařovský-Schule.[105] Auf der anderen Seite trat gegen beide, Formalisten wie Strukturalisten, die materialistische Kunst- und Literaturtheorie auf. Dabei hatte sie es nicht leicht, weil von Marx und Engels, den Vätern und Garanten materialistischer Orthodoxie, zu dem heiklen Thema nur spärliche Äußerungen überkommen waren, die – von bündigen Thesen weit entfernt – mehr Fragen als Lösungen hergaben.[106] Frühestens um die Jahrhundertwende stellte sich in diesem Feld der Materialismus denn auch allererst als Lehrzusammenhang dar, vor allem mit den einschlägigen Arbeiten des Deutschen Franz Mehring und des Russen Georgi W. Plechanow.[107] Nach Mehring ist »das künstlerische und literarische Schaffen« – ebenso »wie die religiösen Vorstellungen, wie die juristischen und politischen Einrichtungen« der Völker – »im letzten Grunde durch ihre ökonomischen Entwicklungskämpfe bestimmt«.[108] Entsprechend vertritt Plechanow die materialistische Grundthese »eines Kausalzusammenhanges zwischen dem *Sein* und dem *Bewußtsein*, zwischen der *Technik* und der *Ökonomik* auf der einen Seite und ihrer *Kunst* auf der anderen«; wonach beispielsweise der Tanz der neuseeländischen Batatenbauern »nichts anderes ist als *die Wiedergabe jener Körperbewegungen, die der Landmann beim Anbau dieser Pflanzen ausführt*«.[109] (Freilich fallen die literarhistorischen Applikationen beider dennoch weit differenzierter und kunstgerechter aus, als es derlei vereinfachende Formeln vermuten lassen.) Wissenschaftstheoretische Breitenwirkung erreicht das materialistische Konzept dann seit den zwanziger Jahren durch die Pereverzev-Schule, die die Lehre vom »sozialökonomischen Prozeß«, der das »dichterische Schaffen determiniert«, erst recht dogmatisch verficht.[110] Und vollends in den Dreißigern, wo das entsprechende kunsttheoretische Programm in Rußland politisch-institutionell, gegen die einheimischen Formalisten, ›von oben‹ durchgesetzt wurde.
Gleichzeitig jedoch, und verstärkt mit den vierziger Jahren, wird

jene offizielle Schultradition bereits marxistischerseits als ›vulgär‹ disqualifiziert.[111] Handelt es sich dabei doch in der Tat um »eine nicht übermäßig originelle Fortsetzung des (bürgerlichen) Positivismus«, der ja nun seinerseits Kunstprodukte als durch Zeitgenossenschaft und Milieu determiniert angesehen und entsprechend zu analysieren versucht hatte.[112] Dagegen wird – unter Berufung auf Marx, Engels und Lenin – die Rückwendung zum wahren, ›historischen und dialektischen‹ Materialismus gefordert und eine entsprechende Verfeinerung des allzu groben Ausgangsmodells in Gang gesetzt. Nicht zuletzt unter Würdigung der schon von Marx erhobenen Einwände gegen eine kausalistische Kurzschließung des Basis-Überbau-Schemas, die zum Beispiel nicht erklären könne, wieso »griechische Kunst und Epos«, obwohl »an gewisse gesellschaftliche Entwicklungsformen geknüpft«, die längst überlebt sind, trotzdem »für uns noch Kunstgenuß gewähren« und sogar »als Norm und unerreichbare Muster gelten«.[113] Das so von Marx diagnostizierte »unegale Verhältnis« zwischen der »materiellen Produktion« auf der einen und der »künstlerischen« auf der anderen Seite ist in der Folge und bis heute Gegenstand ›dialektischer‹ Präzisierungsbemühungen der materialistischen Kunsttheorie geblieben – mit unterschiedlichen Ergebnissen.

Vor allem war es seinerzeit die Leistung des ungarischen Philosophen und Literaturhistorikers Georg Lukács, die bei Marx und Engels verstreuten Gelegenheitsbemerkungen zur Kunst und insbesondere zur Dichtung zu einer Theorie integriert und ausgebaut zu haben[114], die zur klassischen Ästhetik des orthodoxen Materialismus wurde. Ihr bleibt die marxistische Orthodoxie, wie weit sie sich auch immer vom später (seit dem Ungarn-Aufstand 1956) in politische Ungnade Gefallenen verbal zu distanzieren sucht, fundamentaltheoretisch verpflichtet[115]; während andererseits die Gegenorthodoxie neomarxistischer Ästhetik in ihren wechselnden Positionen am besten nach Art und Grad ihrer Differenz gegenüber Lukács zu identifizieren ist. Deshalb soll hier in einem ersten Teil Lukács' klassische Folie materialistischer Ästhetik vergleichsweise eingehend erörtert werden, um in desto deutlicherer Abhebung die Prominenten unter ihren unorthodoxen Kritikern – Benjamin, Bloch, Marcuse, Adorno – im zweiten Teil zu diskutieren.

3.1 Materialistische Orthodoxie

> Genosse O. wirft mir vor, daß ich mich mit ästhetischen
> Wertungen und schöpferischer Methode befasse statt der
> funktionellen Bedeutung, die ein Buch in einer bestimm-
> ten ökonomisch-politischen Wirklichkeit hat.
>
> Marx, den wohl auch O. weder für einen einseitigen
> Ästhetiker noch dem Klassenkampf entfremdeten Theo-
> retiker halten wird, beschäftigte sich – man stelle sich
> vor! – sogar mit Homer.
>
> *Georg Lukács* (leicht gekürzt)

Ausgangspunkt bleibt auch für Lukács die erkenntnistheoretische
Scheidung von (›materiellem‹) ›Sein‹ und (›geistigem‹) ›Bewußtsein‹, in dem sich das erstere ›widerspiegelt‹; insbesondere als
Widerspiegelung des gesellschaftlichen Seins (›ökonomische Basis‹) im gesellschaftlichen Bewußtsein (›ideologischer Überbau‹).[116] Lukács bleibt mit anderen Worten durchaus (im Anschluß an Marx, Engels und Lenin) auf dem Boden traditioneller
Erkenntnistheorie, die – namentlich seit Descartes – die Welt
zunächst in zwei Hälften, eine ›materielle‹ und eine ›geistige‹, teilte
und dann auf die eine oder andere Weise wieder zusammenzuset-
zen suchte: in diesem Fall eben durch die Metapher der ›*Widerspiegelung*‹ des ›Seins‹ im ›Bewußtsein‹. Daran hat Lukács auch nach
der sprachkritischen Wende der Gegenwartsphilosophie unbe-
kümmert festgehalten. Was für alle Überbauphänomene (Religion, Philosophie, Politik, Rechtswesen usf.) gelten soll, hat danach auch für die Kunst zu gelten.[117] Ja die »künstlerische Schöpfung« gehöre »als eine Art der Widerspiegelung der Außenwelt im
menschlichen Bewußtsein der allgemeinen Erkenntnistheorie des
dialektischen Materialismus« an (43). Als *geschichtliche* Phänomene
sind Kunst und Literatur überdies »ein Teil des gesamthistori-
schen Prozesses der Gesellschaft«, in dem »sich der Mensch die
Welt durch sein Bewußtsein aneignet« (31). Dieser historische
Prozeß ist nun aber nach Lukács – im Unterschied zur ›vulgären‹
Auffassung – insofern »*dialektisch*«, als in ihm der ideologische
Überbau einschließlich der Kunst, kurz: die »geistige Tätigkeit
des Menschen«, ihrerseits »einen rückwirkenden Einfluß auf die
ganze gesellschaftliche Entwicklung, selbst auf die ökonomische«, haben könne, im Sinne einer »Wechselwirkung« von Basis
und Überbau (32, 34). Dabei brauche »die Entwicklung der Ideo-

logien durchaus nicht mechanisch und notwendigerweise mit der wirtschaftlichen Höherentwicklung der Gesellschaft parallel« zu verlaufen, so daß diese für ökonomisch zurückgebliebene Länder sogar »die erste Violine spielen können«; was besonders für bestimmte Blütezeiten von Kunst und Literatur zutreffe (35) – bis hin zu »prophetischer« Vorwegnahme gesellschaftlicher Bewegungen.[118] Nichtsdestotrotz bleibe die Ideologie samt Kunst, als ›geistige‹ Tätigkeit, »unter dem beherrschenden Einfluß der ökonomischen Entwicklung«, »auf der Grundlage der in *letzter Instanz* stets sich durchsetzenden ökonomischen Notwendigkeit«, unter der »Priorität« und »Suprematie« ihrer »Gesetzmäßigkeit« (32, 34): und so am Ende wieder getreu dem dualistischen Ausgangskonzept vom Bewußtsein als metaphorischem Spiegel des Seins.[119]

Man mag in erster Linie die Obsolenz des erkenntnistheoretischen Ansatzes beklagen oder desungeachtet vor allem die Relevanz der damit einhergehenden Intention konkreten Geschichts- und Praxisbezugs der Kunstauffassung rühmen – eines zumindest ist bis hierher unbestreitbar: daß nämlich das Widerspiegelungsprinzip der materialistischen Ästhetik – ob in grob ›mechanischer‹ oder ›dialektisch‹ verfeinerter Fassung – so oder so weder kunst- noch literaturspezifisch ist. Verbindet sich doch damit noch keinerlei Auszeichnung der Kunst gegenüber den anderen Überbauphänomenen, die als solche ja allesamt als ›Widerspiegelung‹ gesellschaftlicher Wirklichkeit gelten. Die Philosophie und die Wissenschaften ebenso wie die Dichtung; die schönen Künste in Farbe und Stein, Bewegung und Klang ihrerseits nicht anders als Konfessionen, Rechtsstatuten oder Verfassungen. Das Widerspiegelungsprinzip nach dem Schema von ›Basis und Überbau‹ ist und bleibt – ob Enzyklopädie oder Bibel, Gesetzbuch oder Gedicht, Traktat oder Lied – allemal dasselbe, so daß sich daraus jedenfalls noch kein originäres Konzept für eine Poetik oder Ästhetik ergibt. Kurz: die *Widerspiegelungs*-Ästhetik ist als *solche* noch keine *Ästhetik*. Die Frage ist also, was Lukács zur Bestimmung der »Eigentümlichkeit der künstlerischen Schöpfung«, ihrer »von den anderen Gebieten scharf unterschiedenen Gesetzmäßigkeiten« beigebracht hat, auf Grund derer die materialistische Ästhetik sich allererst als ein »besonderer Teil« ihrer »allgemeinen Erkenntnistheorie« konstituieren soll (43). Welches sind die »spezifischen, ästhetischen Prinzipien« (31), durch die Kunst von allen anderen Phänomenen des Überbaus kategorial zu unterscheiden ist?[120]

Dazu hat Lukács als zentralen Gesichtspunkt stets hervorgehoben, daß Literatur und Kunst nicht bloß die »unmittelbar wahrnehmbare Oberfläche der Außenwelt«, nicht bloß die »flüchtige Wirklichkeit« der »zufälligen, momentanen Erscheinungen« wiedergeben (44 ff.), sondern – durch die Oberfläche dessen, »was unmittelbar erscheint«, hindurch – zugleich die »tiefer liegenden, verborgenen Zusammenhänge der gesellschaftlichen Wirklichkeit«: ihre »Gesetzmäßigkeiten«, ihre »objektive Totalität«.[121] Kurz: Kunst soll in der ›Erscheinung‹ der gesellschaftlichen Wirklichkeit deren ›Wesen‹ offenbaren. Damit ist für Lukács zugleich das Wesen der Kunst selbst angezeigt. Und sie erfüllt es (wie es unter Berufung auf Marx und Engels heißt) in der Darstellung des ›Typischen‹: der »Begriff des Typus« ist es, der nach Lukács die »Eigentümlichkeit der marxistischen Ästhetik« erst »klar zu Tage fördert« (48).[122] Denn nur die Kunst, und insbesondere die Dichtkunst, sei in der Lage, Charaktere oder Situationen in dem Sinne ›typisch‹ zu erfassen, daß sie »das Konkrete und das Gesetzmäßige, das Bleibend-Menschliche und das geschichtlich Bestimmte, das Individuelle und das Gesellschaftlich-Allgemeine« in sich vereinen (47). Wohlgemerkt sind hier »Wesen und Erscheinung« ausdrücklich beide – als das Allgemeine *und* das Besondere – »gleichermaßen Momente der objektiven Wirklichkeit«, machen zusammen allererst ihre »wirkliche Dialektik« aus (46). Und dieser dialektisch unverkürzten, wahren Wirklichkeit wird nach Lukács allein – vermöge ihrer ›typischen‹ Erfassung des Allgemeinen *im* Besonderen – die Kunst gerecht. Das unterscheide sie insbesondere von der Wissenschaft, ja sie stehe damit im Gegensatz zu ihr, weil diese die »lebendige Einheit« der Wirklichkeit »in ihre abstrakten Elemente auflöst«, um an ihr nur die »Gesetzmäßigkeit«, als das Allgemeine, zu suchen (46 f.). Die Dialektik von Besonderem und Allgemeinem durchdringe aber »das Ganze der Wirklichkeit, so daß in diesem Zusammenhang Erscheinung und Wesen sich wieder relativieren: das, was als Wesen der Erscheinung gegenüberstand, als wir von der Oberfläche des unmittelbaren Erlebnisses aus tiefer gruben, wird bei eingehender Forschung als Erscheinung figurieren, hinter welcher ein anderes, ein neues Wesen entsteht. Und so weiter bis in die Unendlichkeit« (46). Dieses unabschließbare Forschen nach dem gesellschaftlich relevanten Allgemeinen im Besonderen – kraft der auf »Tiefe und Umfassung« gehenden Hervortreibung des ›Typischen‹, um so

»das Leben in seiner allseitigen Totalität zu ergreifen« (46) – ist nach Lukács eben »die künstlerische, eigentümliche, sonst auf keinem anderen Gebiet existierende Lösung der Dialektik von Wesen und Erscheinung« (48). In diesem Sinn spricht Lukács der »ästhetischen Erkenntnis und Darstellung« die äußerste »bis ins tiefste und letzte gehende Objektivität« zu (50).

Das Fazit dieses Kerngedankens der Lukácsschen Ästhetik liegt auf der Hand. Wenn nämlich allein die Kunst die Offenbarungskraft des ›Typischen‹ besitzt und allein das ›Typische‹ die Wirklichkeit dialektisch adäquat trifft, dann ist die Kunst dadurch ausgezeichnet, daß nur sie allein der Wahrheit gerecht wird: der tendenziell vollen Wahrheit und mithin der Wahrheit überhaupt. Kurz: Kunst ist dann die höchste und letzte, ja strenggenommen die einzig zureichende Wahrheitsinstanz. Mit dieser Konsequenz gerät nun aber Lukács' Kunsttheorie in ein ruinöses Dilemma: sie erweist sich als inkonsistent. Denn entweder wird erst und letztlich nur die Kunst der ›Dialektik der Wirklichkeit‹ und damit der Wahrheit gerecht; dann handelt es sich zwar, sollte das zutreffen, um ein spezifisches Kunstkriterium – aber man kann dann Kunst nicht mehr am Maßstab eines unabhängig von ihr durchschauten ›Wesens‹ der Wirklichkeit, auch nicht an den Gesetzen der ökonomischen Basis als vorgewußter ›letzter Instanz‹, messen und bewerten. Oder aber man kann das; dann handelt es sich nicht um ein spezifisches Kriterium, weil damit ja nicht mehr die Kunst als die privilegierte Potenz ausgezeichnet ist, die letztlich allein die ›Dialektik der Wirklichkeit‹ und damit die Wahrheit trifft. Soll es sich hier also um ein spezifisches Kriterium handeln, hört die Theorie auf, im Sinne ihres Ansatzes materialistisch zu sein; soll sie in diesem Sinn materialistisch bleiben, hört das Kriterium auf, spezifisch zu sein. (Im allemal fälligen Dissens um wahre oder falsche, oberflächliche oder wesenhafte ›Widerspiegelung‹ hat hier faktisch jedenfalls ohnehin nicht die postulierte höhere Evidenz der Kunst selber das letzte Wort, sondern – im Namen allemal *besseren* Wissens – die Partei in der Rolle des Kunstrichters.) Dem Dilemma ist theorieimmanent nicht zu entkommen. Daran kann auch die antivulgäre ›dialektische‹ Lockerung des Verhältnisses von Basis und Überbau, von Wirklichkeit und Kunst nichts ändern. Im Gegenteil. Soll hier nämlich ›Dialektik‹ ernst gemeint sein im Sinne einer echten (vorbehaltlos gegenseitiger Bestimmung und Modifikation fähigen) Wechselbeziehung, dann löst sich mit der systematischen Priorität der ökonomischen Basis die materialistische Pointe der Theorie erst recht auf, und es kann von ›Widerspiegelung‹, selbst wenn man ihre tiefste und höchste Form der Kunst vorbehalten wollte, nicht mehr die Rede sein; ist dagegen die materialistische Pointe der Theorie ernst gemeint, dann ist das Verhältnis von Kunst und Wirklichkeit nur dem Namen nach ›dialektisch‹, und die vorgewußte ökonomische Notwendigkeit verbietet die Auszeichnung der Kunst als Letztinstanz umfassender Wesenserhellung.[123] Eben das ist das (je ›dialektischer‹, um so vertracktere) Dilemma, das die orthodox materialistische Ästhetik, ihrer kritischen Intention zum Trotz, bis heute systematisch paralysiert.

Nach diesem ersten Aperçu, das sich auf den inneren Widerspruch der Lukácsschen Ästhetik konzentrierte, bleibt zu fragen, ob sie unter verändertem Vorzeichen nicht doch weiterführt: wenn man nämlich die dort im Rahmen einer überholten Erkenntnistheorie offenbar aporetisch gefaßte ›Dialektik der Wirklichkeit‹ sprachkritisch wendet.

Genauerhin geht es dabei um zweierlei Dialektik: zwischen ›Sein‹ und ›Bewußtsein‹ auf der einen, zwischen ›Erscheinung‹ und ›Wesen‹ auf der anderen Seite. Die letztere kann mit Lukács, wie wir gesehen hatten, jedenfalls als eine Form der Wechselbeziehung zwischen Besonderem und Allgemeinem verstanden werden (46 f.). Und als solche läßt sie sich elementar präzisieren. Denn einerseits kann das ›Besondere‹ – das einzelne Beispiel, der konkrete Fall – nur erfaßt, nur unterschieden werden als Beispiel für oder als Fall von etwas ›Allgemeinem‹, also nur innerhalb einer über den Einzelfall hinausgehenden Unterscheidungs*ordnung*; andererseits ist die Unterscheidung eines ›Allgemeinen‹, die Konstituierung einer solchen Ordnung, nur auf Grund von konkreten Einzelfällen, also nur auf Grund von ›Besonderem‹ möglich. Das Allgemeine bestimmt mithin die Einordnung eines jeden Beispiels, also des Besonderen, wie umgekehrt die konkreten Beispiele jene Ordnung bestimmen, also das Allgemeine. Diese Dialektik ist mithin zunächst nichts anderes als die elementare Verfassung des Treffens von Unterscheidungen durch Beispiele, kurz: des exemplarischen Unterscheidens. Wer etwa lehrend äußert: ›Das hier ist Unkraut‹ oder ›*Der Zauberberg* ist ein Roman‹, bestimmt, indem er so unterscheidet, sowohl die besonderen Gegenstände, von denen er spricht, als auch die allgemeinen Prädikate, die er ihnen zuspricht: er bestimmt das eine durch das andere wie, umgekehrt, das andere durch das eine. Und entsprechend lernt man, wenn überhaupt, in beiden Richtungen zugleich. Wenn Lukács von dialektischer ›Einheit‹ des Besonderen und Allgemeinen spricht (46), so konstituiert die Prädikation in der dialektischen Verbindung von Gegenstands- und Begriffsausdruck diese Einheit in ihrer schlichtesten Form. Und sie ist, wie Lukács ebenfalls zu Recht betont, durchaus ›lebendig‹(47). Kann doch jeder konkrete neue Fall Anlaß sein, die vorgängige Unterscheidungsordnung zu verändern: zu bereichern, zu differenzieren, ja zu revolutionieren – wie umgekehrt jede solche Veränderung das konkrete Beispiel in neuem Licht zeigt. Diese Dialektik ist die *Grundlage* menschlicher Unterscheidungsleistung überhaupt, bis hin zu ›verborgen‹ komplexen Unterscheidungszusammenhängen in Form von Regeln (des Handelns) oder Gesetzen (des Geschehens). Sie kann offenbar durch keinerlei Voraussetzungen (sei es ›idealistischer‹ oder ›materialistischer‹ Art) hintergangen werden, die darauf hinauslaufen, eine etwa noch grundlegendere Unterscheidung – vor und außerhalb menschenmöglichem Unterscheiden – zu treffen. Nach Lukács ist nun das »Bewußtsein« der Bereich der »geistigen Tätigkeit des Menschen« (34), also insbesondere und vor allem seiner Unterscheidungsleistung. Dann macht es aber keinen Sinn, ein vom ›Bewußtsein‹ unabhängiges ›Sein‹ *unterscheiden* zu wollen – was auf die paradoxe Absicht hinausliefe, eine unterscheidungsunabhängige Unterscheidung zu treffen. (Selbst das konkrete ›Faktum‹ ist, wenn wir von ihm reden, immer schon ein – ein- oder neuordnend – Unterschiedenes und insoweit eben ein ›Gemachtes‹.) Es ist deshalb methodisch ebenso ausgeschlossen, ein unterscheidungsunabhängiges ›Sein‹ zum Produzenten und Richter eines unterscheidenden ›Bewußtseins‹ zu erklären wie das unterscheidende ›Bewußtsein‹ zum Spiegel oder Abbild eines unterscheidungsunabhängigen ›Seins‹.[124]

Nun handelt es sich auch für Lukács bei der ›geistigen Tätigkeit des Menschen‹, die den Bereich des ›Bewußtseins‹ ausmacht, durchaus um eine selbständige Leistung; freilich, wie hinzugefügt wird, um »relative Selbständigkeit« (34). Dem kann man in einem bestimmten Sinn wiederum nur zustimmen: denn in der Tat lassen sich Unterscheidungen ja nicht sozusagen freischwebend – beliebig oder willkürlich – treffen. Das ist unbestreitbar. Nur darf man das Prinzip, das hier Beliebigkeit ausschließt, nicht in der erkenntnistheoretischen Illusion eines unterscheidungsunabhängigen ›Seins‹ als letzter Wahrheitsinstanz festmachen wollen, wie es der orthodoxe Materialismus und mit ihm Lukács tun. Vielmehr sind Unterscheidungsleistungen jedenfalls deshalb nicht freischwebend und beliebig, weil sie im Kontext der Lebenspraxis vollzogen werden, für die Unterscheiden und Handeln gleichermaßen – sich wiederum wechselseitig postulierend und korrigierend – konstitutiv sind. Auch Unterscheiden und Handeln sind also eine elementare dialektische Einheit.[125] (Und ihr Zusammenhang mit der des Besonderen und Allgemeinen liegt auf der Hand: wer handelt, hat es mit dem konkreten Besonderen zu tun und kann es nur unterscheidend bewältigen; wer unterscheidet, hat es mit dem Allgemeinen begrifflicher Ordnung zu tun und kann sie nur auf dem Boden praktischer Auseinandersetzung mit dem konkreten Besonderen gewinnen.) Sowenig die Möglichkeiten und Grenzen des Handelns beliebig sind, sowenig sind es die des Unterscheidens. Und beides ist, wie Wittgenstein gezeigt hat, nur nach Regeln und damit nur (im weitesten Sinn) gesellschaftlich möglich.[126] Und das ist durchaus verträglich mit der Einsicht, daß Herrschaftsverhältnisse, insbesondere durch sozio-ökonomische Strukturzwänge, nicht nur geeignet sind, entsprechend kritische Unterscheidungsleistungen zu provozieren (wie nicht zuletzt die marxistische Gesellschaftskritik beweist), sondern daß sie eben auch – und in der Breite faktisch überwiegend – dazu führen, die eigentlich fällige Kritik zu lähmen, ja ins herrschaftslegitimierende Gegenteil zu verkehren (kurz: in ›falsches Bewußtsein‹). Stehen sie doch einer freien Entfaltung der Dialektik von Unterscheiden und Handeln und einer entsprechend zwanglosen Konsensbildung der Betroffenen im Wege – und damit der Wahrheit.[127]

Mit einer sprachkritischen Revision (wie der hier im Ansatz skizzierten) wird die erkenntnistheoretische Verlegenheitsmetapher der ›Widerspiegelung‹ überflüssig, die auch der materialistischen Ästhetik zugrunde liegt – ihr aber seit Marx ständig verquer war und bei Lukács zu fataler Inkonsistenz führte. Was bleibt dann aber, das war die Frage, von Lukács' Kunsttheorie? Es bleibt ihr Hauptkriterium des ›Typischen‹, das sich von der Hypothek des Widerspiegelungsprinzips sprachkritisch ablösen läßt. Denn das ›Typische‹ im Sinne Lukács' ist eine Darstellungsform des Allgemeinen im Besonderen (46 f.) – oder, wie wir jetzt kurz formulieren können, eine Form des *Exemplarischen*. Und zwar kann – im Unterschied zu beliebigem exemplarischem Zeigen (wozu jedwede Beispielangabe zählt) – eine Darstellung allenfalls dann ›typisch‹ im Sinne Lukács' heißen, wenn sie das zu exemplifizierende Allgemeine durch Vergegenwärtigung eines konkreten Besonderen nicht nur schlecht und recht, sondern, sagen wir, mit einiger Prägnanz zeigt.[128] Nun ist auch das freilich für Lukács (gewiß mit Recht) noch kein hinreichendes Kriterium des Künstlerischen, gilt es doch mehr oder weniger für jedes besonders treffende (oder treffend fingierte) Beispiel. Die entscheidende Auszeichnung gibt Lukács vielmehr, indem er das im Typischen sich zeigende Allgemeine – zieht man die Metaphysik ›tiefster‹ und ›letzter‹ Widerspiegelungswahrheit wiederum sprachkritisch ab (50) – geradewegs als die ökonomisch bestimmten »Gesetzmäßigkeiten« präzisiert, zu denen die Kunst (als den »verborgenen Zusammenhängen der gesellschaftlichen Wirklichkeit«) zu gelangen habe.[129] Dabei ist kaum zu bestreiten, daß Lukács ihre unterstellte Kenntnis nicht aus der Kunst gewonnen hat (aus der sie sich schwerlich ablesen lassen), sondern aus einer bestimmten, wissenschaftshistorisch lokalisierbaren Theorie. Und er schreibt von daher der Kunst deren Exemplifizierung als ausschlaggebendes Kriterium ihres Kunstcharakters vor, durch das sie sich vom beliebigen Exempel, wie prägnant auch immer, unterscheiden soll. Kunst wäre demnach, kurz gesagt, prägnante Exemplifizierung der sozio-ökonomischen Theorie des Marxismus-Leninismus. Damit ist die *ästhetische* Differenz, die die Kunst hier gegenüber dem bloß treffenden Beispiel auszeichnet, durch einen *theoretischen* Gehalt inhaltlich definiert. (Im Unterschied etwa zur klassischen Version Kants, der die ästhetische Differenz der Kunst durch einen einzigartigen *Modus* der Darstellung des Allgemeinen im Besonderen bestimmte: nämlich so, daß hier jenes Allgemeine gerade nicht begrifflich einzuholen sei[130], geschweige denn durch eine Theorie vorgegeben oder gar vorgeschrieben sein kann.)

Kunst ist aber offensichtlich nicht im Ernst als Exemplifizierung irgendeiner Theorie mit irgendwelchen Gesetzeshypothesen, und seien es die besten, zu definieren. »Die Struktur und Dynamik der gesellschaftlichen Basis«, ihre verborgenen »Grundgesetze« lassen sich nach Herbert Marcuse, der sich damit ausdrücklich gegen Lukács wendet, »niemals sinnlich, ästhetisch ausdrücken«: sie seien vielmehr nur wissenschaftlicher Analyse zugänglich und nur in deren Kategorien zu formulieren.[131] Selbst wenn man so apodiktisch nicht sein will und die exemplarische Darstellung ökonomischer ›Struktur und Dynamik‹ etwa in entsprechend konzipierten Romanen oder Lehrstücken annähernd für möglich hält, so bleibt es auch dann, aufs Ganze gesehen, eine absurd inadäquate, schlicht falsche Definition, daß etwas genau dann Kunst sein soll, wenn es Derartiges leistet oder auch nur zu leisten versucht: jedes Gedicht, jeder Tanz, jede Arabeske. (Natürlich hindert das nicht daran, trotzdem zu meinen, daß alles und jedes in der Kunst ein heimliches Symbol von etwas sei: von Gott, der Ökonomie oder dem Ödipuskomplex – aber solche nicht weiter begründbare Globalunterstellungen sind und bleiben dann allemal gegeneinander austauschbar.)

Bisher haben wir zweierlei gesehen: daß die durch Lukács vertretene materialistische Ästhetik klassisch orthodoxer Prägung erstens – theorieimmanent betrachtet – in aporetische Inkonsistenz führt; daß sie zweitens – sprachkritisch gewendet – erst recht keine haltbare Kunstdefinition liefert. Sie ist aber (abschließend) noch mit einem Argument ganz anderer Art als *Kunst*theorie in Frage zu stellen. Obwohl es nämlich für das Gelingen einer jeden Kunsttheorie doch grundlegend aufs Gelingen ihrer Gegenstandsdefinition ankommt und obwohl Lukács, wenn er allenthalben von *der* Kunst oder *der* Literatur handelt, eine entsprechende Absicht durchaus zu verfolgen scheint, gibt es doch Gründe, die für eine andere Version sprechen: daß Lukács zwar wohl durchgängig etwas zu definieren unternimmt, nicht eigentlich aber, was *Kunst* und *Literatur* ist, sondern was eine *bestimmte Art* von Kunst und Literatur ausmacht. Nämlich, genau besehen, nur diejenige, der Lukács sein Kriterium des ›Typischen‹ zuerkennt: die *»realistische«* Kunst, die *»realistische«* Literatur, wie er sie kurz nennt. Dazu gehören zum Beispiel Shakespeare, Cervantes, Fielding oder Goethe, nicht aber Schiller; dazu gehören vor allem Balzac, auch E. T. A. Hoffmann oder Tolstoj, nicht aber Zola, nicht die Naturalisten; und erst recht nicht die impressionistische, symbolistische, expressionistische oder gar die surrealistische oder abstrakte Kunst und Literatur (pejorativ auch als ›formalistisch‹

zusammengefaßt) (45-54). Nun zählt aber Lukács auch die von ihm angeführten Gegenbeispiele, die als nicht-›realistisch‹ den Charakter des ›Typischen‹ entbehren, ganz selbstverständlich zur Literatur, zur Kunst. Und er bezeichnet sie, wie jedermann, auch ausdrücklich so, wenn er beispielsweise von der Zolaschen »Literatur« spricht (47), von der »Kunst«, den »künstlerischen« Formen oder der »künstlerischen« Praxis idealistischer oder manieristischer Abstraktionen (45). Und selbst wenn Lukács die ›typische‹, die ›realistische‹ Kunst oder Literatur kurzerhand die »richtige«, »wirkliche« oder »echte« Kunst, die »echte« Literatur nennt (47 ff.), so ist für ihn deshalb die Menge der seines Erachtens nicht oder nicht hinreichend ›realistischen‹ Kunst und Literatur keineswegs Nicht-Kunst, Nicht-Literatur, sondern fraglos trotz allem »Kunst«, trotz allem »Literatur«. (Was sollte sie wohl auch sonst sein?) Insofern geht es bei Lukács im Grunde allein um eine Charakterisierung der ›realistischen‹ Variante. Und zwar deutlich im Sinne einer *qualitativen* Auszeichnung *innerhalb* der Kunst: um die Auszeichnung der »guten« Literatur, der »guten«, ja der »besten« Kunst (38, 49); um die Abhebung künstlerischer »Größe« (43), des »Genies« (50), der »wirklich großen«, der »ganz großen« Schriftsteller und Künstler (54, 56) – im Unterschied zu den »schlechten« oder »mittelmäßigen« (56). In diesem *qualitativen* Sinn spricht Lukács von *»Realismus«* in Literatur und Kunst oder auch vom »echten Realismus« (47) – gegen Realismus-Verständnisse, die dem Kriterium des ›Typischen‹ nicht genügen. Dann ist letzteres freilich, strenggenommen, eben nicht Definiens der Kunst, sondern Qualitätskriterium zur Bewertung von (besserer oder schlechterer) Kunst.

Aber auch als solches bleibt es, ja wird es erst recht problematisch. Denn abgesehen davon, daß seine Präzisierung – auch als Wertkriterium – in die bereits erörterten Schwierigkeiten zurückführt, stellt sich hier überdies die Frage, ob es dabei überhaupt um ein *ästhetisches* Qualitätsmerkmal geht. Nach Lukács hat nämlich der Wertmaßstab des ›Typischen‹ als Ausweis ›realistischer‹ Kunst (auf Grund eines geschichtsphilosophischen Glaubens, daß sich in der Wahrheit des ›Typischen‹ zugleich notwendig eine Tendenz zum Guten, zum Besseren offenbare) *ethischen* Charakter. Ist doch für Lukács die ›realistische‹ Kunst stets von der »Sorge um die Integrität des Menschen« bestimmt (56), die gewiß auch die humanistische Triebfeder materialistischer Gesellschafts- und

Kunstkritik war und die Lukács entsprechend von der Kunst als Prüfstein ihrer Qualität fordert: »Große Kunst, echter Realismus und Humanismus sind untrennbar miteinander verschmolzen« (56). In diesem (wertenden) Sinn gelange »der sozialistische Humanismus in den Mittelpunkt der marxistischen Ästhetik«, als eines ihrer »wichtigsten Grundprinzipien« (58, 56). Was den großen, wahrhaft ›realistischen‹ Schriftsteller und Künstler nach Lukács auszeichnet, ist daher die »Verteidigung« dieser »Integrität des Menschen« gegen dessen »Verzerrung«, gegen seine »tiefste Verletzung«, seine »Zerstückelung und Verkrüppelung« als »Folge der materiellen wirtschaftlichen Struktur der Gesellschaft«, gegen »Unterdrückung und Ausbeutung des Menschen durch den Menschen« (54-57). Kurz: groß sind der Künstler und seine Kunst letztlich durch »leidenschaftliche Stellungnahme«, die »das Gute liebt und das Böse verwirft« (53).

So respektabel diese Postulate sind, ebenso eindeutig handelt es sich also bei jenem ›Grundprinzip‹ materialistischer Kunsttheorie nicht um ein genuin ästhetisches, sondern ein ethisches Relevanzprinzip – mithin jedenfalls noch nicht um eine zureichende Bedingung künstlerischer Qualität. Will man auf diese Weise bessere von schlechterer Kunst nach Maßgabe ihres moralischen Gewichts unterscheiden, müßte man ihrer ästhetischen Relevanz schon sicher sein. Man muß dann schon wissen, was ästhetische Relevanz und mithin, was das ›Ästhetische‹, was ›Kunst‹ überhaupt ist, um hier ethische Wertdifferenzierungen *kunstspezifisch* in Ansatz bringen zu können. (Erbauung braucht bekanntlich nicht mit Geschmack einherzugehen, und der Zweifelnde oder Verzweifelnde ist oft genug der bessere Poet, der bessere Künstler.) Solches Vorwissen setzt Lukács schlicht voraus. Und er übernimmt es, wie schon Marx und Engels, offenbar von der traditionell bürgerlichen Ästhetik, die gerade die unbewältigte Problematik ihrer Grundbegriffe als schwerste Theoriehypothek hinterlassen hatte. Auf diese problematische Grundlage eines begrifflich ungeklärten Vorverständnisses sucht Lukács mit dem Realismuspostulat ein noch problematischeres Qualitätskriterium, sozusagen als materialistische Veredelung des überkommenen Kunstbegriffs, aufzupfropfen. Faktisch läuft diese ›Veredelung‹ auf eine drastische Bornierung des Kunstverstands hinaus, von der sich der orthodox materialistische Kulturbetrieb in Theorie und Praxis bis heute nicht erholt hat: auf die Festlegung von

Kunst und Literatur auf vergangene Vorbilder einer bestimmten – ›realistisch‹ genannten – Kunstform des neunzehnten Jahrhunderts, wobei das Vorbild der Vorbilder der von Marx und Engels zeitgenössisch (verständlicherweise) hochgeschätzte Honoré de Balzac liefert. Bei allem Respekt für Balzac – eine absurde Mumifizierung der Kunst zu Lebzeiten. Wenn man Lukács später, als er wegen des Engagements bei der Ungarn-Erhebung politisch inopportun geworden war, seine Orientierung an der bürgerlichen Kunst vorgeworfen und dagegen das Primat des vollendeten ›sozialistischen Realismus‹ gefordert hat, der erst im real existierenden Sozialismus habe gedeihen und sich widerspiegelungsgerecht entfalten können, so vermochte diese Kritik im Namen einer überbietenden Orthodoxie doch nichts daran zu ändern, daß Lukács' Kunsttheorie ihren prägenden Einfluß, selbst auf seine dogmatischeren Kritiker, im wesentlichen behalten hat.[132] Im übrigen bleibt auch der offiziell als ›sozialistisch‹ eingeschätzte Realismus in seinen Ausdrucksmitteln den bürgerlichen Vorbildern aus dem letzten Jahrhundert nach wie vor und erst recht verhaftet. Gerade die Realismusnorm hat so die orthodox materialistische Ästhetik, die Lukács aus ihren ›vulgären‹ Anfängen zu retten unternahm, ziemlich und auf Dauer ruiniert.

Es ist deshalb nicht zu verwundern, daß inzwischen selbst von seiten orthodox gesonnener Kunsttheorie offen beklagt wird, daß es bis heute insbesondere »keine ausgearbeitete marxistische Literaturwissenschaft« gebe, vielmehr – »auf Grund von Vorurteilen« mit »verheerenden Folgen« – »nur zweifelhafte Kriterien«.[133] Und es ist ebensowenig zu verwundern, daß in dieser Situation Anleihen ausgerechnet bei den Grundlagen und Methoden des ursprünglichen Gegners gefordert werden: bei jener formalistisch-strukturalistischen Schule, gegen die man seinerzeit – mit ebensoviel Engagement wie politischem Rückenwind – unter der elementar untauglichen Parole materialistischer ›Widerspiegelung‹ angetreten war.[134]

bekämpfer des formalismus wettern oft gegen neue und
reizvolle formen wie gewisse reizlose hausfrauen, die
schönheit und bemühung um schönheit ohne weiteres als
hurenhaftigkeit (und kennzeichen der syphilis) denunzie-
ren.

Bertolt Brecht

Aus der Sackgasse der orthodox materialistischen Ästhetik hat es
im wesentlichen zwei unorthodoxe Auswegversuche gegeben.
Der eine verlegt die Kunst vom ›Überbau‹ in die ›Basis‹, von der
Ebene der ›Widerspiegelung‹ auf die der ›Produktion‹. Das ist,
trotz Umkehrung des klassischen Ansatzes, der eigentlich materialistische Lösungsversuch. Er wurde von Walter Benjamin unternommen. Der andere sucht die ›Dialektik‹ der Wahrheit, unter
Betonung der Negations- und Antizipationskraft von Kunst,
ernstzunehmen. Den Weg haben viele eingeschlagen (zu seinen
Pionieren gehört Ernst Bloch). Er läuft auf eine strenggenommen
nicht mehr, jedenfalls nicht mehr im ursprünglichen Sinn ›materialistische‹ Ästhetik hinaus – bis zum Wahrheitsprimat ästhetischer Negation bei Theodor W. Adorno. Ich will versuchen, beide
Positionen auf unsere Kernfrage hin zu charakterisieren (wobei
für den zweiten Weg Herbert Marcuse als sein systematisch über-
zeugendster Repräsentant im Mittelpunkt steht).

Aus der hier allen gemeinsamen Einsicht, daß Kunst als ›Widerspiegelung‹ nicht zu fassen ist, hat also *Walter Benjamin* die materialistisch originelle Konsequenz gezogen, den Kunstcharakter
statt auf der nachgeordneten Ebene des ideologischen ›Überbaus‹
unmittelbar in der ›Basis‹ des Produktionsprozesses, in den auch
die Kunstproduktion gehöre, zu verankern. Mit diesem überra-
schenden Zug unterläuft Benjamin die ärgerliche Depotenzierung
der Kunst zu einem bloßen Widerspiegelungsmedium, ohne das
materialistische Modell (das jene Kastration vorzuschreiben
schien) preisgeben zu müssen. Und diese theoretische Wende soll
nicht etwa nur Künste von handgreiflich materieller Gegenständ-
lichkeit betreffen, sondern alle Künste – nicht zuletzt die Dichtkunst. Auch hier ist die grundlegende Frage jetzt nicht mehr, wie
»eine Dichtung *zu* den Produktionsverhältnissen«, sondern wie
sie »*in* ihnen« stehe. Diese Frage zielt nach Benjamin »unmittelbar

auf die schriftstellerische *Technik* der Werke«. Und unter dem »Begriff der Technik« sei auch die »literarische Produktion« einer »materialistischen Analyse« zugänglich.[135]

Wie aber zeichnet sich dann die Kunstproduktion und ihre Technik im Rahmen des allgemeinen Produktionsprozesses als eine Produktionsweise sui generis, als eine funktionsspezifische Technik aus? Wenn Benjamin darauf auch keine eindeutige Antwort gegeben hat, so scheint er doch die Kunstproduktion jedenfalls dadurch ausgezeichnet zu sehen, daß in ihr technische Innovation und gesellschaftsverändernder Fortschritt wesentlich und unmittelbar zusammenfallen (während ansonsten neue Produktionstechniken unter den herrschenden Produktionsverhältnissen ebensogut repressiven, ja gesellschaftsbedrohenden Charakter haben können). Die Pointe dieses Ansatzes liegt also, wie R. Bubner formuliert, darin, daß Benjamin »Kunst restlos im Produktionsprozeß ansiedelt und doch von aller sonst ablaufenden Produktion so abheben will, daß in ihr die wahren gegen die falschen Tendenzen zum Durchbruch kommen und Veränderung sich in technischer Konkretion vollzieht«.[136] In der Kunst soll, mit anderen Worten, die Entwicklung der Produktivkräfte und der Produktionsverhältnisse nicht auseinandertreten, der Fortschritt der ersteren nicht durch den Rückstand der letzteren gelähmt oder verfälscht werden können. Benjamins Paradigma für diese die Kunst kennzeichnende Einheit von Innovation und Fortschritt ist die Errungenschaft der modernen Reproduktionstechnik: die in Photographie und Film, in Schallplatte, Funk und Druck vervielfältigte Bild-, Ton- oder Sprachkunst. Die Reproduktionstechnik sei dabei der Kunst nicht etwa äußerlich, sondern verändere grundlegend den Kunstcharakter selbst, indem sie Kunst aus der esoterischen ›Aura‹ alltags- und praxisferner Einzigkeit in die Lebensnähe allgegenwärtiger Wiederholbarkeit für jedermann überführe: aus dem privaten Gehege verinnerlichter Zelebration in die Öffentlichkeit des kollektiven Schocks wie der kollektiven Zerstreuung.[137] In dieser Wende zur massenhaften Kunst wird sie nach Benjamin zur Kunst der Massen, wird sie substantiell demokratisch. Und sie ist in dieser Sicht nicht deshalb fortschrittlich, weil sie gesellschaftlichen Fortschritt etwa bloß symbolisch ›abbildet‹ (sei es als Widerspiegelung oder Antizipation), sondern weil sie ihn kraft innovatorischer Technik selber bereits verwirklicht: als das konkrete Ferment par excellence realen Fortschritts – gegen Zwangsstrukturen und falsches Bewußtsein.

Aber Benjamins Paradigma, das die Auszeichnung von Kunst innerhalb des Produktionsprozesses belegen soll, ist nun allerdings ebenso geeignet, diesen Ausnahmecharakter zu dementieren. Ist doch die moderne Kunstindustrie faktisch auch und nicht weniger ein Musterbeispiel für den affirmativen Charakter von Kunst: denn just durch die Reproduktionstechnik läßt sich Kunst im falschen Zusammenhang von Produktion und Verwertung so vermarkten, daß Kunst zur Ware und der Rezipient zum Konsumenten wird. Ja die Massenkunst kann, wie auch und gerade Benjamin wußte, vollends zur repressiven Kunst werden: zum Instrument faschistischer Propaganda im massenhaften Gewand vorgeblich ›völkischer‹ Kunst.

Im übrigen ist die von Benjamin unter dem Begriff der ›Technik‹ vollzogene Eingliederung der Kunst in den allgemeinen Produktionsprozeß problematisch, ja irreführend. Denn die stofflich-materielle, insbesondere industrielle Herstellungstechnik von Kunstgegenständen, zum Beispiel die Reproduktionstechnik, ist nicht dasselbe wie die künstlerische Verfahrenstechnik, etwa als Stilverfahren. Die Verwendung des Wortes ›Technik‹ in beiden Fällen ändert daran nichts: sie mag diesen Unterschied verwischen, hebt ihn aber nicht auf. Zwar ist es richtig, daß es eine den Kunstcharakter prägende *Interferenz* zwischen dieser und jener ›Technik‹ gibt. (Darauf hatte Marx – im Blick auf »Bedingungen der epischen Poesie« – mit seiner zu aphoristischer Berühmtheit gelangten Frage aufmerksam gemacht: »Hört das Singen und Sagen und die Muse mit dem Preßbengel nicht notwendig auf?«[138]) Aber diese Einsicht, deren Entfaltung gerade Benjamin zu verdanken ist, setzt jene Unterscheidung bereits voraus. Und das wird insbesondere für die vom ›Preßbengel‹ betroffene Dichtkunst deutlich. Denn die Drucktechnik (mag ihre Entwicklung noch so großen Einfluß auf Produktion, Gestalt und Rezeption der Literatur gehabt haben) ist und bleibt in einem anderen Sinne ›Technik‹ als die schriftstellerische Verfahrenstechnik etwa der Ironie, der Perspektive, des Zitats oder der Sprachmontage. Die literarische Stilistik antwortet denn auch in durchaus verschiedener Weise auf die Errungenschaften der Reproduktionstechnik von Literatur: einerseits trivialisiert sie sich bis zur Diktion des Groschenhefts als Konsumartikel in Millionenauflage; andererseits setzt die literarische Avantgarde dem eine höchst esoterische Stilistik entgegen, die der Verbreitungspotenz jener Reproduktionstechnik diametral zuwiderläuft. Entsprechendes gilt auch für die anderen Künste: hie massenhafte Kitschproduktion der Warenhäuser für jedes Wohn- oder Schlafzimmer, für jedes Kontor – dort ›Dokumenta‹-Esoterik bis zum Exzeß; hie die Schlagerschwemme der Recorder-Industrie – dort die Avantgarde experimenteller Musik, die trotz jedermann zugänglicher Elektronik niemand hören mag. Esoterische Kunst ist aber, im nachauratischen Zeitalter ihrer technischen Reproduzierbarkeit, für Benjamin ebenso regressiv, wie andererseits die zur Massenware heruntergekommene Kunst sich offensichtlich in schlechter Affirmation des Bestehenden, ja des Vorgestrigen erschöpft. Wenn das so ist, dann gilt für die Kunstproduktion und ihre Errungenschaften innovatorischer ›Technik‹ (im einen wie im anderen Sinn) dieselbe Ambivalenz von Regression und Fortschritt wie für die allgemeinen Produktionsverhältnisse auch. Dann gibt aber die ›Technik‹ der Kunst als solche und von sich aus noch kein Kunstkriterium im Benjaminschen Sinne her.

Das bedeutet, daß Benjamins kühner Versuch, den Kunstcharakter von Kunst in der ›Basis‹ des Produktionsprozesses festzumachen und hier qualitativ zu definieren, ebensowenig gelingt wie Lukács' klassischer Versuch, Entsprechendes auf der Ebene des ideologischen ›Überbaus‹ zustande zu bringen. In beiden Fällen sollte die Kunst ihrem Wesen nach der Ort der richtigen, der fortschrittlichen Entwicklungstendenz sein: das eine Mal inmitten des ideologischen, das andere Mal inmitten des produktiven Geschichtsprozesses. Aber so oder so bleibt die Kunst an einem Fortschrittsmaßstab zu bemessen, der nicht in ihr selbst zu finden, sondern an sie anzulegen ist: so daß Kunst eben doch nicht als jener privilegierte Ort definiert werden kann – weder in Abhebung vom ›Überbau‹ noch von der ›Basis‹. In beiden Fällen läuft der Versuch einer genuin materialistischen Neubestimmung von Kunst – einmal von ›oben‹, einmal von ›unten‹ ansetzend – nicht auf eine Definition von Kunst hinaus, sondern allenfalls auf ein qualitatives Postulat an die Kunst: ein Postulat, das den Kunst-*begriff* schon voraussetzt und faktisch nur auf einen sehr begrenzten Ausschnitt von Kunst zutrifft. Lukács sagt, wie *realistische Kunst*, Benjamin, wie *Massenkunst sein sollte*. Aber keiner von beiden sagt uns, was *Kunst ist*. Insoweit kommt das hier interessierende Fazit für Lukács wie für Benjamin aufs gleiche hinaus: das materialistische Basis-Überbau-Schema gibt so oder so keine Kunstdefinition her, steht ihr vielmehr so oder so offenbar im Wege.

Ansonsten freilich ist der Abstand zwischen Lukács und Benjamin erheblich: um so viel kühner und origineller der Benjaminsche Ansatz in Umkehrung des klassischen Widerspiegelungsmodells war, um so viel anregender sind auch seine Reflexionen und Interpretationen zu Kunst und Dichtung ausgefallen. Denn bei aller systematischen Fragwürdigkeit des Ganzen hat sich Benjamins ungewöhnlicher Kunstverstand doch im Blick auf unterschiedlichste Kunstphänomene – von der Barock- zur Großstadtdichtung, von der ›auratischen‹ Kunst zur Daguerreotypie – mit hoher Brillanz entfaltet, die oft kompetent gewürdigt worden ist. An Sensibilität und reflexiver Subtilität findet Benjamin, sieht man von Adorno ab, innerhalb der marxistischen Ästhetik kaum seinesgleichen. Freilich gerät dabei die eher esoterische Darstellungsform seiner anspruchsvollen Essays nicht selten in Widerspruch zum gegenläufigen, an die reproduktionsfähig gewordene Kunst gerichteten Massenpostulat, das sich damit auch im Blick auf Benjamin selbst als ambivalent erweist – zumal angesichts der kaum verhohlenen eigenen Betroffenheit über den ›Verlust‹, die ›Zerstörung‹ der Aura (mag Benjamin dies auch in erster Linie als Fortschritt gegenwärtiger Kunst begrüßen). Darauf kann hier ebensowenig eingegangen werden wie auf eine Reihe weiterer problematischer Aspekte, die an jener inneren Ambivalenz, ja Widersprüchlichkeit teilhaben: zum Beispiel die mit Benjamins aktualistischem Aufklärungsanspruch schwer zu vermittelnde ›theologisch-messianische‹ Seite seiner Kunstreflexion oder der nostalgische Archaismus seiner (von J. Habermas ›abenteuerlich‹ genannten) Vorstellungen von einer mimetischen Sprachtheorie, wonach sich ursprünglich die Natur in der Sprache mit onomatopoetischer Authentizität reproduziert.[139] Desungeachtet bleibt es kunsttheoretisch Benjamins einzigartiges Verdienst, angesichts epochaler Umwälzungen der Kunstmedien die den Charakter und die Funktion der Kunst prägende Relevanz des Mediums überhaupt – im Blick auf den Zusammenhang seiner Produktions- und Rezeptionsbedingungen – aufgespürt und frappierend ans Licht gezogen zu haben.

Was *Ernst Bloch* Ende der dreißiger Jahre auf den Plan rief, sich gegen Lukács und die orthodoxen ›Realisten‹ beherzt im Streit um den Expressionismus zu engagieren[140], war die Verteidigung nicht allein dieser (damals bereits vergangenen), sondern – beispielhaft – der literarischen und künstlerischen Avantgarde allgemein, der man orthodoxerseits ihr Recht absprach. Dazu gehörte inzwischen nicht zuletzt Bertolt Brecht, der seinerseits für dieses Recht, ja die Notwendigkeit experimenteller Innovation, zumal für eine revolutionäre Literatur und Kunst, eintrat.[141] Bloch betont dabei jene ›prophetische‹ Potenz der Künste, die bei Lukács eher verbal geblieben war. Der klassischen Grundthese von der Kunst als Widerspiegelung dessen, was ist, setzt Bloch seine Auffassung von Kunst als Antizipation dessen, was noch nicht ist, entgegen: als »Vor-Schein« der Utopie. Nicht einer Utopie in den Wolken, sondern einer konkreten Utopie, eines »antizipierbaren Humanum«[142]: als »Wirklichkeit plus Zukunft in ihr«[143], als Wirklichkeit »voller Sprünge«[144], die in der Kunst – und gerade in der innovatorischen Kunst – als »Überschuß über das standortgebundene falsche Bewußtsein«[145] zum Ausdruck komme. Kunst, kurz gesagt, als Medium des »Prinzip Hoffnung«.

Aber in der Präzisierung der spezifischen Differenz zwischen theoretischer und ästhetischer Antizipation geht Bloch – mit neuerlichem Rekurs auf Engels – wieder auf das ›Typische‹ zurück. Und er bleibt dabei dem alten Schema weiter verhaftet, wenn er (wie auch Brecht) dagegen noch immer im Namen des wahren ›Realismus‹ plädiert[146] und selbst die prospektive Kraft der Kunst als »Spiegel immanenter Antizipation« bezeichnet[147]: als Abbild dessen, was die Dynamik des gesellschaftlichen Prozesses von sich aus schon jetzt als sichere, wenn auch gemeinhin verborgene Zukunft enthalte. Damit bleibt die seinerzeit aufsehenerregend undogmatische »Ästhetik des Vor-Scheins« letztlich trotz allem an die Ontologie der ›Widerspiegelung‹ rückgebunden.[148] Gleichwohl hat Bloch die Phalanx materialistischer Orthodoxie, wenn auch noch weitgehend innerhalb deren eigenem aporetischen Begriffs- und Argumentationsrahmen, mit damals unerhörter Parteinahme für eine als dekadent verschriene, nonkonformistische Literatur und Kunst aufgebrochen. Mit Bloch stehen nun auch marxistischerseits zuvor blind als Formalisten Geschmähte oder Totgeschwiegene – Kandinsky und der Blaue Reiter, Heym,

Benn, Trakl oder Schönberg – ernsthaft und paradigmatisch für die Avantgarden des Jahrhunderts zur Debatte.

Herbert Marcuse geht, wenn auch nicht schon im ersten Ansatz, einen wesentlichen Schritt weiter. Auch er stellt, wie Bloch, auf die das Bestehende ›transzendierende‹ Kraft des Ästhetischen ab.[149] Im schönen Schein erschließe die Kunst, sofern sie »von sich aus Schein sein *will*«, »eine andere Dimension« der Wirklichkeit: »die der möglichen Befreiung« (104 f.). Indem die Kunst diese Dimension »des stets erneuerten Verlangens nach diesseitiger Erlösung« im »Versprechen« seiner Erfüllung beschwöre, überschreite sie, ohne ihn völlig auszulöschen, ihren eigenen Klassencharakter (106). So werde die gesellschaftliche Wirklichkeit in der Kunst »durchsichtig als Situation und Traum der Menschheit: Konflikt und Versöhnung zwischen Mensch und Mensch, zwischen Mensch und Natur« (108). Nur die Kunst spende diesen »Trost«, den die Theorie, selbst wo sie den Weg zur Veränderung zeige, dennoch selber nicht geben könne.[150] Dabei betont Marcuse zugleich eine tiefe Zwiespältigkeit der Kunst: auf der einen Seite ist sie kraft ihrer »Entfremdung von der Gesellschaft« stets revolutionäre Negation des Bestehenden; auf der anderen Seite, wegen ihrer Abspaltung von der Lebenswirklichkeit, immer auch kompensatorische Affirmation des Bestehenden, bis hin zu seiner dekorativen Beschwichtigung, ja »Verherrlichung und Rechtfertigung« (108 ff.). Aber selbst da noch, wo die Werke der bürgerlichen Kunst als »Waren« erscheinen, verliere Kunst nicht ihre »Substanz« (106): vielmehr bleibe die »affirmative Kraft der Kunst«, so unbestreitbar sie ist, »gleichzeitig die Macht, die diese Affirmation negiert« (115). Erst wo diese »Spannung zwischen Affirmation und Negation« nicht mehr bestehe, wo das Werk »die dialektische Einheit dessen, was ist und dessen, was sein kann (sein sollte)«, nicht mehr aushalte, habe »Kunst ihre Wahrheit, ja sich selbst verloren« (110). Marcuse sieht also in jenem Zwiespalt der Kunst zugleich ihre eigentliche Qualität, ihre Chance als dialektische Unruhe auf dem Weg zur konkreten Utopie: »kein Kunstwerk, das nicht durch die ›Macht des Negativen‹ seine affirmative Einstellung durchbricht«, das nicht »die Worte, Bilder und Musik einer anderen Ordnung beschwört, die durch die bestehende abgewiesen wird und die doch im Gedächtnis und in der Hoffnung der Menschen lebendig ist, in dem, was ihnen widerfährt und in ihrer Rebellion dagegen« (110). Am Ende soll, jedenfalls in den frühen Schriften Marcuses, diese Dialektik auf die Synthese von Leben und Kunst hinauslaufen: wo die Kunst schließlich, indem ihr Glücksversprechen sich erfüllt, im Leben aufgeht. Sei es, daß das Leben insgesamt sich zum »Reich der Freiheit« wandelt, wo in der »Konvergenz von Technik und Kunst«, von Arbeit und Spiel selbst »die Arbeit zum Spiel wird«[151]; sei es, wie Marcuse dann vorsichtiger unterstellt, daß zwar in der Arbeit das »Reich der Notwendigkeit« fortbesteht, aber »im Hinblick auf qualitativ andere Zwecke« so, daß die »freie Zeit« den Menschen »verwandelt« und er damit auch in den unmittelbaren Produktionsprozeß als »ein anderes Subjekt« eintrete.[152] Die ›Aufhebung‹ der Kunst in einem – so oder so – nicht mehr entfremdeten Lebenszusammenhang bedeutet allerdings zugleich ihr Ende als Vollendung.

In den späteren Arbeiten hat Marcuse seine Perspektive der konkreten Utopie noch einmal modifiziert und der eigenen These von der Aufhebung der Kunst die der »Permanenz der Kunst« entgegengesetzt[153]:

Ich habe einmal von der ›Kunst als einer Form von Wirklichkeit‹ in einer freien Gesellschaft gesprochen. Dieser Ausdruck ist zweideutig. Ich wollte damit einen wesentlichen Aspekt der Befreiung bezeichnen, nämlich die radikale Transformation des technischen und natürlichen Universums gemäß der emanzipierten Sinnlichkeit (und Rationalität) des Menschen. Daran halte ich auch heute noch fest. Aber es handelt sich hier um ein permanentes Ziel – Kunst kann, gleichgültig, in welcher Form sie auftritt, die Spannung zwischen Kunst und Wirklichkeit niemals beseitigen.

Und weiter:

Diese unaufhebbare Entfremdung der Kunst als Kennzeichen der bürgerlichen (oder einer anderen) Klassengesellschaft zu betrachten, ist Unsinn. (127)

Kunst verliere, »sofern und wenn es einer klassenlosen Gesellschaft gelingt, die Massen in ›frei assoziierte‹ Individuen zu verwandeln«, wohl »ihren elitären Charakter, nicht aber ihre Entfremdung von der Gesellschaft« (122). Wer solches annehme, ignoriere »die unüberwindliche – biologische, nicht theologische – Grenze der Veränderbarkeit der menschlichen Natur« (127). Zwar ist es für Marcuse gerade diese »Grenze, die die Revolution weitertreibt über den je erreichten Stand der Freiheit hinaus«.[154] Aber noch »die Institutionen der sozialistischen Gesellschaft beseitigen selbst in ihrer demokratischsten Form nicht den Konflikt zwischen dem Allgemeinen und Besonderen, zwischen dem Glück der Individuen und der Gesamtheit, zwischen Mensch und Natur; sie befreien nicht Eros von der Herrschaft des Todes«.[155]

In dieser letzten Fassung der Ästhetik Marcuses kommt der Kunst eine nicht mehr nur vorläufige, sondern prinzipielle Einzigartigkeit zu. Und zwar genauerhin so, daß ihre ›Transzendenz‹ der Lebenswirklichkeit auf die Möglichkeiten und Grenzen alltäglicher wie wissenschaftlicher Formen von Sprache und Kommunikation bezogen wird, wie es Marcuse explizit tut (106). So wie die »Sprache« des Kunstwerks hören und sehen lasse, was die der »gegebenen Realität« nicht aussprechen könne (»nicht mehr [. . .] – oder *noch nicht*, oder nie«)[156], so transzendiere die »befreiende ›Botschaft‹ der Kunst« auch die Tragweite einer jeden theoretischen Kritik der Gesellschaft (122). Für Marcuse lassen sich denn auch die kulturellen Phänomene und ihre Veränderungen, namentlich die der Kunst, »innerhalb des abstrakten Schemas von Basis und Überbau nicht mehr angemessen begreifen« (99). Kunst ist als Vergegenwärtigung der »Idee«, der »Vorstellung« einer »erlösten, befreiten Welt« (111) eben mehr als ein ›Spiegel‹ des gesellschaftlichen Prozesses: sie ist ihm, auch wo sie ihn beflügelt, zugleich uneinholbar voraus. Ja, Marcuse plädiert in seinem späten Essay, *Die Permanenz der Kunst*, gemäß dessen Untertitel ausdrücklich »wider eine bestimmte marxistische Ästhetik«.[157] (Und das heißt nicht etwa gegen eine bestimmte einzelne zugunsten einer anderen marxistischen Fassung der Ästhetik, sondern gegen jede inhaltliche Festlegung der Kunst auf Grund eines theoretischen Vor- und Besserwissens, und sei es im Namen des Marxismus.)

Mit dieser Zuspitzung auf eine spezifische Charakterisierung der Kunst wird aber zugleich deutlich, daß ihr Gelingen im Sinne einer nicht nur spekulativen Definition nunmehr davon abhängt, daß sich die ›Sprache‹ der Kunst in ihrer signifikanten Verschiedenheit, ihrer ›Transzendenz‹ gegenüber jeder anderen – praktischen wie theoretischen – Lebensäußerung auch präzisieren läßt. Was bedeutet die metaphorische Redensart, daß die Kunst »Tatsachen und Möglichkeiten menschlicher Existenz« gegenüber alltäglicher und wissenschaftlicher Kommunikation »in einem ganz anderen Licht ›sehen‹« lasse (106), genauer? Wodurch unterscheidet sich also die ›Sprache‹ der Kunst von der Alltags- wie der Wissenschaftssprache?

Marcuse hat nicht gezögert, darauf – wenigstens ansatzweise – zu antworten: Die »kritischen, negierenden, transzendierenden Qualitäten« der Kunst sind »in der ästhetischen Form verkörpert« (110); der »Stil« unterwerfe die Wirklichkeit – sie »entfremdend« und »transformierend« – »einer anderen Ordnung, in der die ›Gesetze der Schönheit‹ herrschen«, so daß »selbst das Häßliche, Grausame, Kranke zu einem Teil der ästhetischen Struktur wird, die das Ganze beherrscht« (116 f.). Das eben sei »die Leistung des *Stils*, der das Gedicht, der Roman, das Gemälde, die Komposition *ist*« (117). Indem Marcuse die ›Form‹ der Kunst, den ›Stil‹, zu ihrem eigentlichen Merkmal, zum springenden Punkt macht, wendet er sich zugleich (entschiedener noch und grundsätzlicher als Bloch und Brecht in ihrer Verteidigung avantgardistischer Kunstformen) gegen die orthodox materialistische Ästhetik: »im Unterschied zur Orthodoxie sehe ich das politische Potential der Kunst in ihr selbst, als Qualität der ästhetischen Form, die den gesellschaftlichen Verhältnissen gegenüber weitgehend autonom ist«.[158] Deshalb habe Lukács, da er das »Offenbarwerden« sozio-ökonomischer »Grundgesetze« (also bestimmter Inhalte) zum Schibboleth wahrhaft revolutionärer Literatur machte, »gegen das Wesen von Kunst« verstoßen (145). Aus demselben Grund richtet sich Marcuse aber auch, nicht weniger entschieden, gegen seiner Meinung nach falsche Avantgarden, die ihrerseits als Ankläger der ästhetischen Form auftreten und die kulturrevolutionäre Aufhebung der Kunst fordern (108 f.): in dem Maße, wie sich Kunst zum »Teil des wirklichen Lebens« mache, verliere sie ihre Transzendenz, bleibe sie wider Willen der etablierten Ordnung immanent, kurz: »eindimensional« (120). Kunst könne ihr »radikales Potential« nur »*als Kunst*« ausdrücken (122): durch die ästhetische Form, in der allein ihre »subversive«, ihre »entfremdende Macht« mitteilbar werde (129 f.) – und sei es in den Äpfeln eines Courbetschen Stillebens, deren großartige Sinnlichkeit mehr Protest enthalte als jedes politische Gemälde (125).[159] Deshalb seien die »gegenwärtigen systematischen Bemühungen, die Kluft zwischen Kunst und Wirklichkeit zu verringern oder gar zu schließen«, allemal zum Scheitern verurteilt (120): living art, living theatre, Guerillatheater oder derlei sei schlechterdings eine »contradictio in adjecto« (102, 132 f.). Und in der Tat liegt hier ein solcher Widerspruch vor, wenn man mit Marcuse (zusammenfassend) *Kunst* als *durch ›ästhetische Form‹ artikulierte ›Transzendenz‹ der Lebenswirklichkeit* definiert.

So weit, so gut. Was freilich und wieviel damit genauerhin gewonnen ist, hängt jetzt offenbar an der Bestimmung dessen, was *ästhetische Form* heißt. Ist doch vorderhand das Definiens nicht weniger enigmatisch als das Definiendum: wird doch das begriffliche Rätsel der ›Kunst‹ durch den erst recht rätselhaften Begriff des ›Ästhetischen‹ definiert, der hier die künstlerische von beliebiger sonstiger ›Form‹ unterscheiden soll (von Zellformen, Rechtsformen, Argumentationsformen, Lebensformen). Was also heißt ›ästhetische Form‹? Leider hat Marcuse dazu nicht viel und das Wenige, ganz im Rahmen des Üblichen, eben auch nicht klarer als üblich gesagt, wenn er zum Beispiel – eher beiläufig – formuliert: »›ästhetische Form‹ bedeutet die Gesamtheit der Qualitäten (Bedeutung, Rhythmus, Kontrast), die ein Werk zu einem in sich geschlossenen Ganzen mit eigener Struktur und Ordnung (einem bestimmten Stil) machen« (98).[160] Das ist allenfalls eine definitorische Skizze, ein Definitionsprojekt, das zunächst mehr Fragen aufgibt, als es löst. Sind die genannten Qualitäten (Bedeutung, Rhythmus, Kontrast) als erschöpfende Aufzählung gemeint oder vielmehr, da ohnehin keine an sich kunstspezifisch ist, als eine Auswahl möglicher Formelemente, deren ›Struktur und Ordnung‹ erst ausschlaggebend ist? (Haben doch alle Zeichen ›Bedeutung‹, gibt es doch auch begriffliche ›Kontraste‹ diesseits aller Kunst und kann man von ›Rhythmus‹ in den nicht zeitlich ablaufenden Künsten doch allenfalls metaphorisch, andererseits aber durchaus auch außerhalb der Kunst sprechen.[161]) Meint ›Struktur und Ordnung‹ zweierlei, oder ist das als rhetorische Figur synonymischer Doppelung zu lesen? Und vor allem: wann ist eine ›Ordnung‹ oder ›Struktur‹, wenn es denn im wesentlichen darauf ankommt, eine ›ästhetische Form‹, ein ›Stil‹? Wenn es sich dabei um ein ›geschlossenes Ganzes‹ handelt? Ist nicht jedes Ganze, ob Kunst oder nicht, geschlossen? (Und gibt es nicht Kunst als ›offene Form‹: als Fragment; ja das Fragmentarische just als Stilprinzip?) Soviel Fragen, sowenig Antworten.[162] Nicht als bliebe Marcuses Präzisierungs*intention* völlig im Dunkeln. Das ist auf dem Boden des üblichen Vorverständnisses von ›ästhetischer Form‹, das hier durchaus konventionell zum Ausdruck kommt, gewiß nicht der Fall. Aber Marcuse klärt das Vorverständnis, das er in Anspruch nimmt, eben auch nicht weiter auf – jedenfalls nicht so weit, daß er über dessen begriffliches Ungefähr hinausführt.

Hier liegt die elementare Schwäche seines Konzepts, das in dieser Hinsicht (obwohl von ›Struktur‹ die Rede ist) den zeichentheoretischen Gewinn strukturalistischer Ästhetik nicht einholt. Marcuses Stärke, die ihn über die Sinnvergessenheit strukturalistischer Vorgänger und Konkurrenten erhebt, liegt dagegen darin, daß er einerseits mit eindrucksvollen Entwürfen (deren undogmatische Dialektik über Bloch hinausgeht) für ein Sinnverstehen von Kunst eintritt und andererseits den Sinn von Kunst ans Kunstverfahren, an die ›ästhetisch‹ genannte ›Form‹ der Kunst, als Grundlage ihrer Funktion gebunden sieht. Dieses Junktim von Verfahrens- und Sinnverstehen ist kaum jemals klarer als bei Marcuse hervorgetreten, auch wenn es hier nicht als solches methodisch entwickelt, nicht kunsttheoretisch wirklich ausgeführt und eingelöst wird, sondern – wie schon seit Mukařovský – das eigentliche Desiderat der Ästhetik bleibt.

Daran hat auch *Theodor W. Adorno*, bei aller Hochachtung für seine *Ästhetische Theorie*, nichts geändert.[163] Zwar »dürfte hier das differenzierteste *Problembewußtsein* in der neomarxistischen Ästhetik erreicht sein«, aber dem »entspricht freilich ein *Mangel an positiver Systematik*« (wie Karl-Otto Apel, in beiderlei Hinsicht gewiß zu Recht, bemerkt), so daß »gerade mit Adorno« schwerlich die »Frage nach den Bedingungen der Möglichkeit und Gültigkeit« ästhetischer Theorie zu beantworten ist.[164] In seiner letzten Schrift zur Ästhetik weist Marcuse ausdrücklich darauf hin, wieviel er Adorno verdanke.[165] Und tatsächlich stimmen beide in Kardinalpunkten ihrer Kunstreflexion überein. Dennoch gibt es Akzentverschiebungen von einiger Tragweite.

Ganz im Sinne der »Formel von der Dialektik der Aufklärung«, die besagt, daß »aufklärerische Prozesse in ihr Gegenteil umzuschlagen drohen«, gelangt Adorno (nach R. Bubners ebenso knapper wie überzeugender Analyse) angesichts der »faktischen Parallelentwicklung von Faschismus und Stalinismus« zur »dogmatischen Annahme eines lückenlosen fetischistischen Banns«, eines »allenthalben herrschenden Verblendungszusammenhangs«.[166] Davor ist in den Augen Adornos auch die »kritische Reflexion« nicht gefeit, so daß sie die »schärfste Skepsis« nicht zuletzt gegen sich selber zu richten habe.[167] Unter dieser Prämisse erfährt der Einzigartigkeitscharakter der Kunst, den ihr auch Marcuse mit der Wende von der ›Widerspiegelungs‹- zur ›Transzendenz‹-

Ästhetik zuschreibt, eine signifikante Zuspitzung. Kunst ist in der Konsequenz Adornoscher Theorieskepsis (deren Radikalität selbst die Logik einschließt) nicht allein uneinholbare Überbietung theoretischer Anstrengung, sondern »die einzige Bastion, die sich dem Geschäft der Täuschung nicht fügt«: »an ihr zerbricht der Schein«, weil nur sie – als »bewußter« Schein – der allgemeinen Verblendung »Widerstand bieten« kann.[168] Der genannte Grund für die Überlegenheit der Kunst ist, wie bei Marcuse, verbunden mit ihrem Negationsaspekt, der jedoch seinerseits bei Adorno skeptisch auf die Spitze getrieben wird: nur durch Negation des Bestehenden[169], ja durch tendenziell »absolute Negativität« spricht Kunst das Unaussprechliche aus, die Utopie« (56). Kurz: es gibt keine Wahrheit über, ja außer der Kunst – und die Wahrheit der Kunst ist Negation.

   Diese Pointe der *Ästhetischen Theorie*, die Lukács' Widerspiegelungsdogma ebenso radikal umkehrt wie Benjamins (in den Augen Adornos zutiefst suspektes) Postulat der Massenkunst und sich auch von Blochs und Marcuses breiterem Kunstvertrauen unterscheidet, läuft ein weiteres Mal auf eine rigorose Verengung des Begriffs der Kunst hinaus: »je reicher, dichter, geschlossener ihre Gebilde gestaltet sind, desto mehr tendiert sie zur Affirmation«, desto weniger ist sie authentische Kunst (240). Übereinstimmung besteht zwischen Marcuse und Adorno wiederum darin, daß die ästhetische Form für den Kunstcharakter und seine utopische Potenz ausschlaggebend ist. (Adorno: »Kunst hat soviel Chance wie die Form, und nicht mehr«; 213.) Aber während das Formargument für Marcuse die – durch »beharrliche Qualitäten« der »condition humaine« fundierte, je neu zu aktualisierende[170] – Wertschätzung auch der vergangenen (antiken, feudalen wie bürgerlichen) Kunst begründet, führt es bei Adorno unter dem Postulat verschärfter, tendenziell ›absoluter‹ Negativität zur Konzentration auf die moderne als die eigentliche und wahre Kunst: auf die »neue Kunst« und ihre »Kritik am Gelingen« der alten (240), auf die »radikale Moderne«, in deren Konstruktion ›offener‹ Formen das Bestehende allenfalls »verdunkelt wie in den Träumen« eingelassen sei (336). Dagegen bezweifelt Marcuse, für den die Kunst aus der Dialektik von Affirmation und Negation lebt, ob die »neuen ›offenen‹ oder ›freien‹ Formen«, die – im Bruch mit der bürgerlichen Kunsttradition – »nicht nur einen neuen Stil in der historischen Abfolge« ausdrücken, »sondern vielmehr die

Negation des gesamten Universums, worin Kunst sich bisher bewegt hat«, denn »wirklich Schritte auf dem Weg der Befreiung« seien.[171] Und ausdrücklich auf die *Ästhetische Theorie* eingehend, heißt es: »Nach Adorno antwortet Kunst auf den totalen Charakter der Repression und Verwaltung mit ebenso totaler Entfremdung«, und zwar auf »höchst intellektuelle, konstruktivistische und gleichzeitig spontan formlose Weise«. Aber derlei Anstrengung habe vielleicht bereits den Umschlagpunkt erreicht, wo Kunst aus der »Dimension der Entfremdung« herausfalle in ein bloßes »Klang-Spiel«, ein »Sprach-Spiel«, harmlos und unverbindlich: »ein Schock, der nicht mehr schockiert und so dem Bestehenden erliegt«.[172] (Das entspricht, mit umgekehrtem Vorzeichen, dem Vorwurf Adornos gegenüber Benjamins Massenkunst: die esoterische wie die exoterische Kunstversion konvergieren danach – ins Extrem getrieben – in der gleichen Nichtigkeit.)

Wie dem auch sei. Jedenfalls bedeutet Adornos Radikalisierung des Negationsaspekts der Kunst bis hin zur ›absoluten Negativität‹ kraft ästhetischer ›Form‹ nicht auch deren Präzisierung; sein negativ zugespitztes Kunstpostulat nicht eine entsprechende begriffliche Zuspitzung (sei sie nun akzeptabel oder nicht). Denn eine Bestimmung der Kunst als tendenziell ›absolute Negativität‹, die allein die unaussprechliche Wahrheit der Utopie soll aussprechen können, ist offensichtlich (wie in der Tradition der Ästhetik geläufig) bewußt paradox, ja – strenggenommen – definitorisch leer (wie die beim Wort genommene ›negative Theologie‹). Müßte doch die Kunst, als *absolute* Negativität, alles negieren, selbst den Gebrauch der verwendeten Zeichen, ja selbst den in Anspruch genommenen Modus der Negation, weil sie ja sonst mit beidem noch Regeln folgen und wenigstens diese affirmativ gelten lassen würde. Dann aber hätte sie nichts mehr, *was* sie negieren könnte, und nichts mehr, *wie* sie es negieren könnte. Kurz: Negation, soll sie nicht leer sein, setzt Affirmation voraus; Negativität ist ›absolut‹, das heißt: losgelöst von aller Affirmation, gar nicht möglich (wie selbstverständlich auch Adorno wußte). Aber auch wenn man den Negationsaspekt der Kunst nicht auf die ›absolute‹ Spitze ihrer Selbstaufhebung treibt und hier eher eine façon de parler zur extremen Akzentuierung ihres Negationsaspekts unterstellt, muß die im Sinne Adornos radikalisierte ästhetische Negativität auf jeden Fall alle expliziten Begriffsbestimmungen, schon weil sie nicht selber die Form der Kunst haben, als suspekt in Frage stellen, ja vollends negieren: insbesondere jede Kunsttheorie.

Deshalb sucht Adorno statt einer Theorie des Ästhetischen eine ›ästhetische Theorie‹ zu schreiben, die sich dem postulierten Negativitätscharakter moderner Kunst anzuverwandeln trachtet: ihrer ›offenen‹ Form, die das affirmative Substrat, ohne das im Ernst weder Kunst noch Theorie möglich sind, allenfalls gebrochen und verdunkelt zuläßt. Kurz: eine Theorie, die zugleich ihren theoretischen Charakter dementiert – eine, wie jeder Adorno-Leser weiß, höchst esoterische Ästhetik zwischen Theorie und Kunst. Stand der esoterische Stil der Benjaminschen Kunstreflexion in offenem Widerspruch zu seinem erklärten (wenn auch vielleicht nicht zu seinem heimlichen) Kunstideal, so ist er bei Adorno nur konsequent. Andererseits bleibt es Adorno unter dem Schutz essayistischer Freiheit unbenommen, in seiner Ästhetik trotz allem eine Fülle positiver und durchaus theorierelevanter Einsichten zu vermitteln.

So hat Adorno – und hier scheint mir einer der wichtigsten Punkte zu liegen – mit Bezug aufs »Hegelsche Motiv von der Kunst als Bewußtsein von Nöten« auf den Bedürfniserfahrung kommunizierenden Charakter der Kunst (wenngleich wiederum auf den Aspekt unerfüllter Bedürfnisse beschränkt) aufmerksam gemacht: »Leiden, auf den Begriff gebracht, bleibt stumm«, rationaler Erkenntnis, die es zwar »subsumierend bestimmen«, aber »kaum durch seine Erfahrung ausdrücken« kann, ist es fremd; dagegen werde die Brecht-Devise (nach Hegel), die Wahrheit sei konkret, durch Kunst, und gegebenenfalls nur durch Kunst, erfüllt, weil sie »die Bedürftigkeit, die als Figur dem geschichtlich Seienden eingeschrieben ist«, nachzeichne (35, 199). Was zutiefst für die Erfahrung des Leidens gilt, sollte aber auch, so wäre hinzuzufügen, für die der Freuden, ja des Glücks im Leid (wie es Tolstojs Thema war) gelten: unsere spärlichen Begriffe sind solcher Erfahrung allemal nicht gewachsen. Worin aber eigentlich der Unterschied zwischen ihrer begrifflichen und ihrer überbietend künstlerischen Kommunikation elementar besteht und wie er durch ästhetische ›Form‹ zustande kommt, das bleibt in Adornos dezidiert ›offener‹ Theorie zwangsläufig unbestimmt.

Blickt man von der Höhe Adornitischer Reflexion auf die Geschichte der materialistischen Ästhetik zurück, so fällt ein Problem ins Auge, das die Kunsttheorie seit je, aber insbesondere seit und im Anschluß an Hegel belastet und gerade in der bewegten materialistischen Diskussion immer wieder zu unannehmbaren Positionen geführt hat: die Frage nach der Wahrheit der Kunst. Von der orthodoxen Widerspiegelungsästhetik bis zu deren radikaler Umkehrung in Adornos Negationsästhetik hält sich beim Wechsel von einem Extrem zum anderen dennoch die gleiche Hegelsche Unterstellung durch: daß nämlich Kunst als Wahrheitsinstanz in Konkurrenz zum behauptenden Wahrheitsanspruch von Theorien zu definieren und zu bewerten sei.

Bei Hegel hatte das zur (unhaltbaren) These vom Ende der Kunst geführt: Kunst galt dort als Vorstufe der Wahrheit, als begrifflich noch unentwickelte und insofern mangelhafte Wahrheitsform, die durch die entwickelte Begrifflichkeit der Wissenschaft (namentlich der Hegelschen Philosophie) überrundet und abgelöst wird, so daß die Kunst ihr Recht verliert.[173]

Nach der linkshegelianischen Wende läuft jene unverändert aufrechterhaltene Unterstellung bei Lukács auf das Dilemma hinaus, daß die Kunst ihre Eigenart und ihr Eigenrecht zwar einerseits kraft der theorieüberlegenen Widerspiegelung des Typischen soll behaupten dürfen, daß aber andererseits nunmehr die marxistisch-leninistische Theorie als übergeordnete Wahrheitsinstanz entscheidet, was als ›typische‹ Widerspiegelungswahrheit gelten darf und was nicht – mit der ruinösen Konsequenz, daß nur die sogenannte ›realistische‹ Kunst als wahre Kunst noch in Frage kommt.

Benjamin scheint zwar der prekären Wahrheitskonkurrenz zwischen Kunst und Theorie dadurch zu entgehen, daß er Kunst als *das* Fortschrittselement innerhalb des Produktionsprozesses definiert, bleibt aber – da die Massenkunst nicht hält, was sein ›technisches‹ Fortschrittskriterium versprach – zur Unterscheidung von wahrer (progressiver) und falscher (regressiver) Kunstinnovation weiterhin auf das Primat derselben theoretischen Wahrheitsvorgabe angewiesen.

Auch Bloch sucht die Kunst aus solcher Vormundschaft zu befreien, wenn er sie zum Medium des ›Vor-Scheins‹ der Utopie und damit zu einer Wahrheitsinstanz sui generis erklärt; aber er ist der Vorordnung materialistischer Theorie insofern weiter verhaftet, als er diesen Vor-Schein noch immer als ›Spiegel‹ einer bereits realen gesellschaftlichen Dynamik ausgibt, von deren Existenz und Ziel man nur im Namen jener Theorie sprechen kann, die damit Maßstab und Richter der ›wahren‹ Kunst bleibt – wenn auch mit avantgardistisch erweitertem Horizont.

Erst Marcuse erachtet, in seinen späteren Schriften, die utopische Kraft der Kunst als uneinholbar sowohl für die gesellschaftliche Praxis (selbst für die fortschrittlichste) als auch für die Gesellschaftstheorie (selbst für die beste), deren Wahrheit freilich umgekehrt durch Kunst nicht einzuholen sei; nicht theoretische Vororientierungen sind deshalb Prüfstein ›authentischer‹ Kunst, sondern die ›ästhetische Form‹ – wie aber ›Form‹ und ›Wahrheit‹ hier elementar zusammenhängen und was für eine Authentizität das dann im Unterschied zum Wahrheitsanspruch von Theorien ist, bleibt offen.

Adorno schließlich kehrt, zugleich mit dem Widerspiegelungskonzept, die Hegelsche Ausgangsposition, die der Kunst im Namen der Wahrheit ihr Recht nahm, vollends um, wenn er im allgemeinen Verblendungszusammenhang, in dem er auch und gerade alle begrifflich-theoretischen Wahrheitsansprüche verstrickt sieht, allein der Kunst noch Wahrheit zutraut; allerdings nur, soweit sie durch ihre ›Form‹ eine Kunst tendenziell ›absoluter Negativität‹ ist – womit freilich der Begriff der ›Kunst‹ ineins mit dem der ›Wahrheit‹ tendenziell leer wird.

Die formalistisch-strukturalistische Schule hatte sich der Frage nach der Wahrheit der Kunst entzogen, indem sie die Kunst von der Geschichte, ja vom Leben abzuschneiden und durch entsprechend freischwebende Formkriterien zu bestimmen suchte.[174] Dagegen stellte die marxistische Ästhetik den Gesellschaftsbezug der Kunst und damit zugleich ihre Wahrheit in den Vordergrund. Dabei ging nun allerdings zunächst der Blick für ihre signifikanten Formqualitäten verloren. Erst mit der neomarxistischen Rehabilitierung der ›ästhetischen Form‹, bei unbeirrtem Festhalten am gesellschaftlichen Relevanzpostulat, stellte sich die Frage nach dem Kunstcharakter als Frage nach seiner Formqualität *und* seiner Wahrheit. Zum ersten Aspekt hat man sich hier auf ein ungeklärtes Vorverständnis verlassen, zum zweiten – wie gesagt – die Reihe unhaltbarer Lösungen fortgesetzt: auf Hegels Auffassung von ›Kunst‹ als mangelhafter, durch Theorie deklassierter Wahrheitsform folgt ›Kunst‹ als dilemmatische Wahrheit zwischen Theorieüberbietung und Theorieunterwerfung, zwischen Transzendenz und Zensur, und schließlich ›Kunst‹ als ihrerseits Theorie deklassierende, ja dementierende einzige Wahrheit im Zeichen ästhetischer Negativität. Aber es läßt sich nun einmal von der Wahrheit der Kunst und ihrer Einzigartigkeit nur dann in theoretischem Kontext sinnvoll reden, wenn man zugleich einen davon verschiedenen theoretischen Wahrheitsanspruch anerkennt. Allein bei Marcuse zeichnet sich denn auch die Einsicht ab, daß so wie bisher weder der Theorie noch der Kunst gerecht zu werden ist: solange man nämlich ihre Wahrheitsansprüche als vermeintlich konkurrenzfähig gegeneinanderstellt und dann offenbar zwangsläufig in kunsttheoretische Absurditäten gerät. Die damit dringlichen Unterscheidungen, die den dunklen Zusammenhang zwischen ›Form‹ und ›Wahrheit‹ der Kunst aufklären wie andererseits die Differenz und das Verhältnis von ästhetischer und theoretischer Wahrheit, hat Marcuse freilich nur unterstellt. Was heißt ›ästhetisch‹, was ›ästhetische Form‹, was (im Unterschied zum Wahrheitsanspruch von Theorien) ›ästhetische Wahrheit‹? Und was heißt schließlich ›Schönheit‹? Denn nicht zuletzt darum geht es doch wohl auch in der Kunst, die kaum von ungefähr seit alters die ›schöne‹ heißt. Und gerade davon war (entgegen dem Brechtschen Motto) am wenigsten die Rede.

4. Psychoanalyse

Unter den namhaften Literatur- und Kunsttheorien, die sich in der Gegenwart den Rang ablaufen, steht die vielleicht umstrittenste – worauf jedoch zunehmend viele ihre Hoffnung setzen – noch zur Erörterung aus: die auf Sigmund Freud zurückgehende psychoanalytische Kunsttheorie. Anders als die materialistische, hat sie die Wahrheit der Kunst nicht in Konkurrenz zur Wissenschaft gesehen oder gesucht und doch gleichwohl, anders als die Strukturalisten, stets den Lebenszweck der Kunst im Auge gehabt. Dabei schenkte sie überdies, vom Freudschen Entwurf an, auch deren Schönheit Beachtung. Die Frage ist also, ob man unter solch günstigen Vorzeichen hier nun auch dem Ziel nähergekommen ist: nämlich dem eigentlich kunsttheoretischen Ziel einer überzeugenden Bestimmung des Kunstcharakters, eines klaren Begriffs des ›Ästhetischen‹, des ›Schönen‹. Sind an diesem ausschlaggebenden Punkt, der bei den Materialisten widersprüchlich oder dunkel, bei den Strukturalisten irrelevant geblieben war, psychoanalytische Gewinne zu verzeichnen? Ja hat vielleicht jene seit ihren Anfängen so beargwöhnte und geschmähte Tiefenpsychologie, die schon sehr bald auch die Kunst auf ihre analytische Couch auszustrecken trachtete, deren abgründiges Rätsel am Ende gar gelöst? Oder hat sie dabei die Kunst nur um so gründlicher vergewaltigt? Da gingen und gehen die Meinungen vehement auseinander. Statt uns in den Streit geradewegs einzumischen, fragen wir lieber genauer nach dem originären Anspruch der Psychoanalyse als Kunsttheorie: zunächst bei Freud selbst und den Adepten, alsdann bei seinem tiefenpsychologischen Widerpart Carl Gustav Jung. Und fragen wir nach den Grenzen des jeweils eigenen Anspruchs, um dessen kunsttheoretische Tragweite fair beurteilen zu können.

4.1 Freud und Freudianer

> Leider muß die Analyse vor dem Problem des Dichters
> die Waffen strecken.
>
> *Sigmund Freud*

Freud entwickelte schon im ersten Dezennium des Jahrhunderts die Grundzüge einer Dichtungs- und Kunsttheorie[175], die dann im zweiten und dritten Jahrzehnt von ihm selber und von einigen Schülern weiter ausgearbeitet wurde.[176] Ihre zeitliche Entfaltung vollzieht sich also weitgehend parallel zu derjenigen der materialistischen Ästhetik, ohne daß jedoch zunächst die eine noch die andere – obwohl im lebenspraktischen Interesse verschwistert – dabei voneinander nennenswerte Notiz genommen hätten. In der Schule machenden Breitenwirkung allerdings geriet die psychoanalytische Kunsttheorie unverschuldet ins Hintertreffen. Waren politische Umstände den orthodox materialistischen Konkurrenten wenigstens in ihren östlichen Reservaten förderlich, so wurden den Freudianern die politischen Verhältnisse im deutschsprachigen Raum bald zum Verhängnis. Nachdem sich hier Anfang der dreißiger Jahre bereits ein erster Durchbruch innerhalb der Literaturwissenschaft abzeichnete[177], kam die Ära der Nationalsozialisten dazwischen, die Freuds Schriften ächteten und verbrannten.[178] Erst nach dem Zweiten Weltkrieg fand seine Kunsttheorie in den einschlägigen Fachdisziplinen allmählich ein weites, ja weltweites Echo: vor allem im angelsächsischen Bereich, namentlich in den Vereinigten Staaten, und, über diesen Umweg, schließlich auch bei uns.[179]

Der Grundgedanke der Freudschen Kunstauffassung ist ziemlich bekannt.[180] Danach bietet Kunst »Ersatz für Triebbefriedigung« durch »Phantasiebefriedigung« beim »schmerzlichen Übergang vom Lust- zum Realitätsprinzip«, von der Trieb- zur Normbefolgung (14, 90).[181] Kurz: Kunst ist »Ersatzbefriedigung« für »Triebverzichte«, und zwar per Phantasie (14, 335). Der Ersatzcharakter ist dabei nach Freud ein doppelter.[182] Einmal ersetzt die Welt der Phantasie die der Realität. Zum anderen erfahren die ursprünglich infantilen, im wesentlichen ›ödipalen‹ Triebwünsche (die, obzwar aus dem Bewußtsein »verdrängt«, latent weiter fortbestehen) selbst in der Phantasie keine direkte und offene Befriedigung, weil sie auch dann noch Schuld- und Angstgefühle zur

Folge hätten, sondern – wiederum ersatzweise – eine durch »Verdichtung« und »Verschiebung« verschleierte Erfüllung. Insofern sind Phantasiebildungen Kompromißbildungen: »Kompromisse« zwischen (vitalen) Wünschen und (sozial vermittelter) Angst, sie sich einzugestehen, geschweige denn zu erfüllen.[183]

Nun gilt das alles im Rahmen der Freudschen Psychoanalyse aber auch für Phantasiebildungen außerhalb der Kunst, insbesondere für den Traum, an dem Freud seine Hypothesen exemplarisch entwickelt hatte. Ja für sämtliche neurotischen Symptome – vom Versprecher über den Tick bis zum Wahn – wird jener Kompromißcharakter unterstellt. Mithin ist hier die Kunst noch nicht als Kunst ausgezeichnet. Und in der Tat leitet Freud sein Kunstkonzept, wobei er sich ans Paradigma der Dichtkunst hält, aus dem Traum der »Träumer am hellichten Tag« her (7, 219)[184]: dem uns allen vertrauten »Tagtraum« (mit seinen nach Freud vor allem »erotischen« wie »eigensüchtigen und ehrgeizigen« Wünschen) (7, 217).[185] Wenn er dabei auch nicht verkenne, »daß sehr viele dichterische Schöpfungen sich von dem Vorbilde des naiven Tagtraumes weit entfernt halten«, so bleibe doch zu vermuten, »daß auch die extremsten Abweichungen durch eine lückenlose Reihe von Übergängen mit diesem Modelle in Beziehung gesetzt werden könnten« (7, 220). Diese prinzipielle »Gleichstellung des Dichters mit dem Tagträumer, der poetischen Schöpfung mit dem Tagtraum« (7, 221) scheint den Kunstcharakter der Dichtung, ihre ästhetische Differenz, nun erst recht zu unterschlagen. Aber Freud macht sogleich auf einen bemerkenswerten Unterschied aufmerksam. Der Tagträumer verberge nämlich seine narzißtischen Phantasien vor anderen sorgfältig, weil er Gründe verspüre, sich ihrer zu schämen; und selbst wenn er sie uns mitteilen würde, könne er *uns* durch solche Enthüllungen keine Lust bereiten, ja wir – die andern – würden von solchen Phantasien, wenn wir sie erführen, abgestoßen werden oder doch ihnen gegenüber zumindest indifferent, »kühl« bleiben (7, 223). Wenn dagegen der Dichter »uns das erzählt, was wir für seine persönlichen Tagträume zu erklären geneigt sind, so empfinden wir hohe, wahrscheinlich aus vielen Quellen zusammenfließende Lust«. *Wie* der Dichter das zustande bringe, jene »Abstoßung« beim Hörer oder Leser in »Lust« zu verwandeln, sei das »Geheimnis« der künstlerischen »Technik« – »die eigentliche *Ars poetica*« (7, 223). Hier also, im Kunstverfahren, das sich der ›Gleichstellung‹ mit dem Tagtraum nicht fügt, scheint demnach auch für Freud das Wesen der Kunst begründet zu sein. Wir wollen sehen, wie weit das zutrifft.

Wenn Freud da auch von einem Geheimnis spricht, so seien doch »zweierlei Mittel« jener künstlerischen Technik zu »erraten« (7, 223). (Dabei geht es allerdings, genau besehen, um drei unterschiedliche Punkte.) Das erste charakterisiert Freud so: »Der Dichter mildert den egoistischen Charakter des Tagtraums durch Abänderungen und Verhüllungen« (7, 223) und so »das Anstößige dieser Wünsche« (8, 417). Allerdings ist damit noch nichts gewonnen. Denn einerseits gehören ja solche Abänderungen und Verhüllungen nach Freud wiederum zum Kompromißcharakter aller, auch der außerkünstlerischen Phantasiebildungen dazu. Andererseits ist – gegen Freuds offenbar klassizistisches Vorverständnis – die Kunst hier längst nicht mehr zimperlich und dürfte, dem Prinzip ›klassischer Dämpfung‹ gründlich entwachsen, an ungeschminkter Trieboffenheit (Inzest und Mord inbegriffen) manchen Tagtraum in den Schatten stellen. Aber selbst die weitgehendste ›Milderung‹ jenes ›Anstößigen‹ kann allenfalls die unterstellte ›Abstoßung‹ beim Rezipienten aufheben, jedoch nicht begreiflich machen, wie und warum sie sich gegenüber dem ja auch dann noch weiterhin fremden (und nicht eigenen) Tagtraum-Narzißmus im Fall der Dichtung in ›Lust‹ verwandeln soll. Deshalb vermutet Freud überdies, daß uns der Dichter in den Stand versetze, beim Lesen seiner Tagträume »unsere eigenen Phantasien« zu »genießen« (7, 223); ja die künstlerische Tagtraumproduktion sei »auf die Anteilnahme anderer Menschen berechnet«, um auch »bei diesen die nämlichen unbewußten Wunschregungen beleben und befriedigen« zu können (14, 90).[186] Das ist also der zweite Punkt, zu dessen Wie Freud allerdings nichts weiter sagt. Und wohl deshalb hat er ihn bei den ›erratenen Mitteln‹ der *Ars poetica* auch nicht mitgezählt. Jedenfalls kommt keinerlei Darstellungsmodus (etwa in Richtung eines exemplarischen oder unbestimmten Charakters) zur Sprache, in dem sich ein jeder auf seine eigene Weise wiederfinden könnte.

Setzen wir also auf den dritten Punkt, in dem Freud das andere ›Mittel‹ zur künstlerischen Umwandlung der eigentlich fälligen Abstoßung oder Kühle ins Gegenteil der Lust sieht: Der Dichter »besteche« uns durch »ästhetischen Lustgewinn, den er uns in der Darstellung seiner Phantasien bietet« (7, 223); durch die »Wahrnehmungslust der Formschönheit« (14, 90), wie es an anderer

Stelle in bezug auf die Kunst allgemein heißt. Und da sind nun in der Tat die spezifisch kunsttheoretischen Kategorien, von denen bisher gar nicht die Rede war, plötzlich mit einem Schlag versammelt: das ›Ästhetische‹, die ›Schönheit‹, die besondere ›Form‹ der Kunst und ihre besondere ›Lust‹. Aber gerade diese elementaren Unterscheidungen – die eigentlichen Rätsel der Kunsttheorie – werden hier überhaupt nicht als solche thematisiert, sondern ohne weiteres begrifflich vorausgesetzt.[187] Sie treten bei Freud gar nicht erst als explikatives, geschweige denn definitorisches Problem in Erscheinung, das sie in den konkurrierenden Kunsttheorien (wenigstens teilweise) doch immerhin waren und sind. Vielmehr werden sie schlicht, wie sie gehen und stehen, übernommen und in Anspruch genommen. Insofern wird die mit Freuds drittem und letztem Punkt gesteigerte Erwartung eines (und sei es nur ›erratenen‹) Beitrags zur Klärung der kunsttheoretischen Grundbegriffe – und zwar im von Freud selbst vielversprechend postulierten Blick aufs konkrete Kunstverfahren – nicht erfüllt, sondern vollends enttäuscht. Bleibt doch der erhoffte Zugewinn in dieser ausschlaggebenden Hinsicht allenthalben systematisch aus, so daß unsere gezielte Recherche eigentlich hier schon am Ende ist. Fragen wir aber trotzdem noch genauer, wie und wozu Freud die unbesehen vereinnahmten Grundbegriffe der Ästhetik im Rahmen seiner psychoanalytischen Kunsttheorie verwendet, wozu er sie hier braucht.

Nach Freud ist der »ästhetische Lustgewinn« eine »Verlockungsprämie« (7, 223 u. 14, 90): sie soll uns zur Identifikation mit dem fremden Tagtraum verleiten, die jene ›gemilderte‹ und ›auf die Anteilnahme anderer berechnete‹ Darstellungsweise zwar eröffnet, aber allein wohl noch nicht bewerkstelligen kann, so daß es ausdrücklich einer zusätzlichen Strategie bedarf.[188] In diesem listig ›verlockenden‹, ja ›bestechenden‹ Sinn sei »alle ästhetische Lust« bloße »Vorlust« zur »Entbindung größerer Lust aus tiefer reichenden psychischen Quellen« (7, 223). Und diese größere und tiefere Haupt- und Endlust bestehe darin, nach solch listiger Überwindung des Identifikationswiderstandes in der fremden Kunst eben just die ›eigenen Phantasien‹ – wie in unseren authentischen Tagträumen – zu ›genießen‹, und zwar (wegen der ›Milderung‹ des ›Anstößigen‹) ohne »Vorwurf« und »Schämen«: in dieser »Befreiung von Spannungen in unserer Seele« liege »der eigentliche Genuß des Dichtwerks« (7, 223). Letzteres mag an große Traditionen der Poetik von Aristoteles bis Lessing erinnern. Im Rahmen der Freudschen Theorie heißt es aber nichts anderes, als daß die eigentliche Hauptlust, die sich mit der Kunst (namentlich der Dichtkunst) verbindet, am Ende identisch ist mit der des gewöhnlichen Tagtraums, der ja – wie alle Phantasiebildungen – auf Grund der Freudschen Kompromißhypothese prinzipiell denselben Spannungsausgleich, wenn auch faktisch mehr oder weniger gelingend, leisten soll.

Zusammengefaßt: Die ›ästhetische Lust‹ ist nach Freud ›Vorlust‹ im Dienst einer nicht-ästhetischen Hauptlust, die auch und normalerweise außerhalb und unabhängig von der Kunst – nämlich im gewöhnlichen Tagtraum – geläufig und verfügbar ist. Ja sie ist dort ebensogut und eigentlich besser zu haben: kann doch der ›künstliche‹ Tagtraum die Authentizität des echten, wenn überhaupt, allenfalls einholen. Anders gesagt: das Kunstspezifische, das Ästhetische, ist Nebensache an der Kunst; ihre Hauptsache – ihr ›eigentlicher Genuß‹ und Lebenszweck – ist durch jedermanns Tagtraum zu ersetzen und Kunst damit im Grunde überflüssig. Das ist (durch alles der Kunst mitunter noch so schmeichelnde Beiwerk hindurch) das nüchterne Fazit der Freudschen Kunsttheorie, die man wegen ihrer zentralen These kurz *Theorie des Ästhetischen als ›Vorlust‹* nennen kann.[189]

Man mag im übrigen von der Vorlustthese halten, was man will – sicher ist jedenfalls, daß sie zur Klärung der ästhetischen Grundunterscheidungen nichts beiträgt und auch nichts beitragen will. Die *systematische Lücke* der Freudschen Kunsttheorie wird mit anderen Worten durch die Vorlustthese, indem diese den Begriff des ›Ästhetischen‹ (und zugehörige Begriffe) schlichtweg voraussetzt, nicht geschlossen, sondern als solche erst recht offenkundig. Das hat freilich Konsequenzen für die Geltung der Vorlustthese selbst. Denn solange man nicht sagen kann, was ›Formschönheit‹ heißt und was die ›ästhetische Lust‹ daran – im Unterschied zu aller sonstigen Lust – ausmacht, solange kann man schwerlich sagen, sie sei ihrer Natur nach Vorlust oder Hilfslust oder was auch immer. Mit jener Lücke ist mithin die Vorlustthese selber und damit die Freudsche Kunsttheorie insgesamt in Frage gestellt: denn auch ganz abgesehen von der umstrittenen Geltung des psychoanalytischen Rahmens fehlen der kunsttheoretischen Kernthese, die unter dem Etikett der ›Vorlust‹ auf eine Instrumentalisierung des Ästhetischen, des

Schönen hinausläuft, die elementaren begrifflichen Voraussetzungen für ihre Begründung.

Am Rande sei noch auf einen gewissen inneren Widerspruch der Freudschen These aufmerksam gemacht. Er liegt darin, daß Freud ein überkommenes Vorverständnis in Anspruch nimmt, in dessen Namen er vom ›Künstlerischen‹, vom ›Ästhetischen‹, vom ›Schönen‹ spricht, und es zugleich dementiert, indem er das alles zur Nebensache an der Kunst erklärt. Das ist um so ungereimter, als Freud auch hier bestätigt, daß er ein ausgesprochen klassizistisches Vorverständnis teilt, wenn er die ästhetische Wirkung an die »Einhaltung von Schönheitsregeln« (8, 417) bindet (während die Kunst, und zumal die neuere, ihre ästhetische Potenz über kurz oder lang vielmehr im Brechen eines jeden solchen Regelkanons erweist). Ungereimt deshalb, weil gerade das klassizistische Vorverständnis, das sich noch an sakrosankte ›Schönheitsregeln‹ hielt, jedenfalls zugleich aufs entschiedenste die Freude, die Lust am Ästhetischen, am Schönen als dem Wesentlichen an der Kunst um seiner selbst willen, ja als Paradigma selbstzweckhafter Lebensvollzüge schätzte; wohingegen Freud in jener Schönheit nurmehr »bestechende Lustprämien« (8, 417) um etwas ganz anderen, unterstelltermaßen viel Wichtigeren willen sieht, das überdies nicht einmal an die Vermittlung des Ästhetischen oder Schönen gebunden ist. Die Unstimmigkeit dieser glatten Inanspruchnahme und ebenso glatten Dementierung ein und desselben Vorverständnisses wird indes bei Freud wiederum nicht zum Thema und schon gar nicht Anstoß zu einer Revision der das überkommene Vorverständnis tragenden Grundbegriffe der Ästhetik.

Nun hat Freud allerdings auch nie beansprucht, die systematische Lücke seiner Kunsttheorie schließen zu wollen. Er hat vielmehr wiederholt die Unzuständigkeit des Analytikers für jene spezifischen und letzten kunsttheoretischen Fragen betont. Leider wisse die Psychoanalyse »über die Schönheit am wenigsten zu sagen« (14, 441). Und sie könne im übrigen weder aufklären, was »den Künstler macht«, noch »den Wert und die Wirkung seiner Werke« erfassen (14, 549), noch wirklich die eigentlichen »Mittel« der Kunst aufdecken (14, 91).[190] Ja sie müsse zugestehen, daß »das Wesen der künstlerischen Leistung uns psychoanalytisch unzugänglich« sei (8, 209), und hier wohl oder übel am Ende, wie schon das Motto sagt, »die Waffen strecken« (14, 399). Und das gehört ja nun zum Sympathischen an Freud, daß er selber derart klargestellt hat, daß seine Kunsttheorie (denn auch als Skizze und trotz aller Vorsichtsklauseln stellt sie sich ja durchaus als solche dar) jedenfalls nicht als Ästhetik zu lesen ist, wo es gerade um die hier ausgeklammerten Fragen geht.[191] Freud hat freilich nicht ebenso deutlich gemacht, daß sein Konzept dann zwangsläufig auch als Kunsttheorie auf tönernen Füßen steht: fehlt ihr damit doch ein geklärter Begriff ihres Gegenstands. Zwar vertritt Freud eine originelle Bestimmung des Lebenszwecks der Kunst (und in diesem Sinne ihres ›Wesens‹); aber die dazu unternommene funktionale, ja instrumentale Vereinnahmung des ›Künstlerischen‹, des ›Ästhetischen‹, des ›Schönen‹ bleibt begrifflich ungedeckt. Deshalb ist Freuds Theorie der Kunst, mag sie ansonsten noch so interessante wie kontroverse Interpretationsperspektiven eröffnen, an kunsttheoretisch entscheidender Stelle bodenlos.

Die kunst- und vor allem dichtungstheoretisch engagierten Schüler haben an Freuds Entwurf im großen und ganzen festgehalten. Dabei hat es indes einige nennenswerte Ergänzungen und Veränderungen gegeben. Und nicht selten ist dabei auch Freuds erklärte Einsicht, daß die Psychoanalyse keine Ästhetik liefern könne, sondern sie für ihre Kunsttheorie – als deren spezifischsten Teil – anderweitig voraussetze, entweder unter der Hand übergangen oder offen bestritten worden. Manche, die die Freudsche Lücke wohl als theoretisches Ärgernis (und gewiß nicht zu Unrecht) empfanden, haben sie jedenfalls, gegen des Meisters ausdrücklichen Vorbehalt, zu schließen unternommen. Sehen wir uns an, wie weit das gelungen ist.

Unter den Hauptvertretern der frühen psychoanalytischen Literatur- und Kunsttheorie sind hier in erster Linie Otto Rank und Hanns Sachs, beide Freud-Schüler der ersten Generation, zu nennen.[192] In einer gemeinsamen Studie versuchten sie, den analytisch generellen Grundsatz von der Ökonomik der psychischen Kräfte kunsttheoretisch zu wenden und entsprechend, am Beispiel der Dichtung, die ästhetische Lust als Wirkung künstlerischer Ökonomie zu bestimmen.[193] Und zwar sei die Dichtkunst in dreifacher Hinsicht haushälterisch: durch »Aufmerksamkeitsersparnis« (zumal mittels Reim und Rhythmus[194]); durch »Affektökonomie« (mittels planvoller Nutzung der »durch einen Gegenstand erzeugbaren Affektmenge«); und schließlich durch »Denkökonomie« (mittels eines »mühelos« zu verstehenden Zusammenhangs der

»Handlung« wie der »Tatsachen«). Das »Resultat dieser Kraftersparnis« sei ein »Lustgewinn« sui generis – eben die ästhetische Lust.[195] Im übrigen bleibt es beim alten: »alle derartigen Hilfsmittel« dienten als »Vorlust« zur bereits bekannten (außerästhetischen) »Endlust«, wie sie hier jetzt ausdrücklich heißt, ja seien nur deren »Fassade«.[196]

Diese Bestimmung des ästhetischen Prinzips als lusterzeugende ›Kraftersparnis‹, kurz als *Ökonomieprinzip*, ist nun aber kaum hinreichend kunstspezifisch, zumal das Ökonomieprinzip im Rahmen der Psychoanalyse für alle psychischen Phänomene unterstellt wird. Aber auch abgesehen davon, ist es in seiner Allgemeinheit – auf den Haushaltungsbereich der ›Kräfte‹ des Aufmerkens, Fühlens und Denkens bezogen – nicht auf Kunst oder Dichtung festzulegen. Kann doch zum Beispiel auch eine didaktisch wohlgelungene Unterrichtseinheit in diesem Sinne haushälterisch sein – zur Genugtuung des Lehrers wie der Schüler –, ohne daß dies den Charakter *ästhetischer* Lust anzunehmen braucht. Dazu kommt die Frage, ob Kunst denn überhaupt derart ›ökonomisch‹ verfahren muß, um Kunst zu sein. Mit anderen Worten: ob es sich hier, wenn auch nicht um ein zureichendes, zumindest doch um ein notwendiges Kunstkriterium handelt.

Zwar kann Kunst, auf ihre Weise, höchst ökonomisch sein, wie der Aphorismus zeigt (der freilich gerade deshalb keineswegs ›mühelos verstanden‹ zu werden pflegt); aber sie kann auch ganz im Gegenteil – höchst unökonomisch – auf epische Breite, auf Fülle, ja Überfülle, auf bewußte Redundanz ausgehen. Oder ist es etwa ökonomisch, wenn im Homerischen Epos zum soundsovielten Mal die »rosenfingrige Morgenröte« erscheint oder sich eine wörtliche Rede mit der poetischen Wendung eröffnet: ». . . und es entflohen dem Gehege ihrer Zähne diese geflügelten Worte«? Oder in welchem Sinn sind Charles Péguys in endlosen Wellen dahinrollenden Litaneien mit ihren endlos sich wiederholenden und entfaltenden Metaphernreihen etwa ökonomisch? Was immer hier die ästhetische Lust ausmacht, Lust am Ökonomischen ist es jedenfalls nicht. Zwar können ornamentale Rekurrenzen ebenso wie Reim oder Metrum durchaus zu mnemotechnischer Ökonomie (insbesondere für den archaischen Sänger und Hörer) beitragen, aber ihre Poesie – der ›Zauber‹ der Bilder, Klänge und Rhythmen – überschießt offenbar zugleich jede ökonomische Zweckrationalität. Gewiß ist der ›Überfluß‹ der Kunst nicht über-

Kunst, das Einprägen von Gedächtnisstof durch besondere Lernhilfen zu erleichtern

flüssig, weil es gegebenenfalls gerade auf ihn ankommt: noch am üppigsten Barock- oder Hindutempel ist kein Detail vertan und insofern keines zuviel. Aber solcher Überfluß spottet doch zugleich dem Prinzip energetischer Ökonomie, und die Lust daran ist eben alles andere als Lust an Aufwands- und Kraftersparnis, sondern doch vielmehr Lust an der Fülle, ja gegebenenfalls an verschwenderischer Fülle.

Vollends unzutreffend ist die zugehörige andere Verallgemeinerung, daß in der Dichtung – im Unterschied zum »wirklichen Leben mit seinem bunten und tumultuarischen Treiben« – der »Faden der Handlung« und der »Ablauf der Tatsachen« denkökonomisch »vollkommen übersehbar und nach dem Satz vom zureichenden Grunde ohne weiteres zu verstehen« seien, »ohne daß die Gedankenbahnen und die Tatsachen sich überkreuzen« (148). Das ist eher die (zu beherzigende) Charakterisierung einer ordentlich aufgebauten Wissenschaft denn der Kunst. Kein Zweifel, daß hier das klassizistisch zurückgeschnittene Vorverständnis der Freudschen Kunsttheorie erneut voll durchschlägt, wenn nun die Schüler bei ihrem ökonomistischen Komplettierungsversuch davon sprechen, im künstlerischen Phantasiewerk fänden – im Unterschied zum sonstigen – »unsere Denkgesetze« eine »Welt vor, die nach ihren Regeln harmonisch gebaut ist« (148): Jahrzehnte nach Rimbauds chaotischen *Illuminationen*, nach Mallarmés enigmatischer Lyrik, über der sich schon Generationen den Kopf zerbrachen, und in Zeitgenossenschaft mit der Sprach- und Denkzertrümmerung expressionistischer *Menschheitsdämmerung* oder gar der dezidierten (just freudianisch inspirierten) Assoziationsanarchie der Surrealisten. Da ist jedenfalls nirgends ›Denkökonomie‹, sondern vielmehr das Denken bewußt überfordernde Komplexität oder Bruchstückhaftigkeit, seine Logik gnadenlos enttäuschender Widerspruch, seine Klarheit zutiefst frustrierende Dunkelheit im Namen der Kunst am Werk. Und längst vor den modernen Avantgarden hat sie die Rank-Sachssche These von der Ökonomie ihrer ›harmonischen‹ Welt, als Prinzip ästhetischer Lustgewinnung, oft genug gründlich Lügen gestraft.[197]

Die Ökonomiethese ist innerhalb der psychoanalytischen Kunst- und Literaturtheorie später noch öfter verfochten worden: eher apodiktisch zum Beispiel von Joseph Weiss[198], eher differenziert bei Simon O. Lesser.[199] Aber an der Ungereimtheit, daß die Lust am Ästhetischen, am Schönen aufs Vergnügen an ökonomischer

Zweckrationalität hinauslaufen soll, hat sich dabei nichts grundsätzlich geändert. Mit Bezug auf J. Weiss, der die »Ökonomie in der Verausgabung psychischer Energie« zwar zu Unrecht als *einzige* Quelle des ästhetischen Genusses erklärt habe, bestätigt nämlich auch Lesser (im Einklang mit Weiss) den zweckrationalen Charakter der unterstellten ökonomischen Ursache ästhetischer Lust: denn nicht schon die psychische Aufwandsersparnis, die entsprechende »Leichtigkeit der Vorstellung« bereite als solche unmittelbares Vergnügen, sondern erst der »Vergleich« mit dem höheren Aufwand, der nötig wäre, wenn man »ohne die ökonomischen Mittel« der Kunst »*dieselben Ziele*« zu erreichen sucht. Dieser also allererst ästhetische Lust hervorbringende *Vergleich* des Verhältnisses verschiedener Mittel zum selben Zweck – das eine Mal mit, das andere Mal ohne Kunst – impliziert nun allerdings eine kaum überwindliche Schwierigkeit, die die systematische Krux der Ökonomiethese erst recht ans Licht bringt. Denn nur wenn Ziel und Zweck von Kunst – etwa eines Gedichts, eines Aquarells, einer Melodie – prinzipiell auch anders, nämlich außerästhetisch zu bestimmen und zu erreichen sind, hätte ein zweckrationaler Aufwandsvergleich (zwischen künstlerischen und außerkünstlerischen Mitteln ein und derselben Zweckerfüllung) überhaupt erst Sinn. Diese hier unerläßliche Voraussetzung ist aber offenbar ebenso uneinholbar, ja abwegig wie mithin die auf ihr beruhende Ökonomiethese selber.[200] Wo immer man also die Lösung des Rätsels der von Freud hinterlassenen Theorielücke suchen will, im Ökonomieprinzip – mag dessen Zweckrationalität nun psychoanalytisch oder wie auch immer in Anspruch genommen sein – wird man sie jedenfalls nicht finden. Der ästhetische ›Überschuß‹, ob in aphoristischer Kürze oder epischer Breite, die ›ästhetische Differenz‹, geht offenbar nicht in solcher Bestimmung auf.

In einer späteren Arbeit von Hanns Sachs mit dem signifikanten Titel *Gemeinsame Tagträume* kristallisiert sich denn auch eine andere Version heraus[201], die sich auf Dauer in der psychoanalytischen Kunsttheorie ziemlich allgemein durchsetzte. Im Unterschied zur älteren *These vom Ökonomieprinzip des Ästhetischen* (die freilich neben der neueren weiter fortlebt) läßt sie sich in ihrer ausgeprägten Form kurz als *These vom Abwehrprinzip des Ästhetischen* kennzeichnen. Sie läuft nicht mehr auf eine Ergänzung, sondern auf eine Verschiebung gegenüber Freuds Entwurf und seiner Vorlustthese hinaus. Bei Sachs erscheint diese Differenz noch im schwankenden Modus des Sowohl-als-auch. Denn einerseits nimmt er zunächst die Freudsche These unverändert wieder auf, andererseits ist die ›künstlerische Form‹ am Ende nicht mehr verlockende ›Vorlust‹ und schützende ›Fassade‹ für den heimlichen Narzißmus der (außerästhetischen) ›Endlust‹, sondern vielmehr deren substantielle Modifikation durch Entäußerung ihres narzißtischen Charakters an die »Schönheit des Kunstwerks«. Eine Modifikation, die den Tagtraumegoismus »soweit veredelt«, daß das künstlerische Phantasiewerk vor dem »Richter« des »Ich-Ideals« und dem in seinen Diensten tätigen »Gewissen« bestehen könne. Und das ist ja jedenfalls etwas anderes als das, was Freud ebenso deutlich gesagt wie gemeint hatte: nämlich nicht mehr *Bestechung* im Sinne einer ›Verlockungsprämie‹, nicht mehr *Verführung* im Sinne einer ›milden Narkose‹ (wie es bei Freud auch heißt)[202] zugunsten der durch Kunst offerierten Phantasiebefriedigung untersagter Triebwünsche, sondern vielmehr entschärfende *Abwehr* ihrer – selbst im Ersatzmodus der Phantasie – noch unzulässig gefährlichen Elemente.

Der Vollzug dieses Wandels tritt später fortschreitend deutlich zutage.[203] So heißt es bei Simon O. Lesser (der uns schon bei der ökonomistischen Version begegnete), daß »künstlerische Leistungen« womöglich »ausnahmslos« als »Abwehr gegen verbotene Impulse, vor allem gegen aggressive Zerstörungstriebe« entstünden; daß die »Form« der Kunst die Aufgabe habe, »uns in eine Welt zu versetzen«, die »all den Werten, die dem Über-Ich teuer sind«, entspreche.[204] Während unsere Wunschvorstellungen wohl im wesentlichen durch den (außerästhetischen) »Inhalt« befriedigt würden, leiste die (ästhetische) »Form« unsere »Abwehrmaßnahmen« gegen sie. Ja, Lesser favorisiert schließlich gar eine »Begriffsbestimmung der Form als Bestreben, das Über-Ich zu befriedigen«. Bei alledem bleibt Lesser zwar durchaus im Rahmen der psychoanalytischen Grundidee von der Kunst als »Kompromißbildung«, die – »ebenso wie Träume« und »neurotische Symptome« – »sowohl unseren Trieben als auch unserer Abwehr gegen sie Ausdruck« gebe. Aber jene Verschiebung gegenüber Freud ist hier nicht mehr zu übersehen: Was in Freuds Kunstauffassung ein durchaus listiger Kompromiß war, bei dem der künstlerischen ›Form‹ die Rolle zufiel, durch verlockende und beschwichtigende Manipulation zur Überwindung von Identifikationsschwellen der in der Realität versagten Trieberfüllung wenigstens per Phantasie zu ihrem Recht zu verhelfen, das wird jetzt zu einem sozusagen seriösen Kompromiß, wobei die künstlerische ›Form‹ nunmehr umgekehrt als Anwalt des Über-Ichs, der internalisierten herrschenden Norm, auftritt, um einen Vergleich zwischen Lust- und Realitätsprinzip zugunsten des letzteren zustande zu bringen. Kurz: die ästhetische ›Form‹ wechselt aus der Rolle des listigen – verlockenden wie beschwichtigenden – Beförderers verbotener Lustphantasie in die ihres Zensors und Züglers, aus der Rolle des heimlichen Rebellen in die des öffentlichen Ordnungshüters. Vollends in diesem Sinn hat Norman N. Holland einer zentralen kunsttheoretischen Studie den Titel *Form als Abwehr* gegeben, und zwar mit ausdrücklicher Abhebung dieser »moderneren« psychoanalytischen Konzeption vom Freudschen »Modell einer Bestechung oder einer ›Verlockungsprämie‹«.[205] Nach dieser neueren Auffassung (die freilich, wie wir sahen, bis zu den Freud-Schülern der ersten Stunde zurückzuverfolgen ist) lasse sich grob formulieren, daß »*Form* der Abwehr und *Gehalt* der Phantasie oder dem Triebimpuls entspricht« (so wie Lesser den ›*Inhalt*‹ den ›Wunschvorstellungen‹, die ›*Form*‹ den gegenläufigen ›Abwehrmaßnahmen‹ zugeordnet hatte). Was wird dann aber aus der ›ästhetischen Lust‹, wenn hier das Ästhetische auf seiten des Realitätsprinzips gegen die Lust antritt? Nun, sie wird zur höheren Lust an der Bändigung der Triebe, die gebändigte Lust zum eigentlichen Kunstgenuß (den in pointierter Umkehrung der Freudschen ›Vorlust‹ A. Ehrenzweig gar als »Nachlust« bezeichnet).[206] Die Verschiebung gegenüber Freuds Ausgangsmodell ist mithin, alles in allem, perfekt.

In ihrer ausgeprägten Version scheint nun die *These vom Ästhetischen als Abwehr* – und zwar auf der Grundlage einer funktionalen Scheidung von ›Inhalt‹ und ›Form‹ der Kunst – in der Tat eine ebenso klare wie ausgewogene Sache zu sein. Einmal, weil hier das psychoanalytische Grundmodell des Konflikts von ›Lust-‹ und ›Realitätsprinzip‹ mit der traditionellen Unterscheidung von ›Inhalt‹ und ›Form‹ der Kunst zu plausibler Deckung gebracht ist. Zum anderen, weil damit das Ästhetische, das Schöne, das eigentlich Künstlerische der Kunst – das ja nun in der Funktion einer Vor-, Neben- und Hilfslust offensichtlich zu kurz gekommen war – endlich als ebenbürtige Instanz in jenem Spannungsverhältnis von (›inhaltlichem‹) Lust- und (›formalem‹) Realitätsprinzip womöglich zu seinem Recht kommt. Kurz: hier scheint die psychoanalytische Kunsttheorie ihren Gegenstand erstmals voll und gründlich in den Griff bekommen zu haben. Doch ein weiteres Mal trügt der Schein. Denn trotz allem wird auch hier Freuds systematische Lücke nicht geschlossen.

Aber wieso? Wird hier denn etwa nicht das von Freud als geheimnisvoll ausgesparte und einem abgründigen Vorverständnis überlassene Wesen des ›Ästhetischen‹, des ›Schönen‹ schließlich doch in seiner bislang rätselhaft gebliebenen Eigenart präzisiert und damit systematisch eingeholt? Das Gegenteil ist der Fall. Denn das *Abwehrprinzip* ist im Rahmen der psychoanalytischen Theorie ja wiederum und erst recht nicht kunstspezifisch. Soll es doch grundsätzlich, wie Lesser ausdrücklich erinnert, zur ›Kompromißbildung‹ *jeder Art* von ›Träumen‹ und ›neurotischen Symptomen‹ als Gegeninstanz der Triebwünsche, als deren Korrektiv und Zensur ohnehin und allemal dazugehören[207], so daß sich damit die gesuchte *Eigenart* der Kunst gerade nicht bestimmen läßt. Selbst wenn die künstlerische ›Form‹ eine Abwehrmaßnahme im psychoanalytischen Sinn wäre, besagt das noch nichts über ihren Unterschied zu allen anderen psychoanalytisch unterstellten Abwehrmaßnahmen. Man subsumiert hier vielmehr überkommene Grundbegriffe der Ästhetik (die zumal problematische Unterscheidung von ›Inhalt‹ und ›Form‹ der Kunst eingeschlossen) Zug um Zug unter die allgemeinen – auf einen sehr viel weiteren Gegenstandsbereich gemünzten – Grundbegriffe der Psychoanalyse. Mag deren Theorie und ihr Subsumptionsanspruch gegenüber der Kunst nun haltbar sein oder nicht – das darf hier auf sich beruhen: denn so oder so kann die für eine Definition des Kunstcharakters ausschlaggebende spezifische Differenz auf diese Weise jedenfalls nicht zutage kommen. Sie muß so oder so anderweitig vorausgesetzt werden. Man weiß mithin entweder schon vorher (vor aller Psychoanalyse und ihrer Vereinnahmung der Kunst), was künstlerische ›Form‹, was ihre ›ästhetische‹ Qualität, was ihre ›Schönheit‹ ist – oder man kann es auch hinterher nicht wissen. Das galt zwar auch bereits für Freuds kunsttheoretisches Ausgangskonzept. Aber beim Freudschen Postulat einer besonderen *ästhetischen* ›Vorlust‹ (die ja im Rahmen der psychoanalytischen Theorie gar nicht vorgesehen ist und hier deshalb – trotz funktionaler Beschlagnahme – zugestandenermaßen eine Anleihe, ein Fremdkörper, ein erratischer Block bleibt) war die systematische Lücke offenkundig. Und sie wurde von Freud denn auch offen als solche respektiert und trat noch bei den Verfechtern der Ökonomiethese als sperriges Problem mit entsprechend fragwürdiger Lösung in Erscheinung. Dagegen erweckt die ›modernere‹ These von der ästhetischen ›Abwehr‹, eben weil sie sich (im Unterschied zum Freudschen Entwurf) nunmehr so restlos glatt in den psychoanalytischen Begriffsrahmen fügt, den um so trügerischeren Anschein, als sei hier das Ästhetische psychoanalytisch begriffen: obwohl doch in Wahrheit die ästhetische Differenz, die allererst *Kunst* – im Unterschied zu Träumen und Neurosen – ausmacht, so rätselhaft bleibt wie eh und je. Nur daß das Rätsel jetzt nicht mehr als solches bemerkt, sondern (bos- oder scherzhaft in psychoanalytischer Manier gesagt) mit jener ›Verschiebung‹ offenbar erfolgreich ›verdrängt‹ wird.[208]

Wie willkürlich – weil ohne begriffliche Fundierung – die funktionale Verrechnung der Kunst durch die Psychoanalyse ist, zeigte sich bisher nur allzu deutlich im beliebigen Wechsel dieser Vereinnahmung; wobei der Zweck des ›Ästhetischen‹, der ›Formschönheit‹ bald hier und bald dort, bald so und bald anders innerhalb des psychoanalytischen ›Kompromiß‹-Modells festgemacht wird: in den funktionalen Rochaden vom ›Es‹ zum ›Ich‹ oder vom ›Es‹ zum ›Über-Ich‹, von der ›Vorlust‹ zur ›Hauptlust‹ oder von der ›Vorlust‹ zur ›Nachlust‹. Daß sich diese sprunghaften Alternativen gegenseitig dementieren, ja destruieren, hat hier jedoch weder zur prinzipiellen Infragestellung ihrer kunsttheoretischen Grundlagen geführt, noch daran gehindert, den bei Freud ursprünglich abgewiesenen Anspruch auf ästhetische Kompetenz der Psychoanalyse im Nachhinein dennoch zu erheben und – den immer widersprüchlicheren Ergebnissen zum Trotz – nicht nur aufrechtzuerhalten, sondern fortschreitend zu bekräftigen.

4.2 Jung und die Archetypik

> Zahlreich sind die mythologischen Motive, die sich in
> moderner Bildersprache verbergen: es ist nicht mehr der
> Adler des Zeus oder der Vogel Rock, sondern ein Flug-
> zeug; der Kampf der Drachen ist ein Eisenbahnzusam-
> menstoß; der Held, der den Drachen erschlägt, ist der
> Heldentenor am Stadttheater; die chthonische Mutter ist
> eine dicke Gemüsehändlerin, und Pluto, der Proserpina
> raubt, ein gefährlicher Chauffeur.
>
> *Carl Gustav Jung*

Einer unter Freuds Schülern, der prominenteste, macht da allerdings eine Ausnahme: Carl Gustav Jung, der freilich vom Schüler zum Gegenspieler des Lehrers wurde[209] und mit seiner Neufassung der Tiefenpsychologie auch eine konkurrierende, die ›archetypische‹ Kunsttheorie begründete.[210] Mit seiner Alternative vermeidet Jung von vornherein zumindest ein gravierendes methodologisches Problem der Freudianer. Die auf Freud fußende Kunsttheorie litt und leidet nämlich – ganz gleich, in welcher Version – an einer höchst ärgerlichen Anwendungsschwierigkeit. Sie besteht darin, daß man ja nun die Kunst nicht wirklich auf die vielbesagte Couch legen kann, um im analytischen Gespräch jene ›freie Assoziation‹ des Analysanden mäeutisch zu entbinden, die den Rückweg vom manifesten Phantasietext zu seinem latenten Gehalt – durch alle schamhafte Entstellung hindurch – psychoanalytisch ermöglichen soll. Zwar hat auch Freud einen gewissen phylogenetischen Fundus an Symbolisierungen (im Sinne mehr oder weniger konstanter Formen der ›Verdichtung‹ und ›Verschiebung‹) des postulierten Grundkonflikts von Trieb und Norm anerkannt. Aber für sein psychoanalytisches Konzept stand im Vordergrund, daß die phylogenetisch unterstellte ödipale Grundsituation sich ontogenetisch in je unterschiedlichen Primärkonstellationen des frühen Kindesalters und von daher in je individuellen ›Triebschicksalen‹ konkretisiert. Weshalb auch die sekundären Wunschphantasien – wenngleich sie sich nach Freud allemal um Ehre, Macht, Reichtum, Ruhm und Geschlechtsliebe drehen[211] – je verschieden ausfallen: verschieden insbesondere auch nach Art und Grad ihrer Triebverhüllung, ihrer Wunschentstellung. Und eben deshalb ist für Freud die individuelle psychoanalytische Rekonstruktion unverzichtbar; und diese wiederum kann nach Freud nur über die im analytischen Gespräch freizusetzenden spontanen Assoziationen wirklich gelingen: »Die auf Symbolkenntnis beruhende Deutung ist keine Technik, welche die assoziative ersetzen oder sich mit ihr messen kann. Sie ist eine Ergänzung zu ihr und liefert nur in sie eingefügt brauchbare Resultate.« (11, 152) Das heißt aber, daß die Kunst, strenggenommen, der psychoanalytischen Deutung gar nicht zur Verfügung steht (auch wenn Freud selbst – unter Rekurs auf biographisches Material als schlechten Ersatz für die schweigende oder längst verstummte Stimme des Künstler-Analysanden – solche Deutung, und sogar mit Eifer, gelegentlich betrieben hat[212]).

Für C. G. Jung dagegen ist ›Symbolkenntnis‹ ausschlaggebend und für die tiefenpsychologische Kunstanalyse in seinem Sinn auch ausreichend.[213] Denn Jung unterstellt, daß in der Kunst »Urbilder« der Menschheit jeweils (obzwar dem Künstler »unbewußt«) in die »Sprache der Gegenwart« übersetzt seien (94 f.) und es der tiefenpsychologischen Analyse gelinge, »aus dem vollendeten Kunstwerk« die »primitive Vorlage des urtümlichen Bildes zu rekonstruieren« (93). Diese ›Urbilder‹ (insbesondere mythologische wie Vatergott, Mutter Erde, Opfertod, Höllenfahrt, Reinigung, Wiedergeburt) nennt Jung *Archetypen*. Und diese urtümlichen Symbole sind nach Jung phylogenetische »Residuen unzähliger Erlebnisse desselben Typus«: sie »schildern Millionen individueller Erfahrungen im Durchschnitt« – genauerhin: »ein Stück Leid und Lust, das in der Ahnenreihe sich ungezählte Male ereignet hat« (93).

Die entsprechenden »typischen« oder »mythologischen Situationen« seien (im Unterschied zu den »individuellen«, »atypischen« Lebensbedingungen) »wie eine übermächtige Gewalt« ergreifend, weil sich – wenn wir sie »erreichen« – hier »die Stimme der ganzen Menschheit« in uns erhebe (94).[214] Und deshalb sei auch jede »Beziehung auf den Archetypus, sei sie erlebt oder bloß gesagt«, im wahrsten Sinne »rührend«, löse sie doch »eine stärkere Stimme in uns aus als die unsrige« (94). Hier liege zugleich die »soziale Bedeutsamkeit der Kunst« (95). Denn mit ihrer »unbewußten Belebung des Archetypus« arbeite sie »an der Erziehung des Zeitgeistes«: und dies deshalb, weil sie so dessen »Mangelhaftigkeit und Einseitigkeit«, die »Unbefriedigung der Gegenwart« je kompensiere, ja im künstlerisch wieder eröffneten Zugang »zu den tiefsten Quellen des Lebens«, die ohne die regressive »Sehnsucht« des Künstlers »verschüttet« wären, je korrigiere – und zwar im Sinne einer wirksamen »Selbstregulierung im Leben der Nationen und Zeiten« (95 f.).[215]

Soweit in aller Kürze das Jungsche Gegenkonzept. Sein Vorteil gegenüber Freud liegt auf der Hand. Wenn nämlich Jungs Unterstellung richtig ist, daß es einen ursprünglichen allgemeinmenschlichen Symbolbestand gibt, den Kunst als ›unbewußter‹ Erinnerer und Übersetzer aktualisiere, und daß die Tiefenpsychologie in Kenntnis der Urbilder Kunst rückübersetzend deuten kann, dann ist das Ärgernis der interpretativen Unanwendbarkeit behoben, das der Freudschen Kunsttheorie auf Grund ihrer individualanalytischen Prämissen anhaftet. An die Stelle der entsprechenden Freudschen Methode der Assoziation durch den Analysanden setzt Jung denn auch die der »Amplifikation« durch den Analytiker, der geeignete Elemente des künstlerischen Texts im Blick auf geeignete archetypische Rekonstruktionsvorbilder ›erweitert‹[216]: also ein texthermeneutisches Verfahren im üblichen Sinn, wenn auch mit neuem Gesichtspunkt. Es ist deshalb nur verständlich, daß Jungs archetypische Kunsttheorie die ältere Freudianische in der Gunst der Literatur- und Kunstkritik zeitweilig glatt überflügelte.[217]

Für den systematischen Faden unserer Überlegung geht es freilich um die Frage, ob Jungs womöglich ›kunstgerechtere‹ (weil interpretationspraktikablere) Alternative denn nun auch das bei Freud ausgeklammerte Grundproblem des Kunstcharakters der Kunst, ihrer ästhetischen Differenz, weiterbringt, ja ob sie es überhaupt betrifft. Aber eben das ist kaum der Fall. Jedenfalls ist sich Jung selber, obwohl ansonsten der unbotmäßigste Schüler Freuds, in diesem Punkt mit seinem Lehrer einig: denn auch Jung erklärt die Psychologie ihren Möglichkeiten und Grenzen nach als hierfür unzuständig. Ist er doch – durchaus im Sinne Freuds – der Meinung, daß »die Frage, was Kunst in sich selbst sei«, nie Gegenstand einer psychologischen Betrachtungsweise werden könne (75). Ja er übertrifft hierin Freud an systematischer Konsequenz. Zwar hatte auch Freud gesagt, daß das ›Wesen‹ des Künstlerischen psychoanalytisch unzugänglich sei[218]; aber das hat ihn nicht daran gehindert, das Ästhetische (als das wesentlich Künstlerische) zur Nebensache bloßer ›Vorlust‹ zu erklären und entsprechend in seiner Kunsttheorie funktional zu verrechnen. Indem sich Jung jeder Vereinnahmung des Ästhetischen strikt enthält, macht er in seiner Alternativtheorie damit ernst, daß »das eigentliche Wesen der Kunst« der Psychologie prinzipiell verschlossen sei (75), auch der eigenen, mythologischen Tiefenpsychologie.[219] Und das ist keine Bescheidenheitsfloskel, sondern der Sache nach wohl zu begründen. Wieso nämlich trifft eine mythologische Kunstanalyse nicht den Kunstcharakter der Kunst? Hier kann man mit Lévi-Strauss antworten, der dazu (wenn auch in anderem Zusammenhang, aber in dieser Hinsicht gewiß zutreffend) das Nötige in Kürze gesagt hat: unterscheidet sich doch die Dichtung als *Kunst* zweifellos dadurch grundlegend vom Mythos, daß letzterer auch in »schlechtester Übersetzung«, die eine Dichtung ruinieren würde, seine »Substanz« – als erzählte Geschichte – bewahrt (ungeachtet der Erzähl*weise*, auf die es in der Dichtung wesentlich zugleich ankommt).[220] Entsprechendes kann auch von der Substanz der archetypischen Bildgeschichten gelten, die ja durch Übersetzung, deren es hier sogar bedarf, ebensowenig soll zerstört werden können.[221] Zwar besteht Jung auf einer *gegenwartsadäquaten* Übersetzung des mythologischen Archetypus durch die Kunst; aber dieses Postulat betrifft deren ›soziale Bedeutsamkeit‹ und nicht zugleich ihren Charakter des Ästhetischen oder gar des Schönen, dessen kunsttheoretische Einverleibung sich Jung vielmehr – anders als Freud – völlig versagt hat. Was die Kunst letztlich vom Archetypus unterscheidet, ihr eigentlicher Kunstcharakter, wird hier nicht verhandelt, sondern ist – wie schon bei Freud, aber eben konsequenter als dort – systematisch ausgeklammert. Die Freudsche Lücke der psychoanalytischen Kunsttheorie wird bei Jung sozusagen lupenrein.[222]

Es ist hier nicht der Ort, die Basistheorien, auf denen die Thesen zur Kunst bei Freud oder Jung beruhen, als solche weiter zu erörtern. Denn ob und wie weit jene (mehr oder weniger spekulativen) Modelle des individuellen oder kollektiven ›Unbewußten‹ rekonstruierbar sind, kann hier dahingestellt bleiben. Ließ sich doch unabhängig von der Frage nach ihrer Geltung zeigen, daß und warum die angeschlossenen Kunsttheorien das ausschlaggebende Problem – die Grundbegriffe der Ästhetik – nicht klären. Während Strukturalisten wie auch Materialisten eben das auf Grund ihrer Basistheorien zu leisten beanspruchten, haben Freud und Jung im Namen der Psychoanalyse einen solchen Anspruch denn auch nicht erhoben, sondern strikt zurückgewiesen. Aber es legen sich abschließend noch einige weitere vergleichende Hinweise nahe, zunächst und besonders zum Verhältnis von psychoanalytischer und materialistischer Kunsttheorie. Ist doch kaum zu übersehen, daß vor allem Herbert Marcuse – so sehr sich seine Ästhetik von der psychoanalytischen Kunsttheorie unterscheidet, ja ihr in wesentlichen Punkten geradewegs zuwiderläuft – von der Freudschen Psychoanalyse andererseits durchaus angetan war. Eine entsprechend zwiespältige Wechselbeziehung ist im übrigen weithin für die unorthodoxen Flügel der materialistischen wie der psychoanalytischen Schule kennzeichnend. Worin liegt hier also genauerhin das Trennende, worin das offenbar gleichwohl Verbindende?

Trennend ist insbesondere, was man kurz die *psychoanalytische Depotenzierung der Kunst* nennen kann, während ihr die materialistische Ästhetik doch zunehmend einen denkbar hohen Rang beimißt. Freud hatte die Funktion des Ästhetischen, der Formschönheit auf eine ›Vorlust‹ im listigen Dienst egoistischer Tagträume reduziert; Marcuse dagegen sieht darin eine Kraft, die richtungweisend Lebenswirklichkeit verändern kann, indem sie deren Grenzen – nicht narzißtisch, sondern gesellschaftsutopisch – übersteigt. In der ›Abwehr‹-These der Schüler wird die ästhetische ›Form‹ gar zum Anwalt des Realitätsprinzips, zur Kompromißinstanz zugunsten der herrschenden Norm, kurz: zum Prinzip der Anpassung; Marcuse dagegen sieht in ihr just die ›entfremdende Macht‹ der Kunst, ihr ›kritisches‹, ja ›radikales Potential‹ gegenüber dem Bestehenden[223], kurz: nicht Anpassung, sondern Rebellion. Beidemal steht die psychoanalytische Vorstellung einer so oder so dienstbereiten Kunst gegen Marcuses Vorstellung einer (bei aller affirmativen Gebundenheit) letztlich autonomen Kunst: nämlich als autonome Instanz der Utopie gegen deren individuell-narzißtische wie gesellschaftlich-repressive Verkürzung. Allen Freudianischen Versionen gemeinsam ist schließlich die Depotenzierung der Kunst zum Analysanden, dem der Analytiker allemal an Tief- und Weitsicht überlegen ist; bei Marcuse dagegen stellt die Kunst, kraft ihrer ›Transzendenz‹, alle sonstige Tief- und Weitsicht in den Schatten (und bei Adorno vollends in Frage). Kurz: auf der einen Seite Kunst als Analytikum, als Patient; auf der anderen Kunst als Diagnostiker, als Therapeut, als Arzt ohnegleichen.

An diesem das Trennende zuspitzenden Punkt soll allerdings

nicht verschwiegen werden, daß es bei Freud trotz allem einige Passagen gibt, wo er seinerseits die Kunst aus der obstinaten Rolle des Analysanden in die des Analytikers, ja des beneidenswert besseren Analytikers, überwechseln läßt. So nennt Freud die Dichter einmal »wertvolle Bundesgenossen«: sie seien »in der Seelenkunde« sogar »weit voraus, weil sie da aus Quellen schöpfen, welche wir noch nicht für die Wissenschaft erschlossen haben«, ja wovon »unsere Schulweisheit sich noch nichts träumen« lasse (7, 33).[224] Andernorts heißt es, ebenfalls mit Bezug auf die Dichter: »man darf wohl aufseufzen bei der Erkenntnis«, daß es jenen gegeben sei, »die tiefsten Einsichten doch eigentlich mühelos heraufzuholen«, zu denen »wir anderen« – und hier sind allen voran die Psychoanalytiker selbst gemeint – »uns durch qualvolle Unsicherheit und rastloses Tasten den Weg zu bahnen haben« (14, 493). Und das gelte sowohl für die selbsterhellende Durchsicht des Dichters durch den »Wirbel der eigenen Gefühle« (14, 493) als auch für seine »Feinfühligkeit für die Wahrnehmung verborgener Seelenregungen bei anderen« (8, 66). Da ist also die psychoanalytische Entmächtigung der Kunst offenbar ins Gegenteil gewendet. Wollte man Freud hier freilich beim Wort nehmen, liefe das auf eine Infragestellung, ja Widerrufung seiner Kunsttheorie insgesamt hinaus. Aber davon kann keine Rede sein. Vielmehr wird der offenbar unbemerkt zutage tretende Widerspruch bei Freud denn auch nicht erörtert, geschweige denn vermittelt. Jene vereinzelten Gegenvoten sind mit anderen Worten nirgends in die Freudsche Kunsttheorie integriert, sie gehören nicht systematisch dazu. Aufs Ganze gesehen, bleibt es entschieden bei jener psychoanalytischen Depotenzierung der Kunst, deren Fragwürdigkeit allerdings durch derlei signifikante Selbstdementi, und seien sie nur am Rande geäußert, wider Willen unterstrichen wird.

Angesichts der charakterisierten Diskrepanz muß es um so erstaunlicher erscheinen, daß jedenfalls die unorthodox materialistische Kunsttheorie fortschreitend, und zumal durch Marcuse, der Freudschen Psychoanalyse gleichwohl erhebliches Gewicht beimißt. Wo also liegt, dem eindeutig Trennenden zum Trotz, das dennoch Verbindende? Was fasziniert hier offenbar trotz allem an der psychoanalytischen Gegenposition? Zumindest zweierlei. Erstens kann die Psychoanalyse *in entsprechendem Licht* als ein Applikationsmodell ideologiekritischer Intentionen gesehen werden: der Intention insbesondere, durch kommunikativ vermittelte

Selbstreflexion (wie im analytischen Gespräch) hinter die Oberfläche des vordergründig ›bewußten‹ Selbstverständnisses in kritischer Absicht zurückzugehen. (Ob der Freudsche Ansatz diese emanzipatorische Fassung freilich von sich aus hergibt oder ob da die Rekonstruktion aus dem, was sie vorfindet, am Ende etwas eher Verschiedenes macht, ist eine andere Frage, auf die ich in kunsttheoretischer Hinsicht zurückkomme.) Zweitens bringt die Psychoanalyse das Moment der Sinnlichkeit, zumal der erotischen Sinnlichkeit, wie nie zuvor – über und gegen die Grenzen des bislang Schicklichen – im Namen tabufreier wissenschaftlicher Aufrichtigkeit, als Elementaranspruch des Menschen seit Kindesbeinen, zur Geltung. Und dieser Punkt ist nun ideologiekritisch wie kunsttheoretisch unmittelbar einschlägig. Zwar hat schon die traditionelle Ästhetik von Platon bis Kant und Hegel immer gewußt, daß die Sinnlichkeit der Kunst für ihren Begriff wesentlich ist; aber erst im Anschluß an Marx und Freud konkretisiert sich jenes eher abstrakte Wissen im Blick auf vitale menschliche Bedürfnisse in unerhörter Weise.[225] Auf dem Boden der angedeuteten emanzipatorischen Vermittlung von Psychoanalyse und Ideologiekritik wird dieser kunsttheoretische Wandel – mit der Akzentuierung der Sinnlichkeit der Kunst und des Lustcharakters dieser Sinnlichkeit – beispielhaft bei Marcuse deutlich:

»Alle Verdinglichung ist ein Vergessen.« Die Kunst kämpft gegen die Verdinglichung, indem sie die versteinerten Menschen und Dinge zum Sprechen bringt – zum Singen, vielleicht auch zum Tanzen. Das Vergessen vergangenen Leids und vergangenen Glücks erleichtert das Leben *unter* dem repressiven Realitätsprinzip; die Erinnerung will das Vergehen des Leids und die Ewigkeit der Lust – *gegen* das Realitätsprinzip. Ihr Wille ist ohnmächtig: das Glück selbst ist an Leid gebunden. Aber wenn die Erinnerung im Kampf für die Veränderung aufbewahrt ist, wird auch um eine noch immer in den Revolutionen unterdrückte Revolution gekämpft.

Und zwar um die »Stillegung des Willens zur Macht« und die (sich damit allererst wirklich eröffnende) »Befriedigung im Genuß des Daseienden«.[226]

In solcher Verschmelzung von Ideologiekritik und Psychoanalyse wird die Freudsche Depotenzierung der Kunst nicht mehr nur am Rande, sondern im systematischen Kern aufgehoben – aber eben doch ganz im Sinne Marcuses. Zwar scheint sich Marcuse dabei Freud insofern anzunähern, als er die ideologiekritische Zukunftsperspektive materialistischer Utopie als (postromantische) ›Erinnerung‹ an ein vergangenes, ursprüngliches ›Glück‹ – vor aller Verdinglichung, vor aller Entfremdung – zurückbindet (mit Freud zu reden: an den Status vor dem »schmerzlichen Übergang vom Lust- zum Realitätsprinzip«[227]). Aber die erinnernde Kunst ist bei Marcuse, wie gesagt, zukunftsengagiert: für eine konkrete Utopie, deren Prämissen und Glaube Freud nicht teilte, sondern im Namen der Psychologie skeptisch einschätzte, ja prinzipiell zurückwies[228]; und sie ist bei Marcuse kraft ihrer ›ästhetischen Form‹ engagiert, die für Freud niemals Hauptsache und schon gar nicht in utopischer Absicht gewesen war, sondern Nebensache, Randbedingung in narzißtischer Absicht: listiger Verbündeter tagträumerischer Hab- und Machtgier, deren ›Stillegung‹ im Gegenteil Marcuse als die wesentliche utopische Potenz der Kunst und ihrer Sinnlichkeit postuliert. Insofern bleibt Marcuses kunsttheoretische Verschmelzung von Psychoanalyse und ideologiekritischem Materialismus eine eher terminologische Synthese, in der die originäre Freudsche Kunsttheorie jedenfalls nicht wiederzufinden ist – und das prominente Beispiel Marcuses steht für etliche entsprechende Vermittlungsversuche von beiden Seiten. Im übrigen hat die materialistische Umarmung der Freudschen Psychoanalyse zwar zur Bekräftigung und Pointierung der sinnlichen Relevanz von Kunst geführt; aber am Stand des materialistischen Beitrags zur begrifflichen Bewältigung der ästhetischen Grundunterscheidungen hat das im wesentlichen nichts geändert.

Die psychoanalytische Kunsttheorie hat ihrerseits freilich zur Lösung dieser Grundfragen der Ästhetik erst recht wenig beigetragen. Zwar war sie wie keine andere Schule sonst bemüht, jene sinnliche Relevanz der Kunst, ihren offenen oder heimlichen Lustcharakter, ihre erotische Potenz hervorzutreiben. Aber sie hat kaum etwas dazu getan, den Zusammenhang zwischen dem unterstellten sinnlichen Gehalt der Kunst mit deren eigener Sinnlichkeit aufzuklären: nämlich mit der Sinnlichkeit ihres Zeichencharakters. Gewiß sind Dichtung und Kunst in einem elementaren Verständnis allemal ›sinnlich‹, sonst könnten sie von niemandem gehört oder gesehen werden. Aber das gilt nicht nur für die Sprache der Künste, sondern für alle Sprachen, für alle Zeichen: als Gegenstände der Wahrnehmung sind sie trivialerweise samt und sonders ›sinnlich‹. Die Frage ist also vielmehr, was die ›formal‹ oder ›ästhetisch‹ oder ›schön‹ genannte Sinnlichkeit des

Kunstwerks von der allen Zeichengebilden ohnehin eignenden Sinnlichkeit unterscheidet und was die ›ästhetisch‹ genannte Lust daran ausmacht. Hier wiederholt und präzisiert sich die Frage nach der ästhetischen Differenz der Kunst als Frage nach der spezifischen ›Sinnlichkeit‹ ihres Zeichencharakters. Und dazu hat gerade die ›inhaltlich‹ am meisten auf die sinnliche Relevanz der Kunst und ihren Lustcharakter pochende psychoanalytische Schule wenig zu sagen: zumal weit weniger als die Konkurrenz der eher lustlos trockenen Strukturalisten.[229]

In dieser fundamentalen Hinsicht gleicht die tiefenpsychologische Kunsttheorie (einschließlich der Archetypik) eher der materialistischen: wird doch hier wie dort der Versuch unternommen, eine funktionale Bestimmung der Kunst, die Bestimmung ihres Lebenszwecks, zu geben ohne entsprechende Aufklärung des Kunstverfahrens, insbesondere ohne Klärung des Kunstcharakters als Zeichencharakter. Dem gemeinsamen Defizit beider ansonsten ziemlich heterogenen Positionen steht komplementär das der formalistisch-strukturalistischen Schule gegenüber: dort sucht man das Kunstverfahren und seine Zeichenstruktur unter Absehung vom Lebenszweck zu erfassen und erreicht damit ebensowenig den Kunstcharakter als Zeichencharakter, weil das, was ein Zeichen erst zum Zeichen macht – sein Handlungsaspekt – ausgeklammert ist. Auf der einen Seite also sind die Tiefenpsychologen und Materialisten, insofern sie auf den Lebenszweck der Kunst ausgehen, zwar pragmatisch orientiert, aber ihre pragmatische Absicht ist nicht zeichentheoretisch fundiert; auf der anderen Seite sind die Formalisten und Strukturalisten zwar zeichentheoretisch interessiert, aber ihre zeichentheoretische Absicht ist, indem sie den Lebenszweck der Kunst abschneidet, nicht pragmatisch fundiert. Haben die einen ihr pragmatisches Interesse an der Kunst verkürzt, indem sie deren Zeichencharakter übergingen, so haben die anderen ihr zeichentheoretisches Interesse an der Kunst halbiert, indem sie deren pragmatische Dimension unterschlugen. Denn die Frage, *wie* Kunst als Zeichen eigener Art gemacht ist, läßt sich nicht sinnvoll von der Frage trennen, *warum* sie so gemacht ist; und umgekehrt läßt sich die Frage, *warum* Kunst so gemacht ist, ebensowenig sinnvoll ohne die Frage stellen, *wie* sie denn eigentlich gemacht ist. Gesucht wird mithin eine Synthese beider – für sich genommen kunsttheoretisch haltlosen – Halbierungen, kurz: eine *zeichenpragmatische* Ästhetik.

Zwischennotiz

Über den auf die Hauptschauplätze der kunst- und dichtungstheoretischen Zeitgeschichte begrenzten Rahmen dieses ersten Teils
hinaus soll am Ende noch eine junge Schulbildung erwähnt werden, die sich seit etlichen Jahren in der einheimischen Literaturwissenschaft unter dem Namen *Rezeptionsästhetik* entwickelt und
inzwischen bereits ein vernehmliches Echo gefunden hat.[230] Ihr
wesentliches Verdienst liegt – dem Namen entsprechend – darin,
auf den eigentümlichen Anteil der Rezeption bei der Aktualisierung von Dichtung (und analog von Kunst überhaupt) aufmerksam zu machen, der bei den großen Schulen in der Tat vernachläs-
sigt worden war. Stand bei den Formalisten und Strukturalisten
weitgehend oder ausschließlich der Werkaspekt der Kunst, die
künstlerische Darstellung, im Vordergrund (gleichsam losgelöst
von ihrer Produktion wie von ihrer Rezeption), so hatten die
Materialisten und Psychoanalytiker hauptsächlich den Produktionsaspekt im Auge (insbesondere die Bedingungen, unter denen
Kunst entsteht), ohne die Kunstrezeption und deren Besonderheiten hinreichend oder überhaupt zu beachten.

Nun gehört aber zu jedweder Kommunikation offenbar beides
dazu: daß nämlich – durch sprachliche oder andere Zeichen –
jemand etwas (zeichenproduzierend) zu verstehen gibt *und* daß es
von jemandem (zeichenrezipierend) verstanden wird. Eine Zeige-
handlung, die sich nicht auch verstehen ließe, wäre eben gar keine
(und ihre vermeintlichen ›Zeichen‹ wären keine Zeichen). Für ihr
kommunikatives Gelingen ist also ihre Produktion ebenso konstitutiv wie ihre Rezeption, und zwar im Sinne der Einvernehmlich-
keit beider. Und dieses zeichenkonstitutive Junktim wird auch
dann nicht aufgehoben, sondern bleibt grundsätzlich zwingend,
wenn Produktion und Rezeption (unter der Voraussetzung entsprechender zeichen*technischer* Mittel) räumlich oder zeitlich auseinandertreten. Das alles gilt mithin prinzipiell auch für die künstlerische Kommunikation (wie verschieden die Zeichen der Künste auch sein mögen) und in besonders offensichtlicher Weise für
ihre sprachgebundene Form, die Dichtung. Da aber dieser kommunikative Doppelaspekt ja nun im Grunde selbstverständlich
ist, scheint zunächst gar kein Anlaß zu bestehen, im Falle der

Kunst, und zumal der Sprachkunst, eigens darauf zu insistieren. Indes liegt im Blick auf Kunst- und Dichtwerke hier dennoch eine Besonderheit darin, daß die künstlerische Produktion – kaum von ungefähr – häufig einen bemerkenswerten Rezeptionsspielraum eröffnet, der eine kreative Beteiligung durch die rezipierende Aktualisierung von Kunst erlaubt, ja herausfordert und so zu einer dynamischen, oft wechselvollen Rezeptionsgeschichte führen kann.[231] (Man denke beispielsweise an den *Amphitryon*, dessen Rezeption sogar durch Um- und Neudichtung hindurchführt: von Plautus über Molière und Kleist bis zu Giraudoux; an den *Kaufmann von Venedig* und seine bewegte Geschichte bis in heiß diskutierte Neuinszenierungen der Gegenwart; an das sprichwörtlich hintergründige Lächeln der *Mona Lisa*, dessen Deutung Freud eine so überraschende Wendung gab; oder an die Welle des zeitgenössischen Play-back, wo alte Meister mitunter jünger zu klingen scheinen denn je zuvor.)

An diese nicht von der Hand zu weisende Tatsache knüpft die ›Rezeptionsästhetik‹ an. Sie fragt, angesichts jenes offenbar nicht zufälligen Rezeptionswandels, einerseits nach seinen je historischen Bedingungen und andererseits nach den ihn überhaupt ermöglichenden und beflügelnden Mitteln künstlerischer Produktion.[232] Und sie findet solche Mittel insbesondere in den Kunstverfahren der *Unbestimmtheit* oder *Mehrdeutigkeit* und der *Fiktionalität*, die für Dichtung und Kunst eine erhebliche Rolle spielen. Denn ähnlich wie die mehrdeutige Unbestimmtheit künstlerischen Ausdrucks kann auch seine Fiktionalität, die sich ja ihrerseits der Festlegung auf konkret Bestimmtes enthält, jene Rezeptions- und Identifikationsspanne auftun und zu deren kreativer Nutzung provozieren. Die so eröffnete rezeptive Kreativität stößt aber nur dann nicht ins Leere, wenn sie sich auf dem Boden eines entsprechenden Quantums produktiver *Innovation* entfalten kann, auf die hier deshalb ebenfalls gesteigerter Wert gelegt wird. Und damit sind wohl in der Tat wesentliche Verfahrensbedingungen für die dynamische *Geschichtlichkeit* von Kunst getroffen, an der sich das kunsttheoretische Interesse der ›Rezeptionsästhetik‹ entzündet und orientiert hatte.

Nun sind die damit in den Vordergrund tretenden Kunstaspekte freilich in der einschlägigen Theoriegeschichte an und für sich nicht neu, ja sie hatten sogar allesamt in den diskutierten Hauptschulen einen zentralen Platz. Das Moment der künstlerischen

Innovation war ja vor allem durch die Formalisten (wenn auch in quasi technischer Verkürzung) zu kardinaler Geltung gebracht worden; das der *Unbestimmtheit* oder *Mehrdeutigkeit* hatten insbesondere die Strukturalisten (jedenfalls die frühen und dann erneut die späten) systematisch hervorgehoben; dem zwar uralten Kriterium der *Fiktionalität* gaben namentlich die Psychoanalytiker (wenn auch ganz im Sinne ihrer Phantasiebildungstheorie) ein neues, unerhörtes Gewicht; und auf den Gesichtspunkt der *Geschichtlichkeit* der Kunst schließlich hatten auf ihre Weise die Materialisten (wenn auch einseitig auf den Produktionsaspekt bezogen) aufs entschiedenste gepocht. Insofern hat die ›rezeptionsästhetische‹ Bewegung einerseits zwar theoriegeschichtlich wohlbekannte, ja teils traditionsschwere Kunstkriterien aufgenommen, sie aber andererseits im Sinne einer wertvollen Erweiterung des Diskussionshorizonts – nämlich um den von den großen Älteren vernachlässigten Rezeptionsaspekt der Kunst – ungleich fruchtbarer gemacht.[233]

Und es scheint überdies, daß die von der ›Rezeptionsästhetik‹ derart hervorgehobenen Kunstverfahren der Innovation, Unbestimmtheit und Fiktionalität just diejenigen sind, die sich gegenwärtig – durch alle Errungenschaften und Irrwege der erörterten gut hundertjährigen Theoriegeschichte hindurch und über die Grenzen und Zwistigkeiten der großen und kleinen Schulen hinweg – als ziemlich allgemein anerkannte Kunstkriterien herausstellen und behaupten. Damit treten sie neuerdings als favorisierte Kandidaten für die noch und wieder fällige Bestimmung des Kunstcharakters der Kunst auf den Plan. Ob und wie sie solche Erwartung nach allem erfüllen – diese Frage greift im folgenden der systematische zweite Teil wieder auf.

Teil II

Grundbegriffe der Ästhetik
Entwurf einer
systematischen Alternative

Vorbemerkungen

Das Verstummen der Philosophie vor der Kunst, die vormals zu ihren meistberedeten Gegenständen zählte, gehört in den Zusammenhang ihres ›Schweigens zu den Lebensproblemen‹.[1] Philosophie scheint sich hier selbst ebensowenig zuzutrauen, wie ihr seitens der Künstler und der Kunstwissenschaftler noch zugetraut wird, die inzwischen Kunsttheorie längst in eigene Hände übernommen haben. Die Ergebnisse sind unterschiedlich. Künstlerästhetiken mögen zwar aufs Leben abstellen, pflegen aber jeden begrifflich-systematischen Rahmen zu verachten. Was bleibt, sind vage Bekenntnisse. Einzelwissenschaftliche Kunsttheorien mögen zwar aufs Handwerk des Beschreibens und Analysierens ausgehen, büßen aber dabei – je perfekter, desto mehr – an Relevanz ein. Was bleibt, sind Restkriterien des Ästhetischen: Innovation, Mehrdeutigkeit, Fiktionalität (usf.): Sorten von Verfahren, die nichts weiter über ihren Sitz im Leben besagen. Daran ändert auch die gegenläufige Intention der Einbindung von Kunst in Geschichte und Gesellschaft nichts. Man müßte zuvor wissen, was Kunst ist, um sie in Geschichte und Gesellschaft einzubinden. Ohne begriffliches Fundament ist nicht nur keine Ästhetik als philosophische Disziplin möglich, sondern auch keine fundierte Wissenschaft von den einzelnen Künsten. Daß solche faktisch floriert, ändert daran wiederum nichts. Kann man doch bücherweise über Kunst handeln und das Wort ›ästhetisch‹ dauernd im Munde führen, ohne daß irgendwann irgendwo deutlich würde, was damit eigentlich gemeint ist.

Und in der Tat wird von dieser Vokabel in den Kunstwissenschaften nach wie vor reichlicher Gebrauch gemacht, während das Prädikat ›schön‹ hier nicht mehr vorkommt. Gerade dort scheint aber doch der Lebensbezug am ehesten gewährleistet zu sein. Denn das Wort ›schön‹ hat jedenfalls seinen Ort in der gewöhnlichen Sprache des Lebens und stand entsprechend, seit der antiken Philosophie, auch immer im Mittelpunkt der einschlägigen Reflexion, während erst spät, mit Alexander Gottlieb Baumgarten, das bildungssprachliche Kunstwort ›ästhetisch‹ dazukam.[2] Aber der sonst bewährte Rückgang auf die gewöhnliche Sprache

führt hier erst recht in ungewöhnliche Sprachverwirrung. Das
ließe sich à la Tucholsky ungefähr so illustrieren:

»Schön, daß wir uns treffen, Wendriner. Wirklich schön praktisch hier.
Und das schöne Wetter, und die schöne Aussicht, und dieser schöne
Landwein!«
   »Alles schön und gut, mein Lieber. Aber was sagen Sie zur letzten
Neuigkeit aus dem Ministerium? Eine schöne Bescherung, um nicht zu
sagen, eine schöne . . .«
   »Aber, aber, Wendriner! – Apropos schön. Haben sie noch den alten
Grock erlebt? Immer wenn der ›schööön‹ sagte (mit drei Öh, versteht
sich), dann tobte der ganze Zirkus, und keiner wußte warum. Nie gesehen?
Schade. Na schön, denn wolln wir mal!«

Das sind etliche Varianten, und falls die kunsttheoretisch relevante – eben die ästhetische – darunter ist, weiß man nicht, was sie
mit den übrigen gegebenenfalls gemein hat.
   Deshalb werde ich bei den erwähnten Restkriterien der Kunst
beginnen: Restkriterien, wie gesagt, in bezug auf das darin nicht
mehr erkennbare Leben. Restkriterien aber auch im Hinblick auf
die große spekulative Theorietradition, die diesen Lebensbezug
noch hatte, ihn aber nach der sprachkritischen Wende der neueren
Philosophie so nicht aufrechterhalten konnte. Immerhin wird
man unterstellen dürfen, daß selbst Restkriterien jedenfalls aus der
Sache, nämlich einem langen Umgang mit der Kunst, resultieren.
Ich werde zeigen, warum sie gleichwohl nicht ausreichen und wo
ihr Defizit liegt, um von daher eine Grundbestimmung des Ästhetischen neu anzugehen. In deren anschließender Ausarbeitung
konzentriere ich mich vor allem auf die Begriffe ›ästhetisch‹,
›ästhetisch-wahr‹ und ›ästhetisch-schön‹ als die wichtigsten.
   Dabei gehe ich so vor, daß ich mich zunächst in der Hauptsache
an die von Kant so genannte ›redende Kunst‹ halte, also an die
Literatur im Sinne von Dichtung[3], die auch in der Tradition als die
Kunst der Künste galt. Diese methodisch vorläufige Einschränkung eröffnet die Chance, im Blick auf so Verschiedenartiges wie
Bildnisse, Gedichte, Bauwerke, Symphonien oder Happenings
der Gefahr zu entgehen, entweder dauernd im Ungefähren oder,
wo es einmal genauer wird, immer von etwas anderem zu reden.
Dann erst beziehe ich, unter Erweiterung der so gewonnenen
Grundbegriffe, auch die anderen Künste in die Erörterung ein.
Und ich will schließlich die Frage beantworten, ob und wie die
kunsttheoretisch präzisierten Unterscheidungen auch auf Nicht-

Kunst, vor allem auf Naturdinge, anzuwenden sind – wie das in der Umgangssprache mit dem Wort ›schön‹ seit eh und je geschieht. Es versteht sich für jeden, der den Diskussionsstand ein wenig kennt, daß ein solches Unterfangen kaum allseits befriedigend ausgehen kann. Gewiß Grund genug, Erwartungen hier bescheiden zu halten. Aber doch nicht Grund genug, den Versuch nicht wenigstens zu wagen.

1. Restkriterien des Ästhetischen

Das respektabelste unter ihnen ist wohl das der *Innovation* im Sinne der Eröffnung neuer ›Wahrnehmung‹, neuer ›Sinnhorizonte‹ oder ›Sinnereignisse‹ oder wie entsprechende Formulierungen sonst lauten. Hier bleibt auch der Lebensbezug zunächst noch gewahrt. Allerdings kommt neue ›Wahrnehmung‹ oder neuer ›Sinn‹ insbesondere durch neue Unterscheidungen (oder Unterscheidungszusammenhänge) zustande. Und neue Unterscheidungen werden allenthalben getroffen. Auch und vor allem in den Wissenschaften, die geradezu als das außerästhetische Gegenstück zu den Künsten gelten.[4] Ist doch wissenschaftliche ›Arbeit des Begriffs‹ wesentlich innovatorisch, eröffnet mithin neue ›Wahrnehmung‹ oder neuen ›Sinn‹, nicht selten im Umfang neuer ›Sinnhorizonte‹ oder mit dem Gewicht von ›Sinnereignissen‹. Man denke an die Entdeckung der Vernunft in der griechischen Antike, an die kopernikanisch-galileische Wende, an Kants Begriff des ›Transzendentalen‹ oder an Wittgensteins ›Sprachspiel‹. Zwar mag mit einem emphatischen Gebrauch von ›Wahrnehmung‹ oder ›Sinn‹ hier etwas anderes, Besonderes gemeint sein. Aber was?

Eine andere Fassung des Innnovationsarguments stellt denn auch auf die *Verfahren* des ästhetischen Artefakts ab, die besondere Aufmerksamkeit beanspruchen. Aber es können ja bei Artefakten jedweder Art (einschließlich Texten) subtile und gegebenenfalls neue Herstellungsverfahren Anlaß zu besonderer Aufmerksamkeit geben, wenn man sie und damit das Artefakt selbst erfassen will. Und auch die Zusatzbedingung der Suspendierung des Interesses an praktischer Verwertung zugunsten eines reinen Interesses am Verfahren als solchem reicht noch nicht. Kann doch auch das Verfahrensinteresse des Bastlers ganz von jedem praktischen Nutzen absehen, ohne daß deshalb dieses ausgesprochen technische Interesse zu einem ästhetischen würde.

Zu den heute bevorzugten Kunstkriterien zählt auch das der *Unbestimmtheit* oder *Mehrdeutigkeit*. (Da ist auch gern von ›Offenheit‹ auf Grund sogenannter ›Leerstellen‹, ›Ambiguitäten‹ oder ›Polyvalenzen‹ die Rede.) Aber auch politische Texte sind, wie jedermann weiß, oft in hohem Maß unbestimmt oder mehrdeutig, ohne damit die geringste literarische Qualität zu gewinnen – im

Gegenteil. Und für Verfassungs- und Gesetzestexte sind kalkulierte Leerstellen wesentlich, deren Ausfüllung der Interpretation durch künftige Willensbildung überlassen bleiben soll. Und um hier vollends den Anschein des Ästhetischen ad absurdum zu führen, lassen sich als Texte notfalls auch Zahlenreihen aufstellen, die hinsichtlich ihrer Leerstellen (innerhalb und am Ende der Reihe) mehrere, ja unbestimmt viele Möglichkeiten der Füllung und Anschließbarkeit eröffnen. Mit Kunst hat das offenbar noch weniger zu tun als Rorschach-Testbilder, die trotz hochgradiger Unbestimmtheit oder Vieldeutigkeit kaum zu den Gipfelleistungen bildender Kunst zählen.

Ein letztes favorisiertes Kriterium, vor allem auf den sprachästhetischen Bereich gemünzt, ist das der *Fiktionalität*.[5] Aber nicht nur Romane – auch Hypothesen, Planungsmodelle oder Rechenaufgaben können fiktional sein, ohne darum ästhetisch bedeutsam zu werden. Und umgekehrt brauchen ästhetische Texte überhaupt nicht fiktional zu sein – etwa Naturlyrik (von ausgesprochen dokumentarischer Literatur ganz abgesehen).[6] Und schließlich kann auch die öfters damit verbundene Zusatzbestimmung der *Exemplarität* – der Darstellung oder, wie es auch heißt, des ›Zeigens‹ eines Allgemeinen im Besonderen – hier trotz ihres Traditionsgewichts nichts spezifisch Ästhetisches beibringen. Ist doch jede Angabe von Beispielen, seien sie fingiert oder nicht, ein Zeigen des Allgemeinen im Besonderen: jenes Allgemeinen nämlich, für das die Beispiele eben Beispiele sind.[7]

Kein Zweifel, daß alle genannten Eigenschaften eine bedeutende Rolle in Kunst und Literatur spielen. Daß sie dennoch, ob einzeln oder gebündelt, zur Charakterisierung des Ästhetischen nicht ausreichen, hat seinen Grund in ein und demselben Mangel: Sie sagen nicht, um was für eine besondere Art von Innovation, Verfahren, Unbestimmtheit (usf.) es sich in der Kunst gegebenenfalls handelt. Offenbar nämlich nicht, wie wir gesehen haben, um beliebige Innnovation, nicht um beliebige Verfahren, nicht um beliebige Unbestimmtheit, Fiktionalität oder Exemplarität. Kurz: *Alle diese Kriterien besagen nichts darüber, was* denn eigentlich durch *Kunst* (im Unterschied insbesondere zur Wissenschaft) *vermittelt* werden soll. Das ist ihr durchgängiges, elementares Defizit. Was als Rest bleibt, sind eben deshalb Restkriterien des Ästhetischen.

Die Ausnahme macht hier die altvertraute Auffassung, daß das Wesen der Kunst im *Hervorbringen von Gefühlen* bestehe. Und in der

Tat scheint das zunächst eine Lösung zu sein, weil Kunst ja offenbar weder theoretisches noch unmittelbar praktisches Wissen befördert, wohl aber erheitern, erregen oder auch zu Tränen rühren kann. In seiner ausgeprägtesten Form wird dieser Standpunkt dichtungstheoretisch im Rahmen der sogenannten Emotive Theory of Meaning vertreten.[8] Danach *bedeutet* ästhetische Sprachverwendung strenggenommen nichts, sondern *bewirkt* gewisse Reaktionen: eben Gefühle, Stimmungen oder Haltungen. Aber gerade am Paradigma der Sprachkunst wird deutlich, wo nunmehr die Sache ihren Haken hat. Kommt hier doch allenfalls ein (im Austinschen Sinn) *perlokutionärer* Aspekt in den Blick.[9] Dichtung mag Gefühle (›perlokutionär‹) im Gefolge haben oder nicht: auf jeden Fall muß sie etwas zu verstehen geben und verstanden werden können. Und sie muß als *ästhetische* Rede anderes zu verstehen geben denn nicht-ästhetische Rede, wenn da ein Unterschied sein soll. Diese ausschlaggebende *illokutionäre* Differenz, die von den Emotivisten übersprungen wird, ist aber von etwaigen Gefühlen, die von ihr abhängen mögen, selbst ganz und gar unabhängig. Ja, Bedeutungen sind auch dann nicht identisch mit Gefühlen, wenn gegebenenfalls Gefühle bedeutet werden. Dieser emotivistische Verwechslungssprung, der das Verstehen unterschlägt und an seine Stelle unvermittelt gewisse psychologische ›Wirkungen‹ setzt, ist der ruinöse Mangel der *Gefühlsästhetik* insgesamt, in bezug auf alle ›Sprachen‹ der Kunst. Mit anderen Worten: die Psychologisierung der Kunsttheorie wird (selbst wenn sie neuerdings in zeichentheoretischem Gewand auftritt) dem Zeichencharakter der Kunst nicht gerecht, weil sie deren kommunikativen Handlungscharakter – produktiv wie rezeptiv – verfehlt.

2. Ansatz zu einer Neudefinition

Zu dem so hinterlassenen Problem vertrete ich nun die folgende These: Nicht zwar das Bewirken von Gefühlen kann *Grundlage für eine Definition ästhetischer Sprachverwendung* sein, wohl aber die *Artikulation von Bedürfnissen*. Dazu einige systematische Vorbemerkungen.[10]

Im elementaren Fall sind Bedürfnisartikulationen Aufforderungen oder Wunschäußerungen zur Erhaltung oder Veränderung von Situationen.[11] Die jeweils erstrebten Situationen heißen danach – soweit sie nicht *nur* um anderer Situationen willen, also rein instrumental, erstrebt werden – auch selber kurz ›Bedürfnisse‹. Geeignete Aufforderungszusammenhänge (an denen man nicht nur als Zuschauer, sondern auch als selber Betroffener beteiligt ist) stehen damit zu exemplarischen Bedürfnisunterscheidungen zur Verfügung: ›Durst‹, ›Freude‹, ›Heimweh‹, oder allgemeiner: ›Angenehmes‹ und ›Unangenehmes‹. Im Rekurs auf die zugrundeliegenden Einführungsbeispiele läßt sich mithin vorderhand auch intersubjektiv beurteilen, ob die Verwendung solcher Unterscheidungen (»das ist angenehm«, »jenes ist unangenehm«) situationsbezogen zutrifft oder nicht. Allerdings ist hier im wesentlichen Unterschied zu sonstigen Unterscheidungen (wie ›schwarz‹ und ›weiß‹) auch eine individuelle Fortsetzung der Beispielreihe möglich und legitim: »das ist *mir* angenehm« (mag es anderen auch gleichgültig oder unangenehm sein), »ich habe Heimweh« (mögen die anderen auch guter Dinge bleiben). Das heißt dann genauerhin: meine Bedürfnislage ist in der gegebenen Situation so, wie sie uns allen aus den gemeinsamen Situationsbeispielen vertraut ist, in denen wir die entsprechende Bedürfnisunterscheidung gelernt haben. Und in genau diesem Sinn lassen sich schließlich auch Fremderfahrungen jemandem, dem sie bislang oder überhaupt ›am eigenen Leibe‹ unzugänglich sind, durch Vergleich mit und Kombination von gemeinsam vertrauten Bedürfnisunterscheidungen und Situationscharakterisierungen wenigstens in Grenzen dennoch mitteilen (etwa wenn eine Frau Widerfahrnisse der Schwangerschaft oder Geburt dem eher ahnungslosen Mann gleichwohl recht und schlecht sprachlich nahezubringen versteht). Ohne einen Fundus gemeinsamer, allgemeiner Bedürfnisse könnte also einerseits von individuellen Bedürfnissen – sei es im gruppenspezifischen oder, erst recht, im persönlichen Sinn – keine Rede sein. Andererseits steht aber mit diesem unbestreitbaren Fundus zugleich ein (mehr oder weniger) individueller und in diesem Sinn *subjektiver* Sprachgebrauch offen, der freilich weder der kommunikativen Intersubjektivität noch der Wahrheitsfähigkeit Abbruch tut und im übrigen – kraft eben dieses einzigartigen Junktims von Subjektivität und Intersubjektivität – für die Würde des Menschen konstitutiv ist.

Zur Unterscheidung insbesondere von behauptender (›apophantischer‹) Rede nenne ich bedürfnisartikulierende Rede auch kurz ›endeetisch‹ (nach dem griechischen ἐνδεής, bedürftig).[12] Daß endeetische Rede von der apophantischen verschieden ist, läßt sich gemäß dem bisher Gesagten deutlich am differierenden Wahrheitsstatus zeigen. Die Wahrheit von Bedürfnisäußerungen ist letztlich identisch mit deren Wahrhaftigkeit (wenngleich gerade hier die Wahrheitsfrage – als Frage nach Übereinstimmung von Reden und Leben – durchaus bohrend, ja desillusionierend sein mag). Dagegen können selbst vollkommen wahrhaftig geäußerte Behauptungen dennoch falsch sein und bedürfen deshalb weiterer Begründung. Entsprechend können verschiedene Menschen in derselben Situation individuell verschiedene Bedürfnisse haben und wahrheitsgemäß äußern, nicht aber individuell divergierende und allemal wahre Meinungen. Das heißt: apophantischer Widerspruch tut, auch wenn er ›Pluralismus‹ genannt wird, der Wahrheit zwangsläufig Abbruch, endeetischer Pluralismus dagegen nicht. Mag auch (nichtillusionäres) Glück sich in wesentlichen Zügen gewiß ebenso gleichen wie (nichtillusionäres) Unglück, so liegt doch andererseits die individuelle Verschiedenheit dessen, was je Glück oder Unglück für eine Gruppe oder für den einzelnen ausmacht, nicht weniger auf der Hand. Der Volksmund sagt: »Was dem einen sin Uhl, ist dem andern sin Nachtigall«. Und er hat damit zwar nicht im apophantischen, wohl aber im endeetischen Sinn recht und trifft sogar eines der wesentlichen Merkmale, das uns gegenüber den Tieren – Uhl wie Nachtigall eingeschlossen – als Menschen auszeichnet. Sind doch menschliche Bedürfnisse, als menschliche, nicht uniform: weil sie sich einerseits über *natürlich* primäre Bedürfnisse der Lebens- und Arterhaltung hinaus bis zu *kultürlich* ›letzten‹ oder ›höchsten‹ Identitätsbedürfnissen erstrecken und sich andererseits auf diesem Wege geschichtlich wandeln und, gruppenspezifisch wie persönlich, *individualisieren.*

Nun bedeutet die Verfügbarkeit von Bedürfnisunterscheidungen, die eine Situationsbeschreibung samt entsprechender Aufforderung oder Wunschäußerung, oft mit nur einem Wort, typisierend ersetzen, einen beträchtlichen Kommunikationsgewinn. Sonst müßte im Rahmen lebenspraktischer Sprachökonomie die Artikulation von Bedürfnissen im Ansatz steckenbleiben. Andererseits werden, durch die damit zwangsläufig verbundene Schematisierung, der Bedürfniskommunikation zugleich auch Grenzen gesetzt, die sich umso empfindlicher auswirken, je individueller eine Situation ausfällt und je subjektiver sich jemand in ihr befindet. Auch für die konkrete Bedürfnissituation gilt die klassische Formel: individuum est ineffabile. Demgegenüber bleiben konkrete Bedürfnislagen in ihrem individuellen und geschichtlichen Wandel – hinsichtlich ihrer Erfülltheit wie Unerfülltheit – in der gewöhnlichen Sprache des praktischen Lebens klischeehaft undifferenziert oder ganz unausgesprochen. Und sie bleiben damit auch für das eigene Selbstverständnis im Dunkeln. Kurz: die endeetische Kommunikationspotenz der gewöhnlichen Sprache ist angesichts konkreter Bedürfnissituationen unzulänglich, wie jeder am eigenen Leibe weiß, ja rudimentär.

Auf dieses existentielle Artikulationsdefizit antwortet – und das ist fürs erste die fällige Ergänzung der Ausgangsthese – eine von unmittelbar lebenspraktischen Zwängen sich (mehr oder weniger) freistellende Institution, die wir *Dichtung* oder *Literatur* nennen.[13] Dabei muß man sich klarmachen, daß Bedürfniskommunikation die Bedürfnislage, in der sie geschieht, selbst entscheidend prägt (auf der produktiven wie auf der rezeptiven Seite). Und zwar nicht allein in dem Sinn, daß Artikulationsgelingen, hier zumal, befreienden Charakter hat – erst recht, wenn das, was zu sagen war, vollkommen gesagt ist. Sondern überdies in dem elementaren Sinn, daß Sprache der menschlichen Erfahrung überhaupt ja nicht etwa äußerlich oder nachträglich ist, sondern für alle Erfahrung, auch für Bedürfniserfahrung, zu ihrem Teil konstitutiv. Deshalb ist Dichtung, indem sie jenes Artikulationsdefizit überwindet, zugleich Promotor neuer, bisher verschlossener oder verschütteter, Bedürfniserfahrung – kurz: bedürfnisinnovativ.

3. Grundbestimmung des Ästhetischen

Daß es in Dichtung und Literatur tatsächlich um die Entfaltung solcher Erfahrung in der Vergegenwärtigung von Bedürfnissituationen geht, ist schon bei einer grob thematischen Betrachtungsweise unübersehbar: von den exemplarischen Irrfahrten des Odysseus, den Liebesliedern der Sappho und den Verstrickungen der attischen Tragödie zu Beginn der abendländischen Dichtung bis zu den Schrumpfexistenzen der Moderne bei Beckett. Wesentlich ist, daß sich das thematische Vorverständnis bestätigt im genaueren Blick auf die Verfahren solcher Vergegenwärtigung, vom Facettenreichtum epischer Breite bis zur Konzentration lyrischer Dichte. Dabei liegt die der gewöhnlichen Sprache *überlegene Artikulationspotenz* nicht allein in der Fülle oder Präzision bedürfnisrelevanter Situationsdetails, nicht allein in der Vervielfältigung und Differenzierung expliziter Bedürfnisunterscheidungen, sondern vor allem (und gegebenenfalls ausschließlich) *auf der konnotativen Ebene*, die es erlaubt, Situationen *unausdrücklich* als Bedürfnissituationen zu vergegenwärtigen.

Der schlichteste Fall endeetischer Konnotation ist eine auch in der Umgangssprache geläufige Form der Wertkonnotation: die Bekundung einer positiven oder negativen Betroffenheit durch etwas, wie sie Gottlob Frege (wenn auch psychologistisch irreführend) analysiert und scharfsichtig als Paradigma dichterischer Rede durchschaut hat.[14] Wer etwa metaphorisch sagt, daß ›die Sonne lacht‹, sagt ja nicht nur explizit etwas über die Sonne, nämlich daß sie scheint, sondern bekundet inexplizit auch etwas von sich selbst als Bedürfnissubjekt, nämlich daß ihm das Freude macht – während es andere gleichgültig lassen oder gar stören mag. (Freges berühmt gewordenes Beispiel ist die Ersetzung des neutralen Wortes ›Hund‹ durch das abwertende ›Köter‹ gegenüber ein und demselben Vierbeiner.) Aus welchen Motiven auch immer: was der eine schätzt, schätzt der andere nicht, oder es ist ihm geradewegs zuwider. Und beide können das, ohne doch ausdrücklich von sich selber zu sprechen, konnotativ zum Ausdruck bringen – und zwar unmißverständlich. *Konnotation* darf also nicht mit *Assoziation* verwechselt werden (wie es bei Frege geschieht). Was in dieser Weise an Bedürfnisentsprechung oder -widrigkeit semantisch intersubjektiv ›mitnotiert‹, eben *konnotiert* wird, ist wohl zu unterscheiden von mehr oder weniger privaten Begleitvorstellungen, die jemand assoziieren mag, oder gar von begleitenden Gefühlen. (Konnotationen sind gegebenenfalls judiziabel, zum Beispiel als Verbalinjurien, Vorstellungen oder Gefühle nicht.)

Verglichen mit der Umgangssprache, vermag allerdings die Dichtung das Konnotationsinstrument ungleich effektiver, mit überbietender endeetischer Kreativität und Tragweite einzusetzen. Dichtung ist sozusagen der (laute oder stille) Virtuose endeetischer Konnotation, von dessen Repertoire die Umgangssprache noch in ihren bescheidenen Möglichkeiten zehrt.[15] Um zunächst wenigstens ein Beispiel im Original zu geben, sei hier Mörikes allseits bekannter *Septembermorgen* zitiert:

> Im Nebel ruhet noch die Welt,
> noch träumen Wald und Wiesen:
> Bald siehst Du, wenn der Schleier fällt,
> den blauen Himmel unverstellt,
> herbstkräftig die gedämpfte Welt
> in warmem Golde fließen.

Es ist nicht zu überhören: da *ruht* die ›Welt‹ im Nebel, da *träumen* der Wald und die Wiesen, da *fällt* der *Schleier*, und da *fließt* schließlich die ›Welt‹ *in warmem Golde* – usf. Wollte man den Text (was nicht einmal ein Banause tut) darauf reduzieren, was sich hier gegebenenfalls auch behauptend sagen ließe, so käme wohl ziemlich genau folgendes heraus:

> Zunächst noch verbreitet Morgennebel,
> besonders in den Niederungen.
> Später aufklarend und sonnig
> bei warmen Herbsttemperaturen.

Man sieht: was bleibt, ist ein Wetterbericht. Und was nun Mörikes Gedicht von ihm unterscheidet, der signifikante Überschuß, eben das Ästhetische, ist (vielfältige) endeetische Konnotation. Und zwar hier insbesondere in dreierlei Gestalt:

Erstens auf Schritt und Tritt metaphorisch, so wie im schlichten Fall der ›lachenden Sonne‹, nur differenzierter und komplexer und entsprechend erfindungsreich im Vergleich zur Umgangssprache.

Zweitens bezieht sich die Fülle metaphorischer Wertkonnotationen hier nicht bloß auf etwas, einen Ausschnitt, ›in der Welt‹ (so wie der Wetterbericht auf eine geographische Region), sondern vielmehr auf »*die* Welt« – mit anderen Worten, auf ›*meine* Welt‹, die für mich, als Bedürfnissubjekt, eben »*die* Welt« ist: und das besagt, daß die wertkonnotativ artikulierte Betroffenheit durch einzelnes zugleich das eigene, gegenwärtige Leben im ganzen betrifft (denn erst dann macht es Sinn, zu sagen, etwas ›*in* der Welt‹ sei für mich »*die* Welt«). Und auch das kommt wiederum nicht explizit, sondern als endeetische Konnotation jener Verwendung des Wortes ›Welt‹ zum Ausdruck.

Und drittens schließlich haben an diesem dichten Konnotationskomplex nicht zuletzt Klang und Rhythmus (zumal Metrum, Reim und derlei ›stimmige‹ Sprachfügung) wesentlichen Anteil: und zwar nicht nur, soweit sie semantische Wertkonnotationen im einzelnen sinnfällig akzentuieren, sondern überdies und prinzipiell dadurch, daß sie die gewöhnliche Zufälligkeit der sprachlichen Zeichengestalt aufheben und so das Gedicht bis in seine Phänomenalität hinein zu einem stimmigen Ganzen machen, das dem Ganzen der hier wertkonnotativ vergegenwärtigten ›Welt‹ entspricht und ihre Vergegenwärtigung damit erst vollkommen macht. Und solche sinnfällige Entsprechung und Steigerung ist ja nun erst recht – im einzelnen wie im ganzen – unausdrücklich konnotativer Natur.

Zusammenfassend gesagt, unterscheidet sich Mörikes gedichteter *Septembermorgen* vom entsprechenden Wetterbericht also in der Tat durch *Verfahren der Wertkonnotation*, die – über das Potential und den Horizont der Umgangssprache hinaus und bis in die Phänomenalität der Zeichengestalt hinein – eine Situation als Bedürfnissituation (hier in einem erfüllten Sinn) neu vergegenwärtigen, und das mit Bezug aufs Leben im ganzen. Darin liegt die *ästhetische Differenz*.

Selbstverständlich sind die literarisch vergegenwärtigten Bedürfnissituationen nicht durchweg von Mörikes Art, sondern – in der Spanne zwischen Erfüllung und Enttäuschung, zwischen Glück und Unglück – seit eh und je höchst verschieden. Und sie haben sich überdies in der Dichtungsgeschichte, mit den für ihre Vergegenwärtigung konstitutiven Konnotationsverfahren, erheblich gewandelt. Lebte die klassische Stilebenenhierarchie von einem wohltemperierten Gefälle zwischen sozusagen ›adeligen‹ und ›gemeinen‹ Wörtern und Wendungen zur konnotativen Bewertung fraglos ›hoher‹, ›mittlerer‹ und ›niedriger‹ Lebenslagen, so wird diese unausdrücklich beredte Wertskala traditioneller

Dichtung in der neueren Kunst perspektivischen Erzählens entschieden relativiert, ja radikal destruiert; aber nunmehr (mit zugleich konsequenter Tabuisierung jeden expliziten Kommentars) erst recht nicht ausdrücklich, sondern nur um so mehr, ja ausschließlich konnotativ: eben mit verändert eingesetzten oder neuen Mitteln literarischer Wertkonnotation. Und sogar da noch, wo zeitgenössische Literatur auf herkömmliche Konnotationsweisen – zumal auf werthaltige Wörter, Metaphern und dergleichen – weitgehend oder ganz verzichtet zugunsten unverblümter, scheinbar vollends wertasketischer Nüchternheit einer ›entseelten‹ Prosa, ist dieser *Bruch* selber ein konnotationsmächtiges Verfahren; konnotiert er doch auf dem Hintergrund enttäuschter Werterwartung eine je nur um so empfindlicher veränderte Bedürfnislage: zum Beispiel als desto härtere Betroffenheit (etwa bei Hemingway), als desto ausweglosere Verzweiflung (etwa bei Beckett) oder als desto tiefere Apathie (etwa bei Robbe-Grillet).[16]

Das literarische *Prinzip* endeetischer Konnotation bleibt also – bei noch so radikalem Wandel seiner *Mittel* – nach wie vor dasselbe. Und es umfaßt auch nach wie vor die sprachliche Phänomenalität, deren gewöhnliche Kontingenz sie aufhebt: sowohl durch Klang und Rhythmus (wenngleich sich Reim und Metrum als allzu ›zwingende‹ Formen des Dichtens weithin erschöpft und verloren haben) wie auch seit jeher durch ansonsten eigenwillige Anordnung – als Kontrast, Wiederholung, Deformation (usf.). Die *nicht-kontingente Phänomenalität* eines Textes ist genauerhin die Gesamtheit der Textelemente, deren Änderung auch dann ein Ausdrucksverlust wäre, wenn sie lexikalisch oder grammatisch äquivalent, ansonsten aber beliebig ist.[17] Dabei handelt es sich um *ästhetisch relevante Phänomenalität*, wenn der durch solche Änderung verlorengehende Ausdruckswert weder technisch noch unmittelbar lebenspraktisch, wohl aber endeetisch relevant ist.[18] Und das ist als Präzisierung dessen zu lesen, was man gemeinhin kurz die ›ästhetische Form‹ eines Texts nennt, an der in der Dichtung bis ins Komma nahezu alles Anteil hat.[19]

In dieser Hinsicht sind auch die Neueren, zumal die neueren Großen der ›redenden Kunst‹ (ob Proust, Joyce oder auch Grass; Eliot, Benn oder auch Michaux) auf ihre Weise nicht weniger anspruchsvoll, ja beispielhaft, als die Älteren. Und wie weit sich der Weg moderner Prosa vom alten Glanz der Verse Mörikes auch immer entfernen mag, bleibt sie doch in ihrer phänomenalen

›Textur‹ unantastbar – ja es kommt hier oft genug mehr denn je auf sie an.[20] Und sie springt erst recht in den Deformationen unkonventioneller Lyrik als ebenso eigenwillige wie signifikante Textgestalt in die Augen. Etwa im folgenden expressionistischen Gedicht aus dem Erfahrungsfeld der Betroffensten des Ersten Weltkriegs[21] – ein für sich sprechendes Gegenstück zur Bedürfnissituation Mörikes:

> Aus allen Winkeln gellen Fürchte Wollen
> Kreisch
> Peitscht
> Das Leben
> Vor
> Sich
> Her
> Den keuchen Tod
> Die Himmel fetzen
> Blinde schlächtert wildum das Entsetzen

Will man auch dieses Kriegsgedicht – analog zur ›Übersetzung‹ des Herbstgedichts in einen Wetterbericht – auf einen entsprechenden ›Lagebericht‹ reduzieren, so bliebe, nach Abzug des endeetischen Gehalts, hier vom Krieg noch weniger übrig als dort vom Herbst. Vielleicht und kaum mehr als dies: »Verstärkte Kampfmaßnahmen in Abschnitt X.« Statt dessen wird hier vielmehr eine Situation sinnlosen Entsetzens bis in die lexikalisch wie grammatisch deformierte und prosodisch wie rhythmisch zerrissene Phänomenalität des Texts vergegenwärtigt. Andererseits tritt in ein und demselben Text gerade kraft dieser ja wiederum eben nicht zufälligen, sondern sinnfällig kontingenzüberwindenden *Form* das geschundene Sinnbedürfnis kontrafaktisch – gegen den erbarmungslosen Widerstand des Tatsächlichen – dennoch als erfüllt in Erscheinung: nämlich in seiner disharmonisch expressiven Textgestalt als gleichwohl stimmigem Ganzen.[22] Verbietet sich doch offenbar auch hier (nicht anders als bei Mörike) eine Veränderung des geringsten Details als Verletzung des Ganzen: ja der Text bleibt trotz und in seinem bewußt fragmentarischen Charakter gleichwohl, und zwar deutlich hör- und sichtbar, ein Gedicht.[23] In dieser Dialektik von ›Welt‹ und ›Gegenwelt‹ bleibt mithin auch hier der Lebensbezug auf ein postuliertes Sinnganzes (wenn auch nicht mehr, wie in Mörikes ›Welt‹, als harmonische Erfüllung) mittelbar gegenwärtig, mag sich auch die unmittelbar vergegenwärtigte Situation auf einen sinnleeren Lebenspunkt – hier als Grenzsituation auf Leben und Tod – reduzieren.

Das gilt also auch für die ästhetische Form des Fragments. Denn einmal vergegenwärtigt das Fragment konnotativ das (fehlende) Ganze, und womöglich eindrucksvoller als dessen unmittelbare Darstellung oder Präsenz (man denke nur an das evokative Fragment der Romantik, wo die Ruine allemal ›mehr‹ ist als das Schloß).[24] Zum anderen ist das Fragment, als Zeichen, selber ein sinnfälliges Symbolganzes, das die kontingent zusammenhanglose Phänomenalität gewöhnlicher Zeichen aufhebt, ja just in der Vergegenwärtigung der Bruchstückhaftigkeit des Lebens dramatisch ins Gegenteil wandelt. Das als solches ›sprechende‹, ästhetische Fragment hat deshalb in beiderlei einander bedingender Hinsicht – in der Konnotation des Ganzen, die es als Zeichen provoziert, wie im Ganzen des Zeichens, das solches kraft seiner Fragmentgestalt leistet – nichts Beliebiges: weder zuviel noch zuwenig. Auf diese Weise ist es – gleichwohl und trotzdem – ein stimmiges Ganzes, ohne doch aufzuhören, Fragment zu sein. Und so zeigt sich auch und gerade das ästhetisch Fragmentarische, und sei es bis zur Überbietungsform endeetisch signifikanter Sprachzersetzung, sowohl und zugleich als ›Bild‹ und als ›Gegenbild‹ der fragmentarischen Existenz, die es gegebenenfalls mit drastischer Prägnanz vergegenwärtigt.

Wie weit sich also dichterisch thematisierter Sinnverlust kraft gelingender Verfahren und Formen seiner Darstellung – in spektakulären Brüchen oder bis zu stammelnder Eintönigkeit – radikalisieren mag, bleibt andererseits das derart verletzte *Sinnpostulat* in jener Dialektik zwischen Unstimmigkeit des Lebens und Stimmigkeit des sie um so empfindlicher vergegenwärtigenden Texts dennoch ineins gegenwärtig: es gehört zum ästhetisch artikulierten Bedürfnisbewußtsein – mag dieses eine Situation auch als desillusionierend, ja vernichtend durchschaubar machen – konnotativ, aber deshalb nicht weniger konstitutiv, dazu. Ästhetische Artikulation geht deshalb nie *restlos* in Verzweiflung auf, so sehr sie sich ihr nähern kann.

Den konnotativen Charakter der Kunst hatte, lange vor Frege, schon Kant gesehen, wenn er von der »Mannigfaltigkeit von Teilvorstellungen« einer »ästhetischen Idee« spricht, »für die kein Ausdruck, der einen bestimmten Begriff bezeichnet, gefunden werden« könne und die dennoch »das Unnennbare in dem Gemützszustande« »allgemein mitteilbar« mache.[25] Und in der Tat läßt sich zum Beispiel die charakteristische Bedürfnissituation bei Kafka zwar (auf die eine oder andere Art) annähernd umschreiben[26], aber *definieren* läßt sie sich nicht: nicht in einer ihrer konnotativen Originalität – ihrer bis in die phänomenale Textur reichenden Dichte, Stille, Enge und Weite – adäquaten Weise. Man muß schon Kafka selbst lesen, um zu erfahren, was eine ›kafkaeske‹ Situation ist. Eben deshalb läßt sich Dichtung, worauf Kant insistiert, nicht begrifflich einholen. Und sie läßt sich damit auch nicht wirklich – je mehr sie ›redende *Kunst*‹ ist, um so weniger – übersetzen.

Auf dem in Grundzügen charakterisierten Weg erschließt und vermittelt der ästhetische Text Erfahrung nicht als apophantische Erfahrung, wie insbesondere die Wissenschaften (jedenfalls nicht *als solche*, auch wenn er noch soviel Erfahrungswissen enthalten und bis ins ›realistische‹ Detail verbürgen mag, wie etwa Balzacs vierzig Bände der *Menschlichen Komödie* als frühestes Kompendium der Soziologie); sondern er vermittelt Erfahrung (was gerade dort unter wechselnden Perspektiven überdeutlich wird) im Zeichen der Betroffenheit: als – positive wie negative – Werterfahrung. Betroffenheit ist ja stets auf Bedürftigkeit bezogen: wer nichts bedarf, kann durch nichts betroffen werden. Zwar kann Betroffenheit allgemein sein; aber es kann auch ein und dieselbe Situation den einen so, den andern anders betroffen machen. Um es genau zu sagen: *Betroffenheit* äußern, heißt, eine *Veränderung der eigenen Bedürfnissituation* bekunden – auch und nicht zuletzt angesichts der Bedürfnislage anderer. Und *Wertbekundungen* bringen entsprechend die eigenen Bedürfnisprioritäten des Betroffenen zum Ausdruck (mögen andere in derselben Weise betroffen sein oder nicht).[27] Dabei braucht die durch Dichtung vergegenwärtigte Betroffenheit (um einem vielleicht naheliegenden Mißverständnis vorzubeugen) mit derjenigen in ihr vorkommender Personen oder ›Figuren‹ durchaus nicht identisch zu sein: so ist die ironische bis sarkastische Heiterkeit, die in Voltaires *Candide* als Wert- und Lebenshaltung unverwechselbar zum Ausdruck kommt, keineswegs identisch mit der lamentablen Situation des Candide selbst und seiner Lebenshaltung, die im Gegenteil ja gerade (mit zeitgenössisch aktuellem Bezug) ironisiert wird; vielmehr ist die fiktive Situation des ›Helden‹ literarisches Mittel zur Vergegenwärtigung Voltairescher Ironie, die sich hier konnotativ als überlegene Betroffenheitsform gegenüber dem Leben im ganzen darstellt.[28]

Dichtung, als Institution ästhetischer Rede, geht – insgesamt gesehen – entschieden darauf aus, stumme Betroffenheit, verschlossene Bedürfniserfahrung über die Möglichkeiten und den Horizont gewöhnlicher Rede hinaus sprachschöpferisch öffentlich zu machen. (Was freilich, soll es nicht naiv geschehen, gegebenenfalls ein hohes Maß apophantischen Wissens voraussetzen kann, in dem allerdings auch dann, und selbst wenn es explizit in Literatur eingeht, nicht schon ihr spezifischer *ästhetischer* Charakter liegt.[29]) Damit ist Dichtung, als überlegene endeetische Kommunikationspotenz, transsubjektiven Situationsverständnissen provokativ voraus, so daß ein nicht bedürfnisblinder Konsens über Werte und Normen, wie Jürgen Habermas hervorgehoben hat, auf »die poetische Fähigkeit, die Welt im Lichte menschlicher Bedürfnisse zu interpretieren«, angewiesen ist.[30]

Hier resümiere ich zunächst die bisherigen Überlegungen zum Kunstparadigma der Dichtung, allgemeiner gesagt: zur ästhetischen Rede.

Erstens: Ästhetische Rede ist nicht behauptende (apophantische), sondern bedürfnisartikulierende, kurz: endeetische Rede und damit insbesondere von derjenigen der Wissenschaften unterschieden.

Zweitens: Ästhetische Rede antwortet auf das existentielle Defizit umgangssprachlicher Bedürfnisartikulation durch deren Überbietung; sie ist deshalb auch über deren Möglichkeiten und Horizont hinaus bedürfniskonstitutiv.

Drittens: Ästhetische Rede leistet diese Überbietung – unter Distanzierung von unmittelbar lebenspraktischen Zwängen – durch kreative, insbesondere konnotative Verfahren der Vergegenwärtigung erfüllter wie unerfüllter Bedürfnisse, positiver wie negativer Betroffenheit, kurz: durch überbietende Wertbekundung.

Viertens: Ästhetische Rede reicht in ihren konnotativen Verfahren bis in die Phänomenalität ihres Zeichencharakters, deren gewöhnliche Kontingenz sie in ihrer Textgestalt – endeetisch bedeutungsvoll – aufhebt: mit nur anderen Worten, in ihrer ästhetischen ›Form‹.

Fünftens: Ästhetische Rede erstreckt damit ihre endeetische Tragweite aufs menschliche Elementarbedürfnis nach kontingenzaufhebendem Lebenssinn, das sie in ihrer ›Form‹ kontrafaktisch als befriedigt evoziert, auch wenn sie faktisches Leiden an der Kontingenz des Lebens vergegenwärtigt.

Zusammengefaßt: *Ästhetische Rede* ist *überbietende endeetische Rede*. Und zwar überbietend *gegenüber lebenspraktischer Rede: auf insbesondere konnotativem Wege, unter Aufhebung ihrer phänomenalen Kontingenz, in kontrafaktischer Entsprechung des Bedürfnisses nach kontingenzaufhebendem Lebenssinn.*[31]

Auf der Grundlage dieses Definitionsentwurfs, auf dessen weitere Erläuterung und Differenzierung es im folgenden ankommt, gewinnen die Restkriterien der Kunst, von denen ich ausgegangen war, eine neue Perspektive, die ihnen einen spezifischen und lebendigen Sinn eröffnet: nämlich als relevante Möglichkeiten, zum Überbietungscharakter ästhetischer Bedürfnisartikulation beizutragen. (Darauf komme ich bei geeigneter Gelegenheit Zug um Zug zurück.)

4. Ästhetische Wertschätzung

Ob man Dichtung schätzt oder nicht, ist nach allem keine Frage der bloßen Vorliebe (die man teilen oder lassen mag). Denn nicht allein die Überwindung der apophantischen Grenzen alltäglicher Orientierung, welche die Wissenschaftssprache unternimmt, ist – weil und soweit sie letztlich der Befriedigung menschlicher Bedürfnisse dient – wichtig und (nur dann) mit gutem Grund schätzenswert, sondern mithin auch und primär die Überwindung der nicht weniger engen Grenzen umgangssprachlicher Bedürfnisartikulation, die der ästhetische Text bewerkstelligt.

Das gilt insbesondere, wenn dichtende Literatur – und gegebenenfalls nur sie – stellvertretend so die Betroffenheit vieler oder aller, und zumal von Minderheiten, unzensiert öffentlich macht (vom Satyrspiel oder den Liedern der Troubadours bis zu Henry Miller, vom Gospelsong bis zu Leopold Senghor und Pablo Neruda). Ist sie damit doch Voraussetzung für einen qualifizierten, im Blick auf faktische Bedürfnisse nicht kurz- oder schwachsichtigen Wert- und Normkonsens, kurz: Provokation und Sauerteig diskursiver praktischer Vernunft – auch und gerade dann, wenn sie sich selbst (sei es als dichtender Satyr, Wehklagender oder Rebell) keine Vernunftzügel schon im vorhinein anlegt.[32]

Daß ästhetisches Kommunikationsgelingen in dieser Hinsicht schätzenswert ist, darf freilich nicht als Wertschätzung eines bloßen Mittels zu anderen Zwecken mißverstanden werden. In der Überwindung der Grenzen gewöhnlicher Bedürfnisartikulation erfüllt ästhetische Rede vielmehr zugleich, ja genuin und vor allem, selber und unmittelbar ein Bedürfnis ersten Ranges: nämlich nach unverkürztem kommunikativem Austausch von Menschen – nicht als kognitiven Neutra, sondern aus Fleisch und Blut – eben als Bedürfnissubjekten: wie das paradigmatisch Liebende erstreben. Darin liegt der kreative *Eros* ästhetischer Kommunikation (der sich auf kein Mittel zum Zweck reduzieren läßt).

Und dabei ist die konnotative Verfassung der redenden Kunst offenbar wesentlich. Denn obwohl sprachliche Konnotationen nicht (wie Assoziationen) privater Natur sind, sind sie doch andererseits weniger scharf oder stabil als explizite Unterscheidungen. Was nun aber apophantisch auf einen ruinösen Mangel – den der

Unbestimmtheit oder Mehrdeutigkeit – hinausliefe, eröffnet im endeetischen Kontext der Dichtung einen willkommenen und gegebenenfalls absichtsvoll noch zu erweiternden Spielraum der Rezeption, in den je eigene Betroffenheitserfahrung immer neu eingehen kann. (Womit das Restkriterium der Unbestimmtheit nunmehr, in seiner *endeetischen* Überbietungsfunktion, spezifisch charakterisiert ist.) Am ästhetischen Kommunikationsgelingen hat deshalb die Rezeption – in zeitüberdauernd je eigener, mitschöpferischer Aktualisierung – ungewöhnlichen, landläufige Bedürfniskommunikation ihrerseits überbietenden Anteil.

Das bisher beleuchtete Grundmotiv ästhetischer Wertschätzung, jener Eros ästhetischer Kommunikation, hat elementare Voraussetzungen. Gehört doch zur Entwicklung zum Menschen wesentlich und von Anfang an *Bedürfnisbereicherung* und *Bedürfnisindividualisierung* (weshalb Katzen oder Hunde uns in der Tat näherstehen als Goldfische oder dergleichen bedürfnisärmere und bedürfnisstereotype Haustiere – von den Amöben zu schweigen). Nur *Bedürfnis*subjekte bedürfen der Liebe, und nur Bedürfnis*subjekte* sind ihrer fähig. Liebe, als verstehend-partizipative (tendenziell gegenseitige) Zuneigung[33], lebt von Kommunikation, genauerhin: von der Kommunikation von Menschen als Bedürfnissubjekten. Bedürfniswesen zu sein, hat der Mensch zwar mit anderen Lebewesen gemein. Daß er aber im Unterschied zu ihnen Bedürfnis*subjekt* ist, mit je eigenem – sich gattungs- und lebensgeschichtlich entfaltendem und prägnant differenzierendem – Bedürfnischarakter, macht ihn zum Menschen, der damit allererst und zugleich Kommunikation, im weitesten Sinn sprachlicher Intersubjektivität, zum Leben braucht. Und zwar nicht nur instrumental, sondern als Grundform des menschlichen Lebens selbst, das – zunächst auf der Ebene wechselseitigen Bedürfnisbekundens und -verstehens – Subjektivität und Intersubjektivität zugleich und in konstitutiver Abhängigkeit postuliert: das eine ist ohne das andere nicht zu denken, und keines kann sich ohne das andere konkret entfalten. Endeetische Subjektivität (und das gilt erst recht für ihre ästhetische Überbietungsform) ist also nichts ärgerlich Defizientes[34], sondern im Gegenteil Voraussetzung des Menschen als Liebeswesen: auch wenn sie oft genug, und partiell zumeist, als unversöhnte – verletzte wie verletzende – sich zur Sprache bringt oder aufgenommen wird. Deshalb ist unverkürzte Selbstmitteilung im kommunikativen Austausch von Bedürfnissubjekten (wie ihn Liebende bis zur Konsequenz endeetischen Einklangs in der Verschiedenheit suchen) ihrerseits ein unabweisbares und eminentes menschliches Bedürfnis; seine Befriedigung – wie unvollkommen faktisch auch immer – unersetzliche Erfahrung, die auch als gegebenenfalls schmerzliche Erfahrung ihren Wert nicht einbüßt.

Diese endeetisch kreative wie partizipative, kurz: ›erotische‹ Art von Erfahrung ist es, die ästhetische Kommunikation vermittelt. Und zwar, aufs Ganze der Dichtungsgeschichte gesehen, in der Dimension von Menschheitserfahrung: im weiten Spektrum von der ephemären oder epochalen Idiosynkrasie (die gleichwohl teilnehmendes Verstehen erheischt) bis zu den wechselnden Formen menschlicher Grunderfahrung, den konkreten Erfahrungsgestalten der *conditio humana* im krummen Gang der Geschichte. Und die Dichtung eröffnet solche Erfahrung über den lebenspraktisch begrenzten Horizont hinaus, den sie aufbricht, über die hier bis zur Leere engen und bis zum Verstummen starren Schranken der gewöhnlichen Sprache hinweg, die sie sprengt: produktiv wie rezeptiv. Ästhetische Wertschätzung gilt der nirgends sonst so vermittelten Entgrenzung und Vertiefung von Selbsterfahrung und Fremderfahrung ineins. Sie ist auf diese Weise Wertschätzung der – so je zugleich erfahrenen – Möglichkeit unbeschränkter Kommunikation, wo sich Menschen nicht abstrakt, sondern eben als Menschen, in ihrer erfüllten wie unerfüllten Bedürftigkeit, zur Sprache bringen; der Möglichkeit ungekränkten und schöpferischen Miteinanders von Subjektivität und Intersubjektivität zugleich; kurz: Wertschätzung eines überbietenden kommunikativen Eros.

Es ist aber noch ein weiterer, zweiter Aspekt ästhetischer Wertschätzung, der mit dem so hervorgehobenen ersten nahtlos zusammengeht, ins Licht zu rücken. Handelt es sich doch – in Übereinstimmung mit dem bisher Gesagten – um Wertschätzung sozusagen eines ›Reiches der Zwecke‹, das in der Dichtung als ›Reich der Kommunikation‹ kontrafaktisch gegenwärtig ist: wo im Zeichen der Betroffenheit kein Jota kontingent bleibt – ja wo vollends die gewöhnliche Kontingenz der phänomenalen Beschaffenheit sprachlicher Zeichen, ihre prinzipielle Willkür, kraft der ästhetischen Form in kommunikativen Sinn überführt ist. Unabhängig vom endeetischen Thema im einzelnen, vom Wechsel der Bedürfnissituationen (ob goldener Herbst oder Entsetzen des Krieges), die jeweils im wahrsten Sinn ›zur Sprache kommen‹, bezieht sich ästhetische Wertschätzung also immer auch und zugleich – und in dieser Hinsicht ›formal‹ – auf das ästhetische Artikulations- und Kommunikationsgelingen als solches und damit insbesondere auf die überbietende endeetische Kraft der dieses Zur-Sprache-Kommen bewerkstelligenden Verfahren. Ästhetische Wertschätzung ist deshalb, worauf Kant Gewicht gelegt hat, reflexiv: aufs kommunikative Vermögen zurückgewendet.[35] Zu solcher Wertschätzung gibt der ästhetische Text in seiner kreativen Überbietungsleistung, an der die Rezeption mitwirkt, den außerordentlichen Anlaß. Und er gibt in seiner Distanz zu unmittelbar lebenspraktischen Zwängen zugleich den Freiraum, in dem solche Wertschätzung sich entfalten kann – mit Kant zu reden: als ästhetisches ›Wohlgefallen‹, als ästhetische ›Lust‹.[36]

So verstanden, ist ›formale‹ ästhetische Wertschätzung frei vom Odium eines leeren L'art pour l'art. Und es läßt sich so auch die Kantische Charakterisierung des Ästhetischen als ›bloße Form der Zweckmäßigkeit‹, als ›Zweckmäßigkeit ohne Zweck‹[37] (die ja technisch-strategische Spiele vom Typ des Bastlers oder des Schachspielers noch nicht ausschließt), unter endeetischem Vorzeichen als *ästhetisch* auszeichnen. Insbesondere ist die begrifflose Stimmigkeit der ästhetischen Form, die Kant dabei im Auge hatte, entschieden ›lustvoll‹, weil sie das teleologische Sinnbedürfnis des Menschen als solches kontrafaktisch als erfüllt vergegenwärtigt: und zwar in der paradigmatischen Aufhebung der phänomenalen Kontingenz gewöhnlicher Sprachzeichen, die in der Dichtung ja nun in der Tat hörbar und sogar sichtbar ihrer ansonsten sinnleeren Beliebigkeit entrissen wird. Schießt hier doch in einen unvordenklichen Bereich prinzipieller Sinnleere, in ein naturwüchsiges Sinnvakuum – vor aller Augen und Ohren und bis zu expressiver Fülle – kommunikativer Sinn ein, der sich überdies zu einem Ausdrucksganzen fügt, dem kein Begriff, keine Übersetzung beikommt.

Darin unterscheidet sich Dichtung elementar vom Mythos, dessen sinnstiftende Fabel an keinen bestimmten Zeichencharakter gebunden und daher, im Gegensatz zur ästhetischen Rede, übersetzbar ist.[38] Dichtung verliert deshalb die kontingenzüberwindende Symbolkraft ihrer ästhetischen Form auch da nicht, wo der Mythos seinen Glauben einbüßt und das Leiden an der Kontingenz der Welt und ihren existentiellen Zufällen zum beherrschenden Thema wird. Ja Dichtung kommt deshalb, in ihrer Eigenart und ihrem Eigenwert als *ästhetische* Rede, postmythisch erst recht zur Geltung. (Insofern fängt sie neu und erst recht da an, wo Hegel – mit der These der Ablösung von Mythos *und* Kunst durch die Begrifflichkeit der Philosophie – ihr Ende zu sehen glaubte.) Das teleologische Sinnbedürfnis, das den *Teil* als Teil eines *Ganzen* zu sehen oder zu hören verlangt, ist das menschliche Elementarbedürfnis, dem die ästhetische Form aus eigener Kraft und (weil selber nicht mythischer Art) in singulärer Resistenz gegen jede Mythenkritik antwortet und entspricht.[39]

Daß die Stimmigkeit der ästhetischen Form das Bedürfnis nach kontingenzaufhebendem Sinn als solches kontrafaktisch als befriedigt evoziert (und mithin selbst da, wo das Leiden an einer *je faktischen* oder *prinzipiellen* Nichtaufhebbarkeit des existentiellen Zufalls, kurz: an der konkret nicht aufzuhebenden Unstimmigkeit des Lebens, Gegenstand literarischer Darstellung ist), macht den ›transzendenten‹ – das hier praktisch Mögliche in sinnfälliger Gegenbildlichkeit übersteigenden – Charakter ästhetischer Rede aus. Dieser Charakter tritt um so eklatanter hervor, je größer die Diskrepanz zwischen der Zufälligkeit des Lebens und der Stimmigkeit seiner ästhetischen Darstellung ist. (Etwa wenn Andreas Gryphius das Krankenlager aufs drastischste – mit pesthafter Zerfallsmetaphorik, die bis in die Klanggestalt unüberhörbar durchschlägt – dennoch in wohlgesetzter Sonettform darstellt, die dem anschaulichen *Zerfall* sozusagen einen sinnfälligen Rahmen höherer *Ordnung* gibt, auf die der Schluß des Gedichts denn auch, im christlichen Sinn, anspielt.[40])

So läßt sich auch Herbert Marcuse zeichenpragmatisch präzisieren, wenn er über das die Kunst auszeichnende Junktim von »Situation« und – sie in ihrer »Form« transzendierendem – »Traum« spricht.[41] Freilich darf man nicht (wie Marcuse es tut) die ›Form‹ einseitig dem ›Traum‹ zuschlagen (so daß dann die ›Situation‹ etwa als ›Inhalt‹ bliebe). Vielmehr ist die ästhetische Form für den Ausdruck beider – ›Situation‹ und ›Traum‹ – dichterisch gleichermaßen und in endeetisch überbietender Weise konstitutiv, wie auch das ästhetisch zum Ausdruck gebrachte Bedürfnisbewußtsein beide Dimensionen zugleich umfaßt.

Damit kommt also zum ›erotischen‹ Moment ästhetischer Wertschätzung ein zweites hinzu, das man getrost das ›utopische‹ nennen kann: eben weil es in den Grenzen des Menschenmöglichen – *noch* oder *überhaupt* – in der Tat ›ohne Ort‹ und also allein in der Kunst – *schon jetzt* oder *überhaupt* – dennoch sinnfällig da ist. (Das, und nicht die Fiktionalität, ist der harte Kern der Redeweise vom ästhetischen ›Schein‹.[42]) Und beide Aspekte sind unzertrennlich so aufeinander bezogen, daß der ›erotische‹ in seiner bedürfniskommunikativen Kraft einerseits nach Bedürfniserfüllung verlangt und dabei in dieser wesentlich sprachgestaltenden Kraft andererseits in den ›utopischen‹ treibt (dem das Faktum des Todes, auch stillschweigend, gegenübersteht). Das ›erotische‹ und das ›utopische‹ Moment zusammen machen also erst die spezifische Wertschätzung ästhetischer Kommunikation aus: die ganze (gegebenenfalls bittere) Lust an der Dichtung als redender *Kunst*. Damit sind wir dem Stand der Erörterung freilich bereits ein Stück voraus.

5. Ästhetische Neuheit

Das Kriterium ästhetischer *Überbietung* wurde bisher ausschließlich auf umgangssprachliche Bedürfniskommunikation bezogen. Mit dieser ersten und grundlegenden Bestimmung ist die Masse der Trivialliteratur nicht ausgeschlossen, und das mit voller Absicht. Denn auch und gerade der literarische Kitsch ist in bestimmter Hinsicht ein ästhetisches Phänomen par excellence. Bleiben doch seine Wunschbilder, die ja – auch wenn sie naiv ausfallen – zur faktischen Bedürfnissituation dazugehören, lebenspraktisch weithin unausgesprochen. Deshalb ist der Kitsch für viele, sicher für die allermeisten, *das* Medium überbietender Bedürfniskommunikation. Breitenphänomene solcher Größenordnung aus dem Begriff des Ästhetischen von vornherein auszuschließen und damit über die Situation der Vielen schon im Ansatz elitär hinwegzugehen, scheint mir deshalb nicht angemessen. Vielmehr sollen hier erst im folgenden eine Reihe weiterer ästhetisch elementarer Unterscheidungen so ausgearbeitet werden, daß sie zugleich erlauben, auf dem Boden jener bewußt weit gehaltenen Grundbestimmung in der einen oder anderen Richtung einen engeren oder strengeren Begriff des Ästhetischen auszuzeichnen (was jeweils auch eine Einlösung oder Differenzierung der Gründe ästhetischer Wertschätzung bedeutet).

Ästhetisch in einem anspruchsvolleren Sinn sind nun Texte zunächst und insbesondere dann, wenn sie – über die gegebene Grundbestimmung hinaus – *innovatorisch relevant* sind, und zwar *an ihrem historischen Ort*. Damit verbindet sich das Überbietungskriterium gegenüber der gewöhnlichen Sprache (im Vergleich zu der es schon immer und von vornherein innovativen Charakter hatte) nunmehr mit einem entsprechenden Postulat auch gegenüber vorgängiger Literatur: nämlich Bedürfniserfahrung sprachschöpferisch je neu zu erschließen. (So erhält jetzt auch das Restkriterium der Innovation seine spezifische Sinngebung.)

Auch für die Bedeutsamkeit *apophantisch* überbietender, *wissenschaftlicher* Rede ist das Kriterium der Originalität konstitutiv: als unabweisliches Wissenschaftspostulat, sich nicht in der Wiederholung des je schon Bekannten zu erschöpfen, sondern Neues zutage zu fördern, zumal wo veränderte Situationen neue Orientierung verlangen.[43] Entsprechendes gilt auf der komplementären Sprachebene der Bedürfnisartikulation nicht weniger für die Relevanz *endeetisch* überbietender, *ästhetischer* Rede und auch hier zumal angesichts veränderter Bedürfnissituationen. Ja, es gilt hier erst recht. Während nämlich apophantische Wiederholung wenigstens nicht hinter das Wiederholte, sofern es begründete Geltung hat, zurückfällt, kann ästhetisches Sichwiederholen ›stumpf‹, ja nichtssagend werden. Das zeigt insbesondere die endeetische Abnutzung von ›Sprachbildern‹, deren zunächst überbietender Ausdruckswert, wenn sie ›abgedroschen‹ werden, bald auf den Wert endeetischer Gebrauchsmünze oder vollends auf ein apophantisches Substrat zusammenschrumpft.[44] Und das liegt wiederum daran, daß das konnotative Bedeutungspotential ästhetischer Rede wegen seines unbestimmt-instabilen Charakters zwar einerseits ungewöhnliche Rezeptionsmöglichkeiten eröffnet, andererseits aber durch ›oberflächliche‹ Wiederholung – zumal am thematisch-geschichtlich entwachsenen Ort – abnimmt und tendenziell verlorengeht.

Der literarische Kitsch ist nun, unter anderem, dadurch gekennzeichnet, daß er in diesem Sinn ästhetisch epigonal ist: zehrt er doch allemal – in Motiven und Formen – von Errungenschaften vergangener Dichtung, ohne sie indes auch nur entfernt zu erreichen. Dabei wird aus einst Erregendem oder Provozierendem etwa Zerstreuung oder Beschwichtigung und vor allem gemächliche Rührung. Die Kurve endeetischer Überbietung jedenfalls flacht in der nicht mehr eigenschöpferischen Epigonalität drastisch ab, auch wenn Trivialliteratur sich noch immer weit über dem Horizont des Alltäglichen halten mag. (Zum Beispiel im Gefälle von Stendhals *Le Rouge et le Noir* über Dumas' *Kameliendame* bis zu den Aschenputtelromanen der *Gartenlaube* oder den Love Stories der zeitgenössischen Regenbogenpresse.) Kitsch ist unter diesem Betracht Kunst am falschen, weil epigonalen, Ort mit falschen, weil epigonal depotenzierten, Mitteln.[45] Eben deshalb – und also offenbar nicht als esoterische Marotte, sondern zu Recht – das anspruchsvollere Postulat nach innovatorischer, kreativer Überbietung nicht allein alltäglicher Rede, sondern überdies auch der vorgängigen redenden Kunst: der Literatur oder Dichtung von gestern.

Anders allerdings als gegenüber der Umgangskommunikation, die durch ästhetische Rede allemal an endeetischem Niveau überflügelt wird, braucht nach dem Gesagten ›Überbietung‹ auf dieser zweiten (bereits ästhetisch verfaßten) Ebene, wo sich Literatur überdies von Literatur abhebt, keinen Qualitätsvorrang zu bedeuten: also keine ästhetische Höherwertigkeit, etwa im Sinn eines ›größeren‹ Kunstwerks (was offenbar absurd wäre). Vielmehr ist hier das Überbietungspostulat schon durch den sprachschöpferischen Ausdruck des bisher ›Unerhörten‹, eben des kommunikativ Neuen, erfüllt – sofern und soweit es endeetisch relevant ist (und das bedeutet ja weder, daß das Neue endeetisch wichtiger noch daß es in seiner sprachlichen Kreativität gewaltiger sein müsse als das Alte).[46]

Das gegen ein an dieser Stelle womöglich drohendes Mißverständnis vorausgeschickt, gelten freilich die angeführten Gründe ästhetischer Wertschätzung erst recht für den anspruchsvolleren Maßstab einer bereits ästhetisch instruierten Wertschätzung, ja sie gelangen mit der Erfüllung des Innovationspostulats erst vollends zur Geltung. Was hier dazukommt, ist ja nicht weniger als die Dimension der Geschichte und mithin – als Voraussetzung für eine anspruchsvollere Bewertung ästhetischer Rede – die entsprechende historische Kennerschaft.

So berechtigt also der Innovationsanspruch als ästhetisches Wertkriterium offenbar ist, so differenziert muß er seinerseits betrachtet werden. Zunächst ist mit der eingeschlagenen Präzisierung (erstens) bloße Innovationshuberei als wohlfeiles Spiegelfechten zu entzaubern (auch wenn es manchen Geldbeutel heute teuer zu stehen kommt). Denn nur in dem Maß, wie neue Techniken und Formen *endeetisch relevant*, nämlich mächtig sind, in ihrem geschichtlichen Kontext Bedürfniserfahrung neu zu vermitteln oder zu erschließen, läßt sich demnach hier von *ästhetischer Relevanz* reden.

Deshalb werden (zweitens) neue ästhetische Formen von einiger Tragweite nicht alle Tage fällig. Revolutionen sind in der Kunst so selten wie im Leben oder in der Wissenschaft.[47] Ästhetische Verfahrensinnovationen kristallisieren sich, in aller Regel, aus vorgängiger Kunst und zugleich hartnäckig gegen sie heraus. Und dieser Prozeß kann (wie zum Beispiel die postromantische Überführung der erzählerischen Zentralperspektive ins perspektivische Kaleidoskop der Moderne) säkularen Charakter haben. Neue Verfahren, zumal ästhetisch gravierende, werden mithin, in aller Regel, weder von heute auf morgen realisiert, noch werden sie – während ihrer technischen und thematischen Ausfaltung über oft weite Zeiträume hinweg – von heute auf morgen epigonal. Und manche Verfahrenserrungenschaften, insbesondere elementarer Art, werden es überhaupt nicht, weil sie in immer neue Formkonstellationen eingehen können. Kurz: dem Innovationspostulat, als ästhetischem Qualitätskriterium, kann ästhetische Rede gegebenenfalls in epochalen Dimensionen Genüge tun.[48]

Und es kommt nach dem Gesagten (drittens) nicht schon für die Kunst archaischer Kulturen in Frage, die noch in keine Geschichte eingetreten sind, so daß hier das Fortbestehen alter und ältester Kunstformen schon gar nicht ›epigonal‹ zu nennen ist, was ja erst in einem Geschichtsprozeß Sinn macht. (Lieder und Tänze von Naturvölkern können sich denn auch über Jahrhunderte und Jahrtausende gleichen, ohne je in die Nähe des ›Kitschs‹ zu geraten, der hier kategorial noch gar nicht hingehört.)

Andererseits kann schließlich (viertens) der Rückgriff auf vergangene, ja archaische Kunstformen höchst innovativ sein: wie etwa die signifikanten Stilmontagen, quer durch die Epochen hindurch, bei James Joyce oder die pikaresken bis gargantuesken Züge bei Günter Grass illustrieren – und nicht zuletzt die regressive Innovation wiedererstehender Folkloren in der zwiespältig spätindustriellen Gesellschaft.

6. Ästhetische Wahrheit

Zum Postulat der Neuheit gehört für einen anspruchsvollen Begriff des Ästhetischen ein anderes, das der ästhetischen Wahrheit, dazu. Denn was kann eine innovatorische Überbietung gewöhnlicher oder bereits literarisch verfaßter Bedürfnisartikulation wert sein, wenn sie nicht wahr und damit sozusagen nicht ›echt‹ ist? Gerade angesichts der ins Licht gestellten hohen Wertschätzung ästhetischer Rede ist ja andererseits faktisch nicht daran zu zweifeln, daß sie hinter ihren Möglichkeiten (zum Beispiel durch triviale Epigonalität) zurückbleiben, ja als öffentliche Institution – wie jede Institution – sich pervertieren kann. Und eben das tut sie durch Verletzung ästhetischer Wahrheit, womit Kunst (vorwegnehmend gesagt) zugleich ihre Schönheit kompromittiert. Damit sind – im Anschluß an die Grundbestimmung des Ästhetischen (als überbietende Bedürfnisartikulation) und ihre erste, innovationsbezogene Differenzierung – zwei weitere ästhetische Elementarunterscheidungen angesprochen und mit ihnen die hier ältesten einschlägigen Fragen: nämlich nach der Wahrheit und der Schönheit der Kunst. Im ersten Fall geht es für uns jetzt also genauerhin um die Auszeichnung (grundbestimmungsgemäß) *ästhetischer* Texte als (überdies) ›wahr‹, im zweiten um ihre Charakterisierung als (überdies) ›schön‹. Was ist, zunächst im ersten Fall, damit gemeint?

Soviel ist jedenfalls bereits klar, daß ›wahr‹ hier nicht gleichbedeutend sein kann mit ›apophantisch-wahr‹, weil *ästhetische* Rede, jedenfalls als *solche*, nicht behauptet. Auch Bedürfnisbekundung kann allerdings wahrhaftig sein (oder unwahrhaftig) und entsprechend orientieren (oder irreführen) – eben über die Bedürfnisse des Bekundenden: sowohl ihn selber, soweit er dabei sein endeetisches Selbstverständnis artikulierend klärt, als auch die, gegenüber denen er es bekundet. Das trifft auch und erst recht für Dichtung und Literatur als Überbietungsform endeetischer Rede zu. (Der *Sonnengesang* des Franz von Assisi oder Montaignes *Essais* können auf je ihre Weise wohl als Beispiel solcher Aufrichtigkeit gelten, die sich in der Übereinstimmung von Reden und tätigem Leben beglaubigt; Gegenbeispiele wären, extrem, etwa die anonymen Texter der Groschenheftfabriken oder Werbeagenturen.)

Aber es geht in Literatur und Dichtung nicht allein um persönliche individuelle Selbstaussprache und deren Wahrhaftigkeit. Vielmehr spricht sie, als *öffentliche* Institution, stellvertretend auch für andere oder für alle. Und zwar dadurch, daß ihre Charakterisierung von Bedürfnissituationen ›repräsentativ‹ oder ›exemplarisch‹ ist: *exemplarisch*, wenn am konkreten Beispiel eine allgemeine Bedürfniserfahrung vergegenwärtigt wird; *repräsentativ*, wenn der Einzelfall eine gruppenspezifische Erfahrung repräsentiert. (Beides fasse ich auch kurz als *paradigmatisch* zusammen.) So vergegenwärtigt Hemingways *Der alte Mann und das Meer* exemplarisch, was Gottfried Gabriel »Vergeblichkeit menschlichen Bemühens« nennt; während Flauberts *Education sentimentale* repräsentativ vergegenwärtigt, was Hans Robert Jauß als das »überpersönliche Geschick« einer ganzen Generation charakterisiert, die in Frankreich vergeblich auf die Achtundvierziger-Revolution gesetzt hatte.[49] Man spricht dann auch – im einen wie im anderen Fall – vom ›treffenden‹, nicht aber (bezeichnenderweise) vom ›wahren‹ Beispiel. Und das gilt nicht nur im endeetischen Bereich, sondern von Beispielen ganz allgemein, die ja von sich aus nichts behaupten. Weshalb Gabriel zu Recht vorgeschlagen hat, da es sich hier wiederum *nicht* um *apophantische* Wahrheit handelt, zur Vermeidung entsprechender Verwechslung statt von ›Wahrheitsanspruch‹ besser von einem › *Adäquatheitsanspruch*‹ zu reden, den das ›treffende‹ Beispiel, zumal in dichterischer Prägnanz, erfüllt (das schlechte oder vollends falsche Beispiel dagegen verfehlt).[50] Und in beiden Versionen – also zur exemplarischen Darstellung eines menschheitlichen wie zur repräsentativen eines gruppenspezifischen Allgemeinen[51] – ist eine fiktionale Verfassung von Literatur geeignet, im Konkreten des Einzelfalls zugleich über diesen hinauszuweisen auf die im einen oder anderen Sinn größere endeetische Tragweite.[52] Überdies lassen sich repräsentativer und exemplarischer Charakter in der Dichtung nahtlos zu paradigmatischer Einheit verbinden (so wie Flauberts repräsentative Darstellung eines *Generationenschicksals* Vergeblichkeitserfahrung zugleich als Moment der *condition humaine* authentisch exemplifiziert[53]). Andererseits hindert paradigmatische Darstellung nicht, daß dabei auch – zugleich, ja zuerst – die je *eigene* Betroffenheit der solcher Darstellung Mächtigen ihren originären Ausdruck findet (wie das bei den genannten Autoren außer Zweifel steht).[54]

Deshalb geht selbst ausgesprochen paradigmatische Dichtung,

soweit ihr ästhetische Kreativität eignet, stets zugleich über den Status quo anderweitig vermittelter Bedürfniserfahrung hinaus: mithin auch über vorgängige oder außerkünstlerische Maßstäbe allgemeiner oder gruppenspezifischer Erfahrung, an denen sich der paradigmatische Charakter von Dichtung gegebenenfalls als ›treffend‹ (oder ›adäquat‹) bemißt. Das ist im Blick auf die Geschichte der Literatur auch kaum zu übersehen: je treffender hier nämlich die paradigmatische Vergegenwärtigung gelingt (wie es für Flaubert sowohl Zeitgenossen als auch die Historiker bezeugen), um so provokativer pflegt sie zugleich das zeitgenössische Selbstverständnis zu durchbrechen (wie in diesem Fall der Staatsanwalt bescheinigte[55]). Und je betroffener man sich als Leser in paradigmatischer Dichtung selber wiederfindet, um so mehr findet man sich dabei gleichwohl in einem veränderten Bewußtsein, ja in einem anderen Horizont, der eigenen Betroffenheit, wieder. Der innovatorische *Überbietungscharakter* ästhetischer Rede läßt ja den Stand der Bedürfniserfahrung, die sie paradigmatisch vergegenwärtigt, stets zugleich hinter sich. Und dieses Doppelwesen paradigmatischer Dichtung bedeutet, daß sie sich in der Erfüllung des Adäquatheitspostulats – im Unterschied zum gewöhnlichen ›treffenden‹ Beispiel – nicht erschöpft (und sich erst recht keinem widerspiegelungstheoretischen Wahrheitsanspruch fügt[56]). Geht doch, im Sinne Kants gesagt, das ästhetisch vergegenwärtigte *Besondere*, auch wenn es paradigmatisch entschieden über sich hinausweist, in keinem (sei es auf menschheitlicher oder gruppenspezifischer Ebene) bereits begriffenen oder zu begreifenden *Allgemeinen* restlos auf. Mit anderen Worten: selbst ausgesprochen *paradigmatische* Dichtung ist als *ästhetische* Rede nicht adäquat übersetzbar und kann deshalb ihrerseits von keinem bestimmten Adäquatheitsanspruch, den man an sie stellt, vollends eingeholt werden (was zureichende Übersetzbarkeit voraussetzen würde). Kurz: Jeder bestimmte Adäquatheitsanspruch wird ästhetischer Rede, wie paradigmatisch sie auch sein mag, allenfalls partiell gerecht.

Ja die endeetische Kreativität ästhetischer Rede kann, in der Erschließung neuer Bedürfniserfahrung, so in den Vordergrund treten, daß sie das Adäquatheitspostulat in bezug auf bestehende Bedürfnisse innovativ überrollt: wo nämlich Dichtung Bedürfniserfahrung, die es zuvor gar nicht gab, allererst stiftet – mitunter endeetisch revolutionär. Etwa wenn im elften Jahrhundert mit den Liedern der altprovenzalischen Troubadours, wie C. S. Lewis überzeugend gezeigt hat, das Bedürfnis nach ›sentimentalischer‹ Liebe (wo Geschlechtsbindung zum schicksalhaften Inbegriff des Lebens und seiner Identität wird) in die – bis heute zutiefst und bis ins Detail von ihm geprägte – abendländische Welt einbrach: ein Bedürfnis, das es hier vorher nie gegeben hat und sich anderswo (etwa in orientalischer Tradition) auch später nicht finden wird. (Lewis zählt es zu den drei oder vier großen endeetischen Revolutionen der Menschheit, wovon weder Aristoteles noch Paulus noch der Autor des Beowulfs sich etwas träumen ließen und das – wie kontrovers inzwischen auch immer – uns noch heute und morgen, und sei es wider Willen, unter die Haut geht.[57]) Oder wenn im Vorfeld der Romantik, namentlich mit Jean-Jacques Rousseaus lyrischer Prosa, ein ›unerhört‹ neues Naturbedürfnis (nach einem ›Aufgehen‹ des Menschen in der Natur als Erfüllung ursprünglicher Korrespondenz beider) zu einer Zeit ästhetisch eröffnet wurde, als entsprechende ökologische Sachzwänge noch außer Sicht waren: ein Bedürfnis, von dem so niemand zuvor etwas ahnte, ohne das aber die zitierten Mörike-Verse (die uns so selbstverständlich klingen) nicht zu denken wären und wovon noch gegenwärtig die ›grüne‹ Bewegung in ihrer endeetischen Substanz unabsehbar zehrt.

Selbstverständlich kommen, zumal derart tiefgreifende, Bedürfnisinnovationen auch hier wie nirgendwo von ungefähr. Selbstverständlich kommen sie – was inzwischen eine Binsenweisheit ist – nicht losgelöst von den Lebensbedingungen der gesellschaftlichen Wirklichkeit, in der sie sich ereignen, zustande. Aber sie sind in ihr andererseits – was nicht weniger evident ist – gleichwohl nirgends vorgegeben, sondern konstituieren sich gegebenenfalls erst kraft ästhetischer Artikulation, deren überbietende Kommunikationspotenz sie erst zu künftig allgemeiner Bedürfniserfahrung macht. Kurz: sie schaffen gegebenenfalls erst den paradigmatischen Charakter, von dem entsprechende Adäquatheitsansprüche dann fernerhin zehren. Je höher also das Innovationsmaß endeetischer Kreativität von Dichtung ist, um so mehr verkehrt sich die retrospektive in eine prospektive Paradigmatik von Dichtung – bis hin zum Format von Bedürfnisrevolutionen.[58]

Aber just angesichts solcher ästhetischen Freiheit, die der endeetischen Kreativität insbesondere im Bereich der Wünsche keine Grenzen setzt[59], stellen sich die Postulate nach endeetischer Wahrhaftigkeit und Adäquatheit von Dichtung neu – und zwar nunmehr in einem engeren, *kunstspezifischen* Sinn. Bleibt doch ästhetische Rede gleichwohl allemal danach kritisch zu befragen, ob sie ihren endeetischen Überbietungsanspruch nicht um den (unbilligen) Preis einlöst, daß sie faktisch unbefriedigte Bedürfnisse oder Wunschträume so vergegenwärtigt, als seien sie in unserer Lebenswirklichkeit erfüllt oder doch erfüllbar: so wie das offensichtlich in der Trivial- und Konsumliteratur, besonders im literarischen Kitsch vom Courths-Mahler-Typ, und natürlich in der Reklame allenthalben geschieht. Da wird Frustration als Erfüllung ausgegeben, und zwangsläufig so, daß dabei auch konkrete Situationsmerkmale, die zu den Wunschträumen nicht passen wollen, derart verfälscht werden, daß sie zu passen scheinen. So mag die ›Welt der Peter Stuyvesant‹ in ihrer Hyperbolik aus Tempo und Farbe zwar gewisse Wunschbilder industrieller Lebensformen repräsentativ zum Ausdruck bringen, aber sie wird dabei kaum auch der faktischen Bedürfnislage ihrer Repräsentanten gerecht. Insbesondere sind die vorgespiegelten Wonnen zeitgenössischer Zigarettenraucherexistenz, für die hier um des Profits willen geworben wird, durch extreme Verfälschung einer tatsächlich (wie jeder Betroffene weiß) prekären Lebenswirklichkeit erkauft. Und wer den Krieg unserer Tage mit Wertvorstellungen heroischen Rittertums konnotieren will (wie das die Heimatbühnen des Ersten Weltkriegs oder die Landserromane und Kriegsfilme des Zweiten oder gegenwärtige Armeewerbung in aller Welt – hoffentlich nicht für einen Dritten – tun), der muß die Merkmale anonymer Massenvernichtungstechnologie bis in ihre objektiven Außenaspekte hinein wohl oder übel verfälschen. Dabei kommt allemal – und das ist hier, wie gesagt, ausschlaggebend – der *endeetische Überbietungscharakter* ästhetischer Rede nicht ohne derlei ›Verfälschung‹ zustande, ja er wird wesentlich auf eben diese Weise erschlichen und vorgespiegelt: ob nun Raucher zu Halbgöttern oder Landser zu Heroen stilisiert werden.

Das Verfälschungsschema der Trivialliteratur hat schon Cervantes, in parodistischer Absicht, aufgegriffen. Auch er defigurierte in der ›idealisierenden‹ Perspektive Don Quijotes die ›Wirklichkeit‹ bis ins Detail und bis zur Karikatur, aber mithin nicht zum Zweck ihrer Harmonisierung mit den (trivialliterarisch präformierten) Wunschträumen seines belesenen Helden, sondern umgekehrt zu deren Entlarvung. Freilich mit der Pointe, daß zu-

gleich die solchen Wunschträumen entgegenstehende gesellschaftliche Wirklichkeit als wertdefizient erscheint und so die
Diskrepanz von ›Ideal‹ und ›Wirklichkeit‹ in der Ungereimtheit
beider als die überbietende, wesentliche Bedürfnissituation gegenwärtig wird. Die hier zur Diskussion stehende ästhetische Wahrheit hat also nichts mit einem Realitätspostulat im Sinne des
›poetischen Realismus‹ zu tun. Sie schließt die ›anderen Welten‹
der Bukolik so wenig aus wie die der imaginären Aufklärungsrei-
sen bei Voltaire oder Swift oder die vollendeten Phantasmagorien
der Surrealisten. Gerade Verfremdung und Defiguration sind
offenbar besonders geeignete Verfahren zur Vergegenwärtigung
von Betroffenheit und können im ästhetischen Text beliebig weit
gehen, ohne auch nur entfernt – auf die erläuterte Weise – ›verfälschend‹ zu sein. (*Darum* ist Bloch und Adorno im Realismusstreit
gegen Lukács recht zu geben.[60]) Erst wo endeetischer Widerspruch zwischen ›Situation‹ und ›Traum‹ in falsche Harmonie
umgebogen wird, ist die Echtheit des endeetischen Überbietungs-
anspruchs der Dichtung und in diesem Sinn ihre ästhetische
Wahrheit verletzt.

Hier liegt also der springende Punkt zur Unterscheidung genuin
ästhetischer Wahrheit von aller sonstigen – insbesondere von der
apophantischen Wahrheit, wie auch von der Wahrhaftigkeit gewöhnlicher Bedürfnisbekundung oder von beliebiger paradigmatischer Adäquatheit. Um es zusammenfassend genau zu sagen:
Ästhetische Rede ist (im weiteren Sinn) wahr, wenn sie endeetisch wahr-
haftig und gegebenenfalls paradigmatisch treffend ist; sie ist (im engeren
Sinn) ästhetisch-wahr, wenn sie dabei ihrem endeetischen Überbietungscha-
rakter ohne ›Verfälschung‹ gerecht wird, das heißt: ohne unerfüllte oder
unerfüllbare Bedürfnisse als lebenswirklich erfüllt oder erfüllbar auszuge-
ben. Unter dieser Bedingung mag Dichtung so ›unrealistisch‹, ja
phantastisch sein, wie sie will – ihrer Wahrheit als redender Kunst
braucht sie damit keinen Abbruch zu tun.

Verfälschung ästhetischer Wahrheit kann nun schlicht *strategisch*
sein, wie in der Werbung: gezielte endeetische Manipulation wider besseres Wissen, die dann vergleichsweise leicht zu entlarven
ist. Sie kann aber auch – und das ist der im Grunde relevante Fall
– mehr oder weniger undurchschaut geschehen, insbesondere als
ideologische Verschleierung.[61] Auch hier erscheint ja faktischer
Mangel als vermeintliche Erfüllung: insbesondere wenn die Befriedigung ›quantitativer‹ Bedürfnisse (mit Rousseau und Kant:

Habsucht, Machtsucht, Ehrsucht) ideologisch – also zu ihrer Rechtfertigung zugunsten herrschender Interessen – mit ›qualitativer‹ Bedürfnisbefriedigung (wie sie etwa durch Sinn, Identität oder Liebe geschieht) verwechselt wird.[62] Und eben deshalb kommt in der Kunstkritik, jedenfalls im Blick auf ästhetische Wahrheit, der Ideologiekritik zweifellos entscheidende Bedeutung zu.

Man könnte an dieser Stelle vielleicht auf den Gedanken kommen, die ästhetische Wahrheit kurzerhand über die ›wahren‹ (›echten‹ oder ›eigentlichen‹) Bedürfnisse zu definieren, welche die ›wahre‹ Kunst – gegen die ›falschen‹ Bedürfnisse – zur Geltung zu bringen hätte. Dann müßte man freilich, um ästhetische Wahrheit identifizieren zu können, definitionsgemäß bereits wissen, was – überhaupt und jeweils – die ›wahren‹ Bedürfnisse sind. Solches Wissen, soll es nicht dogmatisch (und mithin beliebig) sein, läßt sich aber erst im apophantischen Diskurs gewinnen und in je neuem Konsens bestätigen, differenzieren oder korrigieren; andererseits ist der apophantische Diskurs, soll er nicht bedürfnisfremd sein, auf die endeetische Kommunikationspotenz der redenden Kunst angewiesen. Elementar gesagt: im Verhältnis von *apophantischer* und *endeetischer* Rede kann es für einen qualifizierten Wertkonsens keine Bevormundungsinstanz geben. Und das gilt ebenso für die entsprechenden Überbietungsformen: also fürs Verhältnis von wissenschaftlicher und ästhetischer Rede. Auch wissenschaftlich betriebene Ideologiekritik ist letzten Endes *Bedürfniskritik*, und sie steht und fällt deshalb mit der Voraussetzung gelingender *Bedürfnisartikulation*, insbesondere mit der zwanglos überbietenden Geltendmachung von Bedürfniserfahrung in der Kunst. Die Dialektik beider Ebenen – der apophantischen und der endeetischen – ist für die praktische Wahrheit, im Sinne transsubjektiver Werterkenntnis, aus elementarem Grund unauflösbar und prinzipiell zukunftsoffen. Und eben deshalb ist eine Definition ästhetischer Wahrheit über eine Vorabdefinition der ein- für allemal ›wahren‹ Bedürfnisse (deren lediglich wirksameren Vermittlung ›wahre‹ Kunst dann zu dienen hätte) systematisch ausgeschlossen. Sie würde der Kunst so wenig gerecht wie der Wissenschaft. Zwar wird man mit guten Gründen sagen können, was jedenfalls die ›falschen‹ Bedürfnisse sind – aber es möchte sein, daß sich alle Schulweisheit von den ›wahren‹ zwischen Himmel und Erde noch wenig träumen läßt.

Es gibt nun freilich eine lange Tradition, die Kunst gleichsam als Wahrheitslieferanten betrachtet, mit – im Vergleich zu Philosophie und Wissenschaft – nur anderen Mitteln: ungeeignete Mittel und entsprechend schwache Wahrheit für die einen (von Platon bis Hegel), geeignete Mittel und entsprechend starke Wahrheit für die anderen (von Aristoteles bis Adorno).[63] Man kann hier (insbesondere in Unterscheidung von der später konkurrierenden ›Gefühlsästhetik‹) kurz von der Tradition der *Wahrheitsästhetik* sprechen, die – aufs Ganze gesehen – sogar die kontinuierlichste Form der Kunsttheorie ausmacht. Dabei besteht Einigkeit sowohl darin, daß die Kunst zwar nicht unmittelbar apophantisch auftritt (selbst in der sprachlichen Form der Dichtung nicht), als auch in der Unterstellung, daß sie aber im Grunde gleichwohl – wie Philosophie und Wissenschaft – apophantischen Charakter habe: nur (weil ohne begrifflich-argumentative Deutlichkeit) auf sozusagen apokryphe Weise – und daß in dieser Besonderheit eben ihr Kunstcharakter liege. Die Bewertung der so unterstellten Eigenart der Kunst ist allerdings, wie gesagt, unterschiedlich. Wer, mit Theodor W. Adorno, jedem offenen apophantischen Wahrheitsanspruch, zumal der Theorien und Philosophien samt Logik, prinzipiell mißtraut, mag auf dessen apokryphe Form in der Kunst als letzten und einzig verbliebenen Wahrheitsort setzen; freilich gerät man dann in das Dilemma, daß unter solcher Prämisse eigentlich keine *Theorie* der Kunst mehr möglich sein kann (und man sie deshalb, strenggenommen, lassen müßte).[64] Insofern ist Hegels Kunstphilosophie nur konsequent, wenn sie die unterstellte Eigenart der Kunst – nämlich *begriffstrübe* Quelle der Wahrheit zu sein – umgekehrt als (apophantisches) Defizit bewertet, das durch eine zur Wissenschaft geläuterte *begriffsklare* Philosophie zu überwinden ist, und daher das Ende der Kunst proklamiert.[65] Diese Konsequenz stellt aber andererseits nicht die Kunst, die sich daran kaum geschert hat, in Frage, sondern die Theorie, die sie zu ziehen sich gezwungen sieht. Genauerhin: den Ansatz der traditionellen *Wahrheitsästhetik*, die den Kunstcharakter fälschlich in einer besonderen Art von *apophantischer* Wahrheitspotenz suchte und entsprechend definieren zu können meinte. Und daran ist die Wahrheitsästhetik denn auch immer wieder und insgesamt gescheitert: offenbar konkurriert Kunst nicht mit Theorie, weil Kunst als Kunst nicht *behauptet*, auch nicht auf apokryphe Weise.[66]

Selbst im Blick auf dezidierte Problemstellungen oder Lösungen, die im Rahmen ästhetischer Texte paradigmatisch thematisiert werden, geht es in der Dichtung – im Unterschied zur Wissenschaft – um ihre Vergegenwärtigung im Zeichen der Betroffenheit: bei Brecht, Camus oder Sartre nicht anders als weiland bei Rousseau, Voltaire oder Lessing; in der *Neuen Heloïse*, im *Candide* oder im *Nathan* ebenso wie in den *Schmutzigen Händen*, dem *Fremden* oder dem *Guten Menschen von Sezuan*. Zählen doch auch derlei problemengagierte Texte nicht etwa deshalb zur Dichtung, weil sie – wie Wissenschaft – begrifflich oder argumentativ hervorragen, sondern vielmehr weil sie – im Unterschied zur Wissenschaft – problembezogene Betroffenheit überbietend vermitteln.[67] Andererseits braucht Literatur nicht in dieser Weise problemorientiert zu sein, um zu Recht als gelungene Dichtung zu gelten: wenn sie nur Not und Glück und beides – je authentisch und kreativ zugleich – zu überbietendem Ausdruck bringt, wie sie es von Sappho und Alkaios bis zu Paul Celan und Ingeborg Bachmann getan hat und tut.

Redende Kunst ist – apophantisch, und zumal an Wissenschaft gemessen – überhaupt *nicht* genuiner *Ort der Wahrheit*: braucht sie doch keinerlei Wahrheit zu enthalten, die sich behaupten oder, als Voraussetzung allen Behauptens, auch nur begrifflich fassen ließe. Im Gegenteil läßt sie sich nirgends, wo immer sie Kunst ist, vollends auf den Begriff bringen, nirgends wirklich übersetzen: und eben deshalb in dem ihr Wesentlichen nicht behaupten. Sie ist mithin insbesondere nicht (im Sinne Hegels) Ort vorwissenschaftlicher, mangelhafter Wahrheit, den die Wissenschaft überflüssig machen könnte. Aus demselben Grund ist Kunst freilich ebensowenig (wie es in Umkehr der Hegelschen Stoßrichtung etwa bei Heidegger oder Adorno vertreten wird) der Ort einer sozusagen ›höheren‹ Wahrheit.[68] Vielmehr ist sie, gerade weil Kunst in diesem (apophantischen) Sinn nicht Ort der Wahrheit zu sein braucht, der kommunikativ überlegene *Ort der Betroffenheit* – gegebenenfalls *durch* Wahrheit. Deshalb kann Wissenschaft die Kunst sowenig übertrumpfen oder beenden wie Kunst die Wissenschaft. Wohl aber vermag Wissenschaft (in ihrem kritischen Erkenntnisanspruch) Kunst je neu herauszufordern; wie andererseits Kunst (in ihrer bedürfnissensiblen Innovationskraft) geeignet ist, wissenschaftliche Reflexion, zumal als praktisch engagierten Diskurs, je neu zu provozieren.

7. Ästhetische Schönheit

Bezog sich die Auszeichnung eines ästhetischen Textes als ›wahr‹ aufs Verhältnis zur Lebenswirklichkeit, so bezieht sich seine Charakterisierung als ›schön‹ auf einen bestimmten Modus der vergegenwärtigten Bedürfnislage selbst. Während man früher von der Dichtung ohne weiteres als ›schöner Literatur‹ und allgemein von den ›schönen Künsten‹ sprach, ist man hier inzwischen zögernd geworden, ja es ist jetzt dezidiert von den »nicht mehr schönen Künsten« die Rede.[69] Daß ›schön‹ jedenfalls nicht mit ›ästhetisch‹ gleichbedeutend sein kann, wird deutlich, wenn man bedenkt, daß Kunst oft häßliche Elemente enthält, die ihren ästhetischen Reiz nicht schmälern, ja gegebenenfalls erhöhen (so daß Karl Rosenkranz eine *Ästhetik des Häßlichen* schreiben konnte[70]). Diese scheinbare Ungereimtheit ist hier leicht aufzuheben, weil ja auch im Häßlichen Bedürfnisvergegenwärtigung überbietend gelingen kann, ebenso wie im Schönen. Was macht dann aber das ›ästhetisch Schöne‹ – im Unterschied zum ›ästhetisch Häßlichen‹ – aus?

Auch dieses älteste Rätsel der Ästhetik – ihre Kernfrage nach dem Begriff des ›Schönen‹ – ist in der Konsequenz des endeetischen Ansatzes zwanglos zu lösen: *›schön‹ sind ästhetische Texte, wenn in ihnen Bedürfnisse als befriedigt vergegenwärtigt werden*, ›häßlich‹, soweit das Gegenteil der Fall ist (also Bedürfnisse als frustriert in Erscheinung treten). So sind arkadische Dichtung oder Bilder oder auch Mörikes *Septembermorgen* zweifellos schön zu nennen; nicht dagegen das zitierte Kriegsgedicht oder Becketts *Namenloser* oder Goyas Radierungen (wenngleich auch sie ohne Zweifel ästhetischen Rang haben). Hinzuzufügen ist, daß Bedürfnisse (und erst recht komplexe Bedürfnislagen) mehr oder weniger befriedigt oder frustriert, ihre Vergegenwärtigung entsprechend mehr oder weniger schön oder häßlich sein kann: so daß es sich hier genauerhin um einen ›polaren‹ Gegensatz handelt, der Abstufungen und Vermischungen zuläßt.[71]

Diese elementare Definition des ästhetisch Schönen ist nun offensichtlich wiederum sehr weit, und das fürs erste wiederum mit Absicht. Schließt sie doch zunächst weder die Welt der Courths-Mahler noch der ›Peter Stuyvesant‹ aus, weder den Elfenreigen über dem Ehebett noch das Stilleben neben dem Barometer überm

Klavier. ›Schön‹ ist danach auch und gerade der Kitsch; und er wird ja von den allermeisten nicht von ungefähr auch genau so qualifiziert, ja als Inbegriff des Kunstschönen geschätzt. Und darüber sollte man sich wiederum nicht einfach terminologisch hinwegsetzen.

Nur wenige Anspruchsvollere (zu denen insbesondere gewiß alle Leser zählen) bezeichnen Kitschiges gern ironisch als »*zu* schön« und signalisieren damit einen engeren, *strengen Schönheitsbegriff.* Und er läßt sich nach den getroffenen Unterscheidungen auch klar präzisieren, und zwar *in zwei Richtungen.* Die eine bezieht sich auf den Aspekt der ›innovatorischen Relevanz‹ des Ästhetischen und postuliert *ästhetische Neuheit* des Kunstschönen. Damit ist der Kitsch (wie bereits erörtert) schon auf Grund seiner ihm wesentlichen Epigonalität in ihrer flachen, eklektischen Harmonisierung ausgegrenzt. Die andere bezieht sich auf den Aspekt ästhetischer ›Unverfälschtheit‹ und fordert für das Kunstschöne *ästhetische Wahrheit.* Insbesondere ›verfälschte‹ Darstellung von Bedürfniserfüllung (wo lebenswirklich Unerreichbares als erreichbar ausgegeben wird) kann nicht im strengen Sinn ›schön‹ heißen, entsprechend dem einschlägigen Verdikt: »*zu* schön, um *wahr* zu sein«. Damit ist der literarische Kitsch außer wegen seiner notorischen Epigonalität zugleich wegen seines notorischen Mangels an ästhetischer Wahrheit vom strengen Begriff ästhetischer Schönheit ausgenommen.

Hier ist nun eine historische Differenzierung von systematischer Bedeutsamkeit: die *Unterscheidung zwischen dem traditionellen und dem modernen Begriff des ästhetisch Schönen.*

Zum klassischen Schönheitsbegriff gelangt man, wenn man das Kriterium der Bedürfniserfüllung auf die Lebenssituation insgesamt und das überdies im Sinne einer das einzelne Leben übergreifenden ›Totalität‹ bezieht: auf eine ›Welt‹, in der (mit Kant) Natur und Vernunft versöhnt oder (mit Hegel) Besonderheit und Allgemeinheit vermittelt sind und das Bedürfnis nach Identität im Blick aufs Ganze, als dessen sinnvollen Teil man sich selber begreifen kann, befriedigt ist. Es geht mithin um die umfassendste (›letzte‹ oder ›höchste‹) Form von Bedürfniserfüllung, die in der klassisch-schönen Kunst gegenwärtig werden soll. Selbstverständlich läßt sich Totalität nicht als solche, nämlich als ganze, vergegenwärtigen, sondern wiederum nur paradigmatisch: eben durch (entsprechend eingeführte) Paradigmen derart umfassender Harmonie von Teil und Ganzem, wie sie die Skulpturen und Tempel der Griechen in vorbildhafter Weise repräsentieren. Das schließt Leiden und Identitätsanfechtung nicht aus, wie im Blick auf Epos und Tragödie derselben Klassik unübersehbar ist; wenn nur gewährleistet bleibt, daß das Paradigma seinen in der Harmonie des Ganzen vergegenwärtigten Totalitätscharakter nicht einbüßt. Und eben dieser Charakter war und blieb hier *mythisch* verbürgt: also durch den Glauben an eine Instanz, die den Zufall (selbst und gerade, wo ihm der existentiell Betroffene ohnmächtig gegenübersteht) in einem allumfassenden Sinnganzen aufhebt.[72] Und das gilt in der Folge, wenngleich mit empfindlich wechselnden Paradigmen, auch für die christliche Kunst. ›*Ästhetisch-schön*‹ *im traditionellen Sinn* ist also die *paradigmatische Vergegenwärtigung einer* (trotz aller Widrigkeiten) *im Ganzen* – im Wesentlichen und im Grunde – ›*heilen*‹ *Welt.*[73]

Moderne Kunst bezweifelt oder verneint nun aber gerade, daß Totalitätsparadigmen ohne ›Verfälschung‹ möglich sind, nehmen sie doch auf die unheile Welt als auf eine heile Bezug.[74] Ihre Schönheit hat deshalb keinen mythisch verbürgten Totalitätscharakter mehr, sondern *Aspektcharakter.* Sie kann aber noch unter entschiedener Negierung jeder sich für verbürgt und in diesem Sinn für ›wirklich‹ ausgebenden Totalität aspekthaft eine gegenwirkliche Totalität evozieren, die ihren ›schönen Schein‹ bewußt als Schein ausweist und sich damit der (insbesondere ideologischen) Verfälschung verweigert, worauf es Adorno in seiner Ästhetik ankommt.[75]

So wird die mythisch geschlossene Welt des Epos im Roman (besser gesagt: im Antiroman) der literarischen Moderne entzaubert, an deren Schwelle Flaubert den Totalitätsbezug des Lebens radikal-aporetisch auflöste und zugleich in seiner innovatorischen Dingpoesie eine aspekthafte Schönheit entfaltete, welche die verlorene Identität im ausgesprochen Neben-Sächlichen neu vergegenwärtigt.[76] Und Francis Ponge, um ein Beispiel signifikanter Eskalation zu nennen, evoziert in seiner prosaischen Lyrik die »süße Illusion« (*la douce illusion*) einer Welt der Dinge, der Steine und Mimosen, unter völligem Ausschluß des Menschen, eine Welt der Dinge »ohne mich«, die je in ihrer eigenen Eigenart wieder Spiegel von Identität werden sollen. Eine Welt außermenschlicher Identität also, die freilich in Produktion und Rezeption nicht anders zustandekommt als durch die sozusagen liebevolle Hin-

wendung zu dem, was ich nicht selber bin, als durch Selbstrück-
stellung und zugleich Selbstaktualisierung in partizipativer Phantasie, und die so, in einem Negativbild gleichsam, eine neue
Identität des vermeintlich ausgeschlossenen Menschen im ästhetischen Vollzug antizipiert.[77] Wenn moderne Kunst im Zeichen
von Abstraktion und Negation die Paradigmen überkommener
Schönheit gründlich destruiert, so hat sie in dieser Anstrengung
ästhetischer Wahrheit zugleich unvermutete und unabsehbare
Möglichkeiten neuer Schönheit eröffnet: Paradigmen, wenn man
so will, entmythisierter Hoffnung.

In *einer* Hinsicht bleibt sich Dichtung als ästhetische Rede allerdings im Wandel vom klassischen zum modernen Schönheitsmo-
dus, vom lyrischen Gesang bis zur Sprachmontage, durch alle
Veränderung hindurch gleich – ob sie harmonisch oder disharmonisch ausfällt, ob sie eine heile oder unheile Welt vergegenwärtigt,
ob sie als Ganze oder in Teilen ›Gegenwelten‹ darstellt oder nicht:
nämlich in dem die gewöhnliche Kontingenz sprachlicher Zeichengestalt überwindenden stimmigen Ganzen des ästhetischen
Texts. Darin hat und behält Kunst ihren *formalen Totalitätsaspekt*,
auch in der Moderne: ihr ›utopisches‹ Moment – und sei es in der
(gleichwohl vernehmlich kontingenzbrechenden) Form der Entzauberung, ja des Häßlichen. Unter *diesem* Aspekt ist ästhetische
Rede stets auch und gegebenenfalls dennoch schön. Gehört doch
einerseits zum *Ästhetischen* wesentlich die Aufhebung der phänomenalen Kontingenz gewöhnlicher Zeichen, und zwar in Erfüllung des Bedürfnisses nach umfassender Sinnganzheit als solchem
– und ist doch andererseits das Ästhetische insoweit *schön*, als es
Bedürfniserfüllung (also auch und insbesondere diese) vergegenwärtigt.[78] Deshalb ist die ›Totalität‹ der ästhetischen Form, in
ihrer kontrafaktisch evozierten Erfüllung jenes Fundamentalbe-
dürfnisses, eben schön – und in diesem Punkt bleibt sie es mithin
(wie angefochten und zerrieben auch immer) selbst da, wo sie die
Darstellung frustrierendster Not gelingend ins Werk setzt. Das ist
der Grund, warum noch provozierend häßliche Kunst in ihrer
Form einen Rest, eine Ahnung spröder Schönheit behält.

Auch hier hat Kant – über den Horizont dessen, was er sich als
Kunst hätte träumen lassen – am Ende immer noch recht: Kunst
kann die *Form* ihrer sinnfällig begrifflosen Zweckmäßigkeit – und
damit das teleologische Sinnbedürfnis als solches – offenbar nicht
aufgeben. Wie vielleicht am eindrucksvollsten wiederum Becketts

verzweifelt vergebliches Bemühen zeigt, der Kunst die Kunst auszutreiben. Erscheint doch gerade darin die teleologische Sehnsucht ästhetischer Form – eben weil sie sich hier *dennoch* und *allein* durch die eigene überbietende Kommunikationskraft beglaubigt – als authentisch.

8. Sprachen der Kunst

Bleibt zunächst die Frage, ob die hier im Ausgang von der Dichtkunst entwickelten Unterscheidungen paradigmatische Tragweite
für alle Künste haben (und späterhin schließlich, ob sie als Grundbegriffe der Ästhetik überhaupt – also einschließlich ihrer Anwendung auch auf Naturdinge – gelten können).

Von Ernst Cassirer bis Nelson Goodman herrscht jedenfalls
Übereinstimmung darüber, daß auch die Werke der außerverbalen Künste als Zeichenkomplexe aufzufassen sind und in diesem
erweiterten Sinn als ästhetische Texte in unterschiedlichen Sprachen.[79] Und auf eine bestimmte Weise ist das durchaus einsichtig.
Blicken wir zur Verdeutlichung dessen noch einmal auf unsere
Mörike-Verse zurück. Zwar sind sie nicht wirklich zu übersetzen:
weder in eine andere verbale Sprache noch in ein sonstiges Zeichensystem. Und doch ist nicht von der Hand zu weisen, daß
Mörikes *Septembermorgen* sich zum Beispiel malen ließe. Ja die
visuelle Metaphorik jener ›in warmem Golde fließenden‹ Herbst-
welt ruft geradezu nach sichtbaren Farben und Formen, die diese
Metaphorik samt ihrem endeetischen Konnotationsgehalt auch
optisch zum Ausdruck bringen: und damit in einer zwar ganz
anderen und eigenen, aber in ihrer sinnlichen Andersartigkeit
komplementären Sprache. Keine Übersetzung also, wohl aber
komplementäre (und gegebenenfalls kongeniale) Entsprechung
zwischen den sinnenverschiedenen Sprachen. Wie denn Gedichte
ja auch immer wieder zur ›Vertonung‹ herausgefordert haben,
ohne daß solche Vertonung, und sei sie noch so gelungen, je eine
Übersetzung des Gedichts wäre – noch weniger als seine ›Verbild-
lichung‹.

Daß Kunst – und nicht nur die verbale, sondern alle Kunst –
Komplementierung ihres Ausdrucks in anderen Sinnesmedien
herbeiruft, nennt man ihren ›synästhetischen‹ Charakter.[80] (Auf
den Grund dieser Eigenart komme ich im nächsten Kapitel zurück.) Ja für manche Künste ist ein sinnenverschiedenes Komple-
ment sogar konstitutiv. Der Tanz zum Beispiel geht von vornherein mit rhythmischem Klang einher und ist inzwischen ebenso
unzertrennlich mit der Musik verschwistert wie der Liedtext mit
seiner Melodie (wozu sich Tanz selbdritt gern noch hinzugesellt).

Und in der Bühnenkunst finden sich mitunter Sprache, Mimik, Gebärde, Musik, Tanz, Farbe, Licht, Dekor und Architektur nahtlos verwoben. Diesem synästhetischen Charakter der Kunst gemäß können endeetische Kommunikationswerte – etwa der Freude oder der Trauer – offenbar nicht allein in verbalen, sondern auch in außerverbalen Sprachen zum Ausdruck kommen; und das nicht nur in ›darstellenden‹ Sinnessprachen, sondern auch in der Sprache ›abstrakter‹ Kunst: in reinen Farben-, Formen- oder Tonkompositionen. So können zum Beispiel die endeetisch signifikanten Farbtöne und -verläufe jener ›Welt‹ des ›in warmem Golde fließenden‹ Herbsts sich malend so verselbständigen, daß darin die Konturen einer Herbstlandschaft nicht mehr zu erkennen sind, wohl aber und am Ende allein noch der von ihnen ›abgelöste‹ endeetische Ausdruckswert der Farben und Formen des ›abstrakten‹ Bilds.[81] Entsprechendes gilt etwa für das metaphorische Grau-in-Grau gemalter Trauer: es exemplifiziert unmittelbar den Farbton ›Grau‹ in Nuancen und Schattierungen und konnotiert metaphorisch eine Welt der ›Trauer‹.[82] Und in diesem Sinn ist auch die getragene Eintönigkeit einer *Marche funèbre* wohl unterscheidbar von der raschen Munterkeit einer musizierten oder getanzten *Gaillarde* (als eine endeetisch je andere ›Welt‹, die begrifflich zwar anzudeuten, aber nicht einzuholen ist).

Danach hat nicht nur der ›darstellende‹ Modus der Kunst Zeichencharakter (was sich von selbst versteht, weil Darstellen nicht nur verbal, sondern allemal eine offensichtliche Form des Zeigens ist), sondern auch ihr ›abstrakter‹ Modus. Und diese Verwandtschaft beider bestätigt sich um so mehr, als die Grenze zwischen dem ›darstellenden‹ (›gegenständlichen‹ oder ›konkreten‹) Modus auf der einen Seite und dem ›nicht-darstellenden‹ (›ungegenständlichen‹ oder ›abstrakten‹) auf der anderen in allen Künsten, und nach beiden Richtungen, fließend ist. Am deutlichsten erweist sich das in der bildenden Kunst mit ihren vielgestaltig bruchlosen Übergangsformen von der traditionell darstellenden zur dezidiert abstrakten Malerei und Bildhauerei[83]; oder auch beim Tanz im Spektrum zwischen abstrakten Sequenzen tänzerischer Stilfiguren und Arabesken und der Dramaturgie des szenischen Balletts. Aber selbst die Musik kann, obwohl Prototyp abstrakter Kunst, dennoch zur Programmmusik werden, die darauf ausgeht, in ihren Klängen Konturen konkreter Lebenswirklichkeit kompositorisch hervorzutreiben: gleichsam in einer komplexen Onomatopoesie symphonischer ›Dichtung‹ (wie man sie nicht von ungefähr nennt). Und die Dichtung hat, umgekehrt, in der Moderne zunehmend Texte entwickelt, die unter Auflösung der Satzstruktur zugleich die Konturen konkreter Lebenswirklichkeit verschwimmen und verschwinden lassen und so zum reinen Konnotationsgedicht werden: wo das Ensemble der Wörter (gleichsam wie eine Komposition von Farbtupfern) einen Komplex endeetischer Ausdruckswerte evoziert, der sein lyrisches Ich und seinen Situationsbezug gegebenenfalls allein im Lebenskontext findet, in dem er bekundet oder rezipiert wird.[84] Aber auch die traditionelle Dichtung ist in ihren Formelementen, wie alle Kunst, mehr oder weniger abstrakt: wie sich zumal in der Prosodie der Wörter zeigt, die der Melodie der Töne gleicht; aber auch in Figuren und Mustern der Wiederholung oder der Variation, der Steigerung oder des Kontrasts, die allen Künsten gemeinsam sind. Freilich ist selbst die ästhetisch formalste Evokation von Harmonie oder Dissonanz oder beidem allemal wiederum nur in Lebenskontexten möglich, wo sie in personale und situative Bezüge konkreter Betroffenheit eingebettet ist und damit allererst Sinn gewinnt. Und das auch und gerade dann, wenn die jeweilige Sprache der Kunst diese Bezüge ansonsten kaum oder überhaupt nicht explizit macht und damit entsprechend weite Rezeptionsräume in anderen Lebenskontexten öffnet.

Der hier in einigen Aspekten beleuchtete Zusammenhang der redenden und der nicht redenden bis hin zur abstrakten Sprache der Kunst ist jedenfalls faktisch kaum zu übersehen, wenn auch seine genauere zeichentheoretische Analyse, die Susanne Langer und Goodman bisher am weitesten vorangetrieben haben[85], vorderhand noch genug Fragen und Kontroversen offenläßt. Ohne in diesem Rahmen darauf weiter eingehen zu können, läßt sich doch nach allem nicht ohne Grund unterstellen, daß sprachkritisch gewonnene Einsichten oder Thesen zum Kunstcharakter der Dichtung, mutatis mutandis, auch für die anderen Künste tragfähig oder relevant sind. Entsprechend sollte die in den vorangegangenen Kapiteln auf *ästhetische Rede* gemünzte Begriffsbildung auch in diesem erweiterten Sinn für *ästhetische Artikulation*, in welcher Sprache der Kunst auch immer, Geltung haben oder sich bewähren lassen.

Und das bestätigt sich wohl auch und zunächst für die hier an der Sprachkunst entwickelte *Grundbestimmung des Ästhetischen* als überbietende endeetische Artikulation. Bringen doch offenbar nicht allein Literatur und Dichtung, sondern – je originär – auch Malerei und Plastik, Architektur und Musik, Tanz, Pantomime oder Aktionskunst erfüllte wie unerfüllte Bedürfnisse und Betroffenheiten gegenüber den gewöhnlichen Sprachen des Alltags in der Tat, und zumal, überbietend zum Ausdruck: in der *Hymne an die Freude* oder Celans *Todesfuge*, in der Panflöte der Indios oder der *Pathétique*, in Boschs *Garten der Lüste* oder Picassos *Guernica*, im Pas-de-deux oder im Transvestitenballett, in den Domen der Gotik oder in Beuys' Honigpumpe. Und allenthalben trifft dabei, nicht weniger offensichtlich, das Überbietungsmoment der konnotativen Dimension von Kunst ebenso zu wie das ihrer Aufhebung der Kontingenz gewöhnlicher Zeichengestalten in ihrer ›aufs Ganze gehenden‹ Form.[86]

Ungewisser erscheint zunächst die Verallgemeinerbarkeit der Kriterien *ästhetischer Wahrheit*: jedenfalls wenn es dabei nicht allein um endeetische Wahrhaftigkeit geht, sondern man darüber hinaus nach paradigmatischer ›Adäquatheit‹ oder nach ›Verfälschung‹ in bezug auf konkrete Lebenswirklichkeit fragt.[87] Davon kann in den Künsten ja nur insoweit die Rede sein, als sie eine solche Bezugnahme erkennen lassen – wie es in den darstellenden Künsten (mehr oder weniger) der Fall ist, kaum dagegen in den abstrakten: in Musik, Architektur, ungegenständlichen Bildnissen oder Figuren, Ornament, Dekor oder Design. Aber auch sie haben ja einen konkreten Lebenswirklichkeitsbezug, wie jede Kunst, in ihrer sozialen Funktion[88]: zum Beispiel als Repräsentation, als individuelle oder kollektive Selbstverherrlichung, als Normen- oder Institutionenpreis, als Zerstreuung, als Betäubung, als Protest. Und auch diese Art der Bezugnahme kann offenbar verfälschend sein: wenn sie eine faktisch gebrochene Lebenswirklichkeit als harmonisch, Trostloses als rosig erscheinen läßt – ob im Staatsakt oder im Denkmal, in der Hymne oder in der Schnulze. Auf die Frage, ob er denn gar nichts mehr von einem Dreiklang halte, hat unlängst Mauricio Kagel in einem Rundfunkinterview sinngemäß geantwortet: Doch – aber das sei ein so unerhörtes Ereignis, daß es, wenn überhaupt, höchst selten möglich sei. Wer solches sagt (obwohl die überkommene Musik ja von Dreiklängen wimmelt), bezieht sich damit eben doch auf die Lebenswirklichkeit (auch wenn ihre konkreten Konturen in der Musik selber nicht in Erscheinung treten); und zwar auf deren

Bedürfniswirklichkeit – und das im Namen ästhetischer Wahrheit. Es ist freilich der Vorzug der Sprachkunst, wegen ihrer umfassendsten und differenziertesten Bezugsfähigkeit auf objektive Lebensumstände (gegebenenfalls in paradigmatisch fiktionaler Weise) am besten zu einer situationscharakterisierenden Bedürfnisvergegenwärtigung geeignet zu sein; während es der Vorzug der Tonkunst ist, am reinsten den endeetischen Charakter des Ästhetischen zu verwirklichen.

Der Begriff der *Schönheit*, im Sinne vergegenwärtigter Bedürfniserfüllung, ist kunsttheoretisch ohne weiteres zu verallgemeinern: nennen wir doch Kunst, in welchem Medium auch immer, nur insoweit schön, wie sie Bedürfnisse als befriedigt zum Ausdruck bringt oder deren Erfüllung, gegen faktische Frustration, evoziert – nicht aber die in Kunst vergegenwärtigte Zersetzung oder vergütungsleere Zerstörung von Erfüllungserwartungen. Das gilt für den traditionellen Schönheitsbegriff und seine Totalitätsparadigmen (man denke an die Tempel der Antike oder die Gregorianik) wie für den modernen, der die Evokation solcher Totalität nur auf der Folie von Gegensymbolen zuläßt (man denke an die aspekthafte Schönheit der defigurierten Akte Pablo Picassos im Unterschied zur Aphrodite des Praxiteles). In der Musik, als dem abstraktesten Gegenstück zur darstellenden Kunst, ist der hier spezifische Begriff der der ›Harmonie‹ im Gegensatz zur ›Disharmonie‹ oder ›Dissonanz‹. Und diese genuin musikalische Unterscheidung ist bezeichnenderweise zugleich eine der zentralen Metaphern zur Beschreibung endeetischer Spannung und Entspannung, zur Charakterisierung geglückter oder gestörter Bedürfniserfüllung überhaupt, in allen Kunstbereichen – von den konkretesten bis zu den abstraktesten Sprachen der Kunst.

9. Kunst und Sinnlichkeit

Mit den außerverbalen Künsten der Farben, Formen und Klänge tritt als entscheidendes Moment die Sinnlichkeit des Kunstcharakters vollends in den Vordergrund. Ihre zeichenpragmatische Relevanz ist freilich zunächst wiederum bei der Dichtkunst am klarsten zu erfassen. Auch da bezieht sich ja die ästhetische Wertschätzung nicht zuletzt auf die konkrete, insbesondere akustische Sinnlichkeit der Zeichengestalt, zumal auf Rhythmus und Klangfarbe (während solches apophantisch völlig irrelevant ist). Deshalb lassen sich poetische Texte, je mehr ihnen sinnliche Qualität eignet, um so weniger übersetzen. Aber es ist am Paradigma der Dichtkunst eben auch deutlich, daß es sich dabei nicht sozusagen um unvordenkliche sinnliche Evidenz handeln kann. Auf einen onomatopoetischen Effekt zum Beispiel oder einen Rhythmus, auf eine prosodische Zäsur oder ein Enjambement kann man nämlich nicht gleichsam ›von selbst‹ aufmerksam werden, sondern nur im Zusammenhang eines Text*verständnisses*, innerhalb dessen jene sinnlichen Qualitäten ihrerseits bedeutungsvoll, im wörtlichen Sinne signifikant sind. Der Pfiff und die Würze des bekannten Zweizeilers

> Hans Sachs war Schu-
> macher und Poet dazu

wo (in Rhythmus, Zeilenschnitt und Reim) Zusammengehöriges gemächlich auseinandergehackt und Heterogenes hurtig ineins verschweißt ist, wären völlig dahin, wenn man ihn auf die Information verkürzt, daß der Dichter Hans Sachs hauptberuflich Schuhmacher war. Andererseits würde solche ›Würze‹ der sinnlichen Textqualität gar nicht erst wahrgenommen von jemandem, der die Verse nicht versteht.[89]

Das ist natürlich nur ein simples Beispiel gegenüber der ungleich reicheren sinnlichen Qualität etwa der beiden eingangs zitierten Gedichte, von Verlaine oder Trakl zu schweigen. Aber sie eignet nicht allein dem Gedicht und schon gar nicht allein der ›schönen‹ Poesie. Vielmehr gehört ja die ganze Vielfalt der expressiven und zugleich kontingenzüberhobenen Phänomenalität ästhetischer Texte – von gleichsam trunkener Lyrik bis zum nüchternen

Schliff kristalliner Prosa – zur signifikanten Sinnlichkeit der redenden Kunst. Und sie evoziert damit (mag sie Freude oder Schmerz vergegenwärtigen) Kontingenzüberwindung just da, wo das Leben des Menschen dem existentiellen Zufall unterworfen ist und bleibt: im Bereich seiner sinnlichen Natur, in dem auch seine naturüberbietende Sprache verwurzelt ist – hörbar, sichtbar und dem Blinden sogar fühlbar. Im Ereignis der nicht länger kontingenten Sinnlichkeit dichterischer Sprache erfährt deshalb die menschliche Natur ihre eigene Zufälligkeit und Hinfälligkeit als kontrafaktisch überwunden: nicht durch abstraktive Entsinnlichung (wie in exakten Begriffssymbolen der Wissenschaften), sondern, umgekehrt, durch kommunikative Potenzierung ihrer Sinnlichkeit, sozusagen durch (unmythische) Sinninkarnation.[90] So verstanden und (sinnlich) erfahren, wandelt die Dichtung Sprache vom bloßen Medium der Kommunikation zum kommunikativen Wertgegenstand, der in seiner sinnlichen Eigenart ebenso signifikant wie unersetzlich ist – auch über das kontingente Ende des Menschenlebens hinaus.

Ästhetische Wertschätzung bezieht sich also wesentlich auf diese *Interferenz von ineins sinnlicher und signifikanter Textqualität*. Das gilt aber auch für die andern Künste, bis hin zu den ›reinen‹ Kompositionen aus Farbe, Gestalt oder Klang, wo sie ohne Rest aufgeht: wo alles sinnliche Qualität und alle sinnliche Qualität signifikant ist – und wo deshalb die Erfahrung ästhetischer Sinninkarnation am stärksten, mitunter überwältigend ausfällt. Aber auch die leibhaftigste Sprache der Kunst, die Körpersprache der Mimen und Tänzer, versteht sich nicht von allein. Und selbst die Musik, an deren Unmittelbarkeit man hier vor allem denken mag, hat keine sinnliche Evidenz ›an sich‹; man muß sie erst hören *lernen*, weshalb sie Kleinkindern oder Mitgliedern fremder Kulturen zunächst ja auch nichts ›sagt‹. Und selbst hier bleiben Gefühle sekundär: gegebenenfalls »begleiten« sie – mit Wittgensteins Worten – »das Auffassen eines Musikstücks, wie sie das Leben begleiten«.[91] Und schließlich wird unter dem Aspekt der Sinnlichkeit von Kunst auch ihr synästhetischer Charakter begreifbar. Ist doch der Mensch je als ganzer in seiner Bedürfniserfahrung betroffen, an der er – als ganzer – mit allen Sinnen (wenngleich bei wechselnder Dominanz) teilhat[92]: so daß zumal die Kunst – als überbietender und das Leben im ganzen betreffender Bedürfnisausdruck – nicht von ungefähr die Partizipation aller Sinnessprachen herbeiruft.

Die paradoxale Rede von der unsinnlichen Sinnlichkeit der Kunst, wie sie insbesondere seit Kant und Hegel thematisch ist[93], gewinnt angesichts der charakterisierten Struktur endeetisch signifikanter Sinnlichkeit einen genauen, guten Sinn. Denn einerseits ist die Relevanz ästhetischer Sinnlichkeit nicht possessiver, sondern reflexiver Natur – darin liegt ihre ›Unsinnlichkeit‹. (Gewährt doch der Besitz von Kunst als solcher noch keinerlei ästhetische Erfahrung; und einverleiben läßt sich Kunst nun einmal nicht – abgesehen davon, daß selbst diese sinnlichste Form der Besitznahme der ästhetischen Erfahrung nicht näherkäme, die sich erst in der Reflexion auf den kommunikativen Wertgehalt von Kunst eröffnet.) Andererseits ist aber hier für die Reflexion – als endeetische, auf die leibhaftige menschliche Bedürftigkeit bezogene Reflexion – wesentlich, ja entscheidend, daß die sie vermittelnden Zeichen nicht beliebig austauschbare und in diesem Sinn ›abstrakte‹ Zeichen sind (wie in der wissenschaftlichen Formel), sondern ihrerseits in sinnlicher Leibhaftigkeit in Erscheinung treten: unersetzlich wie die der Menschen selber und zugleich, auch wo vom Leid gezeichnet, die Kontingenz menschlicher Leibhaftigkeit in ein und derselben Form kommunikativ überwindend. Was wäre die Schönheit mykenischer Vasen, orphischer Hymnen oder byzantinischer Kuppeln, einer Bachschen Fuge, einer Plastik Henry Moores oder eines Chagallschen Fensters im Gegenlicht – ohne ihre sinnliche Leibhaftigkeit, die zugleich der kontingenten Hinfälligkeit des Leibhaftigen widerspricht? So wie andererseits selbst die Pantomime der Verzweiflung sich – als leibhaftig gelingendes Zeichen – noch über die Not, die sie verkörpert, erhebt.

Kunst steht so in der Mitte zwischen einem begrifflichen Denken, das in theoretischer Distanz zum Leben dessen sinnlich konkrete Nähe einbüßt, und dem praktischen Leben selbst, das in seiner Distanzlosigkeit der Reflexion keinen Raum gibt. Dabei kulminiert in der ebenso leibhaftigen wie signifikanten Sinnlichkeit der ästhetischen Form, die damit Leibhaftigkeit zugleich verkörpert und über deren Kontingenz hinausweist, der endeetische Überbietungscharakter von Kunst: bei deren kommunikativem Gelingen ästhetische Wertschätzung, ästhetische Lust – reflexiv und sinnlich ineins – je verweilen kann. Sozusagen hin und her gehend zwischen Reflexion und Sinnlichkeit, weil nur in beidem zugleich sich entfaltend, und in dieser Entfaltung an kein

Ende stoßend. Auf diese nirgends sonst zugängliche Weise ist Kunst kommunikative, ebenso unstrategische wie unabschließbare, Vermittlung – wenn man mit der Tradition so will – zwischen Natur und Vernunft, zwischen Besonderem und Allgemeinem, zwischen Theorie und Praxis.

10. Avantgarde als Prüfstein

Wer heute mit Kennern der Szene eine Kunsttheorie, woher sie auch stammen mag, diskutiert, kann darauf gehen, daß sie, eher über kurz als lang, an den zeitgenössischen Avantgarden gemessen wird. Genauerhin daran, ob eine Auffassung von Kunst nicht allein deren traditionellen Beständen gerecht wird, sondern auch, ja vor allem dem Traditionsbruch in der avantgardistischen Gegenkunst der Moderne. Wie denn ja allemal die Gegenwart unmittelbarer ihr Recht fordert als die Vergangenheit, auch wenn es erst in der Vermittlung beider zu fassen ist.

Die hier vertretene Kunsttheorie hat nun zwar von vornherein ihren Kunstbegriff aus der Gegenüberstellung von Tradition und Moderne, von harmonischer und dissonanter Kunst, entwickelt: so daß sich beide polar-konträren Seiten dennoch unter *einem* Begriff der Kunst zusammenschließen. Aber hat die moderne Avantgarde den dissonanten Pol der Kunstproduktion inzwischen nicht so weit isoliert und ins Extrem getrieben, daß sie die Einheit selbst eines solchermaßen dialektisch konzipierten Kunstbegriffs sprengen muß? Dementiert nicht die radikale Moderne alles und jedes, was in der Tradition Kunst hieß? Die Antwort sei hier vorweggenommen. Es gibt, im Gegenteil, keine überzeugendere Bestätigung des elementaren Kunstcharakters als just seine radikale Infragestellung, ja Destruktion in der manifestierten Antikunst der modernen Avantgarden.

So ungereimt das zunächst klingen mag, so unwiderstehlich wird es sich hernach erweisen. Dazu empfiehlt sich, das Augenmerk insbesondere auf die frühen und authentischsten Avantgarden des Jahrhunderts – zu Zeiten namentlich des Dadaismus und Surrealismus – zu richten, die inzwischen zwar bereits als die ›historischen‹ oder gar (mit einem signifikanten Oxymoron) die ›klassischen‹ gekennzeichnet werden, aber seinerzeit mit ihrem Kunstprotest noch wirklich ärgerten, ja schockierten. Im Unterschied zu den längst im offiziellen Kunstbetrieb integrierten Post- und Neoavantgarden unserer Tage, denen die Museumsreife, die den Protagonisten von einst wenigstens erst nachträglich blühte, schon mit der Vernissage in den Schoß fällt.

In seiner *Theorie der Avantgarde* hat Peter Bürger jene klassischen

Paradigmen moderner Protest- und Gegenkunst in wesentlichen Zügen charakterisiert und dabei, wie zuvor schon Herbert Marcuse[94], deutlich gemacht, daß der avantgardistische Anspruch, Kunst auf Lebenspraxis zurückzunehmen, um diese spontan zu reorganisieren, sich – spätestens im Refugium der Museen – als illusorisch erweisen muß. Weshalb eben die neoavantgardistische Perpetuierung dieses Anspruchs der Authentizität jenes ersten Aufbruchs der historischen Avantgarden inzwischen entbehre. (Zumal das Postulat nach Durchdringung von Kunst und Leben sich fatalerweise eher in der Omnipräsenz der Konsum- und Warenkunst als in der Esoterik der Avantgarden erfüllte.[95]) In diesem Sinn hat Bürger einerseits Adornos Perspektive einer permanenten Avantgarde, mit Verweis auf deren *historischen* Charakter, beschnitten[96] und andererseits, mit demselben Verweis, ihre Abwertung durch Marcuse gebremst. Macht doch dessen Einsicht in den Widersinn avantgardistisch intendierter Reduktion von Kunst auf Lebenspraxis nicht auch das eigentliche Verdienst der historischen Avantgarden zunichte: ihre Entbindung kritischen Potentials – insbesondere in zweifacher Hinsicht: auf der kunsttheoretischen Seite als unerhörter Reflexionsschub, der die ›autonome‹ Kunst der Vergangenheit ihrer vermeintlichen Unschuld entkleidet, die sie als gesellschaftliche Institution in Wahrheit nie vollends besessen, weil ihre Abspaltung vom praktischen Leben dessen Identitätsdefizit durch ästhetische Kompensation verewigen half.[97] Auf der kunstpraktischen Seite durch Initiierung ›gebrochener‹ Verfahren (wie das der Montage) – gleichsam mit diskursiven Einbruchsstellen, die gegen eine affirmative Vereinnahmung der Institution Kunst die Dialektik von Kunst und praktischem Diskurs, zwingender als in der Vergangenheit, ausspielen.[98] Beides eher mittelbare Folgen, die bis heute wirksam und in ihrer Bedeutung kaum zu überschätzen sind.

Für die Gretchenfrage indes, ob die Avantgarden den hier entwickelten Kunstbegriff denn nun dementieren oder bestätigen, kommt es auf etwas anderes an. Nämlich allein darauf, ob sie Kunstformen geschaffen haben, die das Definiens jenes Begriffs (ganz oder in Teilen) außer Kraft setzen oder nicht: das Bedürfnismoment der Betroffenheit (1), seine Überbietung lebenspraktischer Kommunikation (2), deren konnotativen Charakter (3), unter Aufhebung der Kontingenz gewöhnlicher Zeichengestalten (4) mit Sinnbezug aufs Lebensganze (5). Gehen wir also am

Prüfstein der Avantgarden die postulierten Grundkriterien des Kunstcharakters der Kunst noch einmal durch.

Daß es da um Kommunikation von *Betroffenheit* geht, steht wohl außer Frage (wie weit deren Gelingen im einzelnen auch strittig sein mag). Hat doch das Schockierende, als potenzierter Betroffenheitsmodus, nie zuvor diesen Stellenwert erreicht: ob in den entfesselten Träumen der Surrealisten oder der frappanten Clownerie des Dada. Und damit ist bereits ebenso offenkundig, daß die Avantgarde als dezidierte *Überbietung* gewöhnlicher Kommunikation auf den Plan tritt. Ja, die Manifestationen der klassischen Avantgarden sind in ihrem Protest gegen überkommene Formen des Lebens wie der Kunst überhaupt erst von Belang, wenn man sie als überbietende Betroffenheitsäußerung ernst nimmt – bisweilen mit gehörigem Witz. Überdies hat Kunst nie zuvor ihren konnotativen Charakter so erwiesen, ja strapaziert, wie dort. In dem Maß, wie hier explizite Bedeutung sich verflüchtigt, wird *Konnotation* zum beherrschenden Kommunikationsprinzip. Ohne konnotative Anstrengung und Überanstrengung geht da nichts mehr.[99] Weshalb dem solcher Zumutung Abholden hier nichts bleibt als der blanke Ärger am Unverdaulichen: ob angesichts eines von Künstlerhand signierten, fabrikechten Urinoirs oder von ungereimten Versen, wo ›sublim blaue Hitze sich an Fensterschläfen lehnt‹ (worauf ich beidemal zurückkomme).

So unabweisbar die klassischen Avantgarden die bisher beleuchteten Kunstkriterien, womöglich bis zum Exzeß, erfüllen, ebenso gründlich scheinen sie freilich die beiden letzten und am Ende ausschlaggebenden abzubauen, ja ad absurdum zu führen: das Überwinden der phänomenalen Kontingenz gewöhnlicher Zeichenkomplexe und seinen Bezug aufs Lebensganze. Ist es nicht gerade das Prinzip der Stimmigkeit, des sinnfälligen Passens der Teile zu einem Ganzen, kurz (in diesem Sinn) der *Werkcharakter* der Kunst, der mit den Avantgarden in Frage steht, ja vollends zertrümmert wird? Und zwar im Modus des Bruchs, des Zufalls, der Turbulenz des Heterogenen, in der zum Gegenprinzip des Werkcharakters radikalisierten Dissonanz? Darauf hat Adorno, der durchaus auf seiten der Avantgarden stand, schlagend geantwortet: »Noch wo die Kunst gegen ihre Neutralisierung zu einem Kontemplativen revoltiert, auf dem Äußersten von Unstimmigem und Dissonantem besteht, sind ihr jene Momente zugleich solche von Einheit; ohne diese würden sie nicht einmal dissonieren.« Selbst die »sogenannte absurde« Kunst habe »teil an der Dialektik, daß sie als Sinnzusammenhang, in sich teleologisch organisiert, ausdrückt, daß kein Sinn sei«.[100] Und in der Tat haben die Avantgarden den Horizont eines wahrnehmbaren Sinnganzen, unter dem sich Kunst – positiv oder negativ – aufs Leben bezieht, nirgends und nie vollends aufgegeben. Vielmehr haben sie ihn entweder auf nur andere, wenn auch irritierend andere Weise neu konstituiert oder aber, wo es wirklich um seine Demontage geht, dennoch evoziert, um ihn destruieren oder ins Leere fallen lassen zu können. (Und selbst dann ist es noch die Frage, ob sich der Werkhorizont nicht, gleichsam rückwärts, doch wieder aufbaut und warum.) Beide Momente lassen sich vielfach belegen, bei den historischen Avantgarden wie bei ihren post- und neo-avantgardistischen Nachfahren. Ich beschränke mich hier auf einige wenige, aber gezielt unterschiedliche Beispiele.

Allerdings darf man, bei den Avantgarden zumal, die Parolen ihrer Manifeste nicht mit den Manifestationen ihrer Werke gleichsetzen. Das zeigt sich exemplarisch am Fall des klassischen Surrealismus. In der Diskrepanz zwischen theoretischem Postulat und literarischer Praxis: hier zwischen den Manifesten André Bretons als programmatischem Papst und Zar der Surrealisten auf der einen Seite und den besten Texten ihrer Dichter auf der anderen (wozu auch einiges von Breton selber gehört).[101]

Das surrealistische Kerntheorem ist das der *écriture automatique*[102]: der ›automatischen‹ Niederschrift einer mit der Unwillkürlichkeit des Traums sich artikulierenden Stimme der Tiefe. Sie soll aus der Anonymität des Unbewußten – von den Fesseln rationaler Sprachlogik wie der ästhetischen Form gleichermaßen befreit – eine andere, überbietende Realität, die die sinn- und formgebundene Kunst bisher verfehlte, als die eigentliche Wirklichkeit nicht nur zum Vorschein, sondern zum Leben, ja geradewegs ins ansonsten entfremdete und verkümmerte Leben bringen. Das klingt romantisch und ist es auch. Mit dem Unterschied freilich, daß es für die Surrealisten weder des Naturgenies bedarf, um jene Stimme der Tiefe, ihr ›unerschöpfliches Murmeln‹ laut werden zu lassen[103], noch seiner ästhetischen Kreativität, um ihrer Wunderwelt phantasmagorischer Bilder Gestalt zu geben. Die *écriture automatique* soll vielmehr, ganz unromantisch, Sache jedermanns sein: Frucht passiven Lauschens und Registrierens, das allen offen ist. Und eben deshalb soll sie, um der Echtheit ihres Ursprungs willen, entsprechend ungeformt, amorph sein und damit nicht Kunst, sondern Gegenkunst.

So jedenfalls, wenn man den Manifesten folgt. In der Praxis liegt der Unterschied surrealistischer Produktionen, gegenüber der Romantik wie der traditionellen Kunst überhaupt, eher woanders: nämlich durchaus in einer innovatorischen Art und Weise der Formgebung, die das Bedürfnis nach aufgehobener Entfremdung – hier in einem traumhaft erfüllten Leben – neu und unter anderen Realitätsbedingungen vergegenwärtigt. Modern ist diese Form in ihrer Hermetik und Inkohärenz. Womit sich indes ihre ebenso ungewöhnlichen wie vieldeutigen Bilder erst recht exponieren: die nun aber ihrerseits, ganz im Gegenteil, mit Signalen der Bestimmtheit und Vertrautheit gesetzt sind und damit den Zusammenhang eines Ganzen um so empfindlicher postulieren, als er, wenn überhaupt, nur bruchstückhaft und hintergründig greifbar wird. Diese an sich nicht neue Dialektik von Fragment und Ganzem ist das Formprinzip surrealistischer Dichtung, das sich aber in der Textgestaltung gegenüber dem romantischen Paradigma sprunghaft radikalisiert: nüchterner und trunkener zugleich. Nüchterner im Modus konkreter Selbstverständlichkeit noch der kühnsten Fiktionen wie auch ihrer nahtlosen Mischung noch mit dem Alltäglichsten; trunkener in der Steilheit der sich surrealistisch daraus erhebenden Evasion, in der Phantastik der Splitter und Konturen des Wunderbaren und der entsprechenden Fügung des Heterogenen zur ›verkehrten Welt‹. Wie sehr es sich dabei um innovative Sprachstrategie, um kalkulierte Textinszenierung handelt, ist schon bei den frühen Prosastücken unverkennbar, die im Kurzgenre durchaus dem *poème en prose* nahekommen. Und es tritt zumal in der Formqualität surrealistischer Lyrik zutage, zu deren einschlägigsten Beispielen Texte vom Schlag und Format Paul Eluards zählen.

Eluards Gedicht *Tout aiguisé de soif / Tout affamé de froid* (das durchs Eingangsbild jener ›an Fensterschläfen gelehnten blauen Hitze‹ Berühmtheit als Muster surrealistischer Sprachschöpfung erlangte) hat jüngst Rainer Warning glänzend analysiert und dessen lyrische Durchformung, bis an manieristische Grenzen, aufgezeigt.[104] Was da zunächst in Motiven, Prosodie und Syntax als absurd disparates Sprachgebilde erscheint, stellt der Lektüre dennoch alsbald etliche verstreute Bilder und Signale in den Weg, die zueinander konnotative Brücken schlagen und so erste thematische Züge des Ganzen erkennen lassen. Konturen, die sich unter dem ›hermeneutischen Sog‹ des dunklen Textes bildlich, syntaktisch und rhythmisch verdichten zur Komposition einer sexuellen Begehrens- und Stillungsphantasie von archaischem Zuschnitt, wie sie sprachlich zuvor nicht ihresgleichen hat. Das hier hermeneutisch zu erreichende Maß an unbestreitbarem Integrationsgelingen angesichts des prima facie absurden Traumtexts neutralisiert andererseits nicht seine Überdosis an Inkohärenz, Vieldeutigkeit und Rätsel. Vielmehr macht erst diese Kompositionsspannung, die im Sog der Bilder und Rhythmen sinnliche Integration vorantreibt und doch jedem definitiven Begreifen vehement widersteht, seine besondere ästhetische Kraft aus. Und in den Antipoden derselben Spannung liegt zugleich die doppelte Herausforderung des surrealistischen Gedichts: provokativ in seiner hermetischen Inkohärenz gegenüber zeitgenössischer Konsumkunst als Tranquilizer entfremdeten Lebens; provokativ aber auch in seiner sinnlichen Suggestionspotenz gegenüber der schwindenden Sinnlichkeit modernistischer Reflexionskunst (wo der einmal durchschaute Gedankengag alle weitere Anschauung witzlos macht).

Soviel zur Illustration surrealistischer Neukonstituierung des Werkcharakters der Kunst – aller avantgardistischen Abschwörung zum Trotz. Ein fürs erste allerdings vergleichsweise noch harmloses Beispiel, gemessen am verblüffenderen Ärgernis einer ganz anderen Linie der Avantgarde, die zeitlich bereits früher einsetzte. Ich meine ihre bis heute meist und heiß diskutierte Manifestationsform des Ready-made – dem Wort und der Sache nach vom aus Paris in die Staaten übersiedelten Dadaisten Marcel Duchamp erfunden:

Schon 1913 hatte ich die glückliche Idee, das Rad eines Fahrrades auf einen Küchenschemel zu montieren und es drehend zu beobachten [. . .] In New York 1915 kaufte ich in einer Eisenwarenhandlung eine Schneeschaufel, auf die ich schrieb *In advance of a broken arm.* Etwa um diese Zeit kam mir das Wort Ready-made in den Sinn, um diese Art von Manifestation zu bezeichnen.[105]

Zu seinen bekanntesten Stücken gehören daneben noch der *Flaschentrockner* (1915) und vor allem die *Fontaine* (1917): jenes Urinoir, das Duchamp nach Künstlerart handsignierte, allerdings mit dem Namen des Fabrikanten, plus der Jahreszahl dieser denkwürdigen Signatur.

Was also soll's? Das ist nicht mit einem Wort zu sagen. Denn Duchamps Ready-mades sind offenbar doppelsinnig: Hohn auf alles, was Kunst heißt, *und* Nobilitierung des Banalen zur Kunst.[106] Es geht ja nicht nur und nicht einmal zuerst um Hohn auf anderes: sonst hätte Duchamp das *Fahr-Rad*, im Sinn seiner ›glücklichen Idee‹, nicht in Bewegung zu setzen brauchen, um es selbst und für sich zu betrachten. Aber es geht, wie zumal die *Fontaine* zeigt, eben auch um Hohn. Es geht um beides, und um beides zugleich. Und dieser Doppelsinn ist, ebenso offenbar, widersprüchlich. Aber dieser Widerspruch präsentiert sich, als solcher, weniger dramatisch als mit clowneskem Gleichmut. Duchamp: »Meine Ironie ist die der Indifferenz: Meta-Ironie.«[107] Um so dramatischer freilich war, zunächst, der Schock des Hohns (beim Publikum gab's Tumult und Aggression, verbal bis handgreiflich, es wurde sogar geschossen und getroffen)[108]; und nicht weniger lebhaft, hernach, die Emphase der ästhetischen Nobilitierung zum Kunstwerk (das *Fahr-Rad* wird gar als »eine der schönsten Skulpturen« gepriesen, die man »je gesehen«).[109] Daß diese rezeptive Ambivalenz der produktiven in der Tat entspricht, steht außer Zweifel. Von Duchamp ist bezeugt, daß er seinen (vergeblichen) Anspruch, die *Fontaine* 1917 in New York auszustellen, unter der Devise vertrat: »Das Schöne ist da, wo man es erfindet.«[110] Und es ist auch bezeugt, daß er gegen die später im Zeichen der Epigonen vollzogene Kunstpromotion des Readymade sich entrüstete: »Ich warf ihnen den Flaschentrockner und das Urinoir ins Gesicht als eine Herausforderung, und jetzt bewundern sie es als das ästhetisch Schöne.«[111] Stellt man beide Voten gegeneinander, bestätigt sich – ebenso wie in den vehement kontroversen Reaktionen – jener Doppelsinn der frühen Readymades als offener Widersinn. Wie also soll man reagieren? Wofür sich entscheiden? Für keine Seite von beiden? Oder für beide? Aber gegebenenfalls wie? Das ist hier die eigentliche und elementare Irritation.

Der Hohn ist jedenfalls nicht zu übersehen, wenn die Pissoirschüssel (ein Serienfabrikat, und ein anrüchiges dazu) handsigniert in die Kunsthalle wandern soll. Dasselbe gilt, weniger rüde, wenn der Flaschentrockner, für Brauer und Molker bestimmt, ebenfalls signiert, kunstausgestellt wird; dasselbe, mit burlesker Note, für die Schneeschaufel mit der Aufschrift »In Voraussicht auf einen gebrochenen Arm«. Hohn auf den Kunstbetrieb, wo die Signatur dotiert wird. Hohn auf Autonomie, auf Individualität, auf Totalität von Kunst. Hohn aufs Kunstwerk schlechthin. Aber das ist eben nur die eine Seite, und die andere ist ebensowenig zu verleugnen. Ändert doch alles nichts daran, daß jene ursprünglichen Gebrauchsgegenstände – um solchen Hohn zum Ausdruck zu bringen – aus ihrem praktischen Kontext herausgenommen und in einen zweckfreien hineingestellt und damit isoliert werden: waren sie im praktischen Kontext diesem ein- und untergeordnete Teile, so treten sie jetzt zwangsläufig als je an und für sich selber bemerkenswertes Ganzes in Erscheinung – bis hin zum reifenlosen Ein-Rad-Fragment des Bicycletts. Die mit der provokativen Kontextverschiebung verbundene Entpragmatisierung und Isolierung wandelt mithin jene ansonsten über ihren Zweck hinaus unbeachteten oder gar verachteten Sachen des Gebrauchs, wenigstens potentiell, zu ästhetischen Objekten (auch wenn die Dadaisten von dem Wort ›ästhetisch‹ nichts wissen wollten): was praktisch war, wird zweckfrei; was bloß ein funktionales Teil war, wird für die Wahrnehmung ein eigenständiges Ganzes; und was daran kontingent war, ist es in bezug auf dieses neue Ganze nicht mehr.[112] Im übrigen macht hier die Wahl der Objekte deren Ästhetisierung eher leicht. Kann man sich doch schwerlich auf Dauer dem Reiz ihrer Isolation entziehen: weder der geometrischen Eleganz des Speichenrades in seiner spielerisch freien Beweglichkeit; noch dem Rhythmus des in konzentrischen Ringen sich verjüngenden Flaschenständers (wie ein Baumstück mit aufgespreizten Zweigen) oder der Van Goghschen Aura der grobschlächtig schlichten Schneeschaufel; noch auch, ja schon gar nicht, dem dynamisch-geschlossenen Linienschwung, der die berühmt-berüchtigte *Fontaine* als Prototyp des modernen Design ausweist. So, oder so ähnlich, derlei schön zu finden – wer könnte sich dem inzwischen ganz versagen, nachdem das kontextverschiebende Kunstverfahren des Ready-made es uns so lange und gründlich gelehrt hat? Und das war eben *auch*, ja vor allem, im Sinne seines Erfinders.

Nicht in seinem Sinn war es indes, daß sich die schöne Seite der Medaille zum Stilleben verselbständigte gegenüber ihrer provokativen Kehrseite, die mit Hohn auf Destruktion von Kunst ausging: und zwar im Namen des Bedürfnisses, Kunst in unverblümter und unbeschnittener Lebenswelt aufgehen zu lassen und umgekehrt. Dieses Bedürfnis ist es, auf das es hier ankommt und das sich in keinem der beiden Aspekte allein, sondern nur im *Widerspruch* beider Seiten ein und derselben Medaille authentisch zum Ausdruck bringt, der ihren verwirrenden Charme ausmacht – und das nicht ohne Humor. Und so geht hier die höhnende Destruktion des Werkcharakters der Kunst mit seiner kontextverschiebenden Rekonstitution einher: mit der entpragmatisierenden und isolierenden Nobilitierung noch des Banalsten zum Schönen, die doch wiederum ihrerseits nicht von der Provokation des Hohns zu trennen ist. Deshalb sind Duchamps avantgardistische Stilleben, die zugleich ihr unstilles Gegenteil sind, auf ihre Readymade-Art zwar einerseits *weniger* Kunst als die stilisierten der Tradition oder auch der Kubisten – und doch andererseits in irritierender Weise *mehr*.

Aber so authentisch konnte der Coup, Kunst durch ihre Unterlassung zu machen, wohl nur einmal gelingen. Weshalb Duchamp sich denn auch auf wenige Manifestationen beschränkte und seit den zwanziger Jahren meist nur noch Schach spielte.[113] Wenn Jahrzehnte später autochthon amerikanische Pop-Artisten im Ready-made-Genre Konservendosen, Hamburger Bouletten, Eis am Stil, Lippenstifte, Marilyn Monroes und Comic-strip-Stars zu Monumenten türmen, um die sich Ausstellungen und Museen auf Anhieb reißen, ist der affirmative Tenor des Ganzen kaum zu überhören: wie schön ist doch unsere Konsum- und Plastikwelt, wie schön das panem et circenses des american way of life! Wer mehr und Besseres heraushört oder hineinsieht, den mag das ehren, aber er tut's dann wohl auf eigene Faust. Zumal der Schock von einst ist längst nicht mehr zu verspüren. Und ihn bringt auch Peter Handke mit seinem verbalen Ready-made nicht wieder, wenn er *Die Aufstellung des 1. FC Nürnberg vom 27. 1. 1968* – wie sie, gestaffelt und mit Anpfiffzeit, in der Tagespresse steht – quasi als Gedicht im schmalen Band publiziert.[114] Daß es als solches, im Präsentationsmodus des Gedichts, nicht bloß informiert, sondern seinem institutionalisierten Sprachhabitus nach eigentlich das Leben im ganzen betrifft, ist hier andererseits so ungereimt nicht. Wenn man nämlich hört und sieht, wie die einschlägigen Fans (im Rahmen einer TV-Dokumentation über deren steile Aggressionskurve[115]) auf die Frage, was ihnen ihre Mannschaft bedeutet, reihenweise – ebenso spontan wie bündig – bekunden: das Leben! Dennoch ist der große Pfiff des Ready-made wohl auf allen Registern dahin.

Kunst durch ihre Unterlassung machen: das war die paradoxe Formel Duchamps, die Dada-Formel des Ready-made, deren Radikalität als Konzept avantgardistischer Antikunst schlechterdings nicht zu überholen ist. Und doch hat sie – in der Konsequenz ihrer Paradoxie – den Werkcharakter der Kunst in demselben Maß bestätigt wie sie ihn dementiert. Einen vergleichbar extremen Versuch von Gegenkunst gab es freilich noch einmal seit den fünfziger Jahren. Nicht mehr durch Unterlassung von Kunst, sondern durch eine radikal andere Machart. Eine Machart, die den Zufall – dessen Überwindung Kunst doch allemal in ihrer Form vergegenwärtigt – just zum Formprinzip, und zwar zum einzigen, erhebt. So einerseits im Tachismus (auch Action-painting genannt), wo im Ausleben möglichst blinder Spontaneität Flächen willkürlich mit Farbe bespritzt werden; so andererseits (in komplementärer Gegenbewegung, die der tachistischen Spontaneität als Zufallsgarant mißtraut) durch subtile Verfahren mechanisierter Zufallserzeugung.[116]

Zwar hat Kunst auch zuvor schon das Zufällige, das Aleatorische gesucht und als Zeichen von Spontaneität und Freiheit vergegenwärtigt: im Unterschied zur abgezirkelten Gartenarchitektur des Barockklassizismus etwa im faszinierenderen Ungefähr des romantischen Parks. Aber auch unter solcher Akzentuierung des Zufälligen vergegenwärtigte sich doch im Werk der ästhetischen Form zugleich, und um so eindrucksvoller, grenzenlose Kontingenzüberwindung. Und in solcher Spannung von Bestimmtheit und Unbestimmtheit, die als Movens ästhetischer Reflexion zum Wesen der Kunst gehört, ist eben auch das Zufällige signifikant: kein bloß unterlaufender, sondern kompositorisch beherrschter, formgebundener Zufall. Dagegen soll jetzt der Zufall selber und als solcher zum ausschließlichen Formprinzip erhoben und damit die Kunst vom ›Zwang‹ zur Stimmigkeit, und sei es zur dissonanten, ›befreit‹ werden. Reine Zufallskunst also im Namen höherer Freiheit.

Aber kann der Zufall überhaupt Form sein? Kann er überhaupt, allein und als solcher, Freiheit vergegenwärtigen? Das sind offenbar Fragen nach der Quadratur des Zirkels. Was geformt ist, ist jedenfalls nicht mehr zufällig so, wie es ist. Und Freiheit ist jedenfalls Selbstbestimmung, Autonomie: der Zufall dagegen ist nicht einmal Heteronomie, sondern gesetzlos blinde Fremdbestimmung. Allerdings kann die Möglichkeit oder Tragweite selbstbestimmter Freiheit sehr wohl suspekt und der Ausdruck autonomer Identität in der Stimmigkeit des Kunstwerks so zum unerträglichen Klischee werden, daß demgegenüber das Aleatorische als Rettung erscheint: als einzig unverderbte Vergegenwärtigungsform von Freiheit. Das heißt aber, daß der Zufall nicht von allein zur Form wird; daß er nicht von allein und aus sich heraus Freiheit zum Ausdruck bringt. Vielmehr wird der Erscheinungsform des Zufälligen Freiheit als Formprinzip *unterstellt*: ja einer höheren Freiheit und Identität *gegenüber* den stimmigen Formen vergangener Kunst. Und diese Unterstellung des Zufalls als Freiheitsform ist offensichtlich keine apophantische (was in der Tat auf Behauptung einer Quadratur des Zirkels hinausliefe), sondern eine vom Freiheitsbedürfnis konnotierte Unterstellung: sie ist endeetische Konnotation. Es kommt hier also alles auf die konnotative ›Zutat‹, aufs endeetische Plus dieser Unterstellung an, ohne die das Zufallsprodukt nicht der Beachtung wert wäre – sowenig wie versehentliche Makulatur. Die entscheidende Differenz ist, mit anderen Worten, konnotativer Überschuß, und zwar als endeetische Überbietung im sinnfälligen Ausdruck von Freiheit. Sie ist mithin ästhetischer Natur, kurz: Ästhetisierung des Zufalls.

Und die fällt eben nicht vom Himmel, sondern sie wird überhaupt erst möglich auf dem Hintergrund und kraft vorgängiger Kunst und deren Werkcharakter, den sie negiert, um seinen Freiheitsausdruck zu überbieten. Sie steht und fällt mit der Folie, gegen die sie sich abhebt. Anders könnte die Kunstpromotion des Zufalls, seine ästhetische Mystifizierung, weder in Gang kommen, noch am Leben bleiben. Und in ihrer radikalen Form war sie ja auch kurzlebig genug. Aber wo immer und solange sie lebt, lebt sie jedenfalls nicht aus sich allein, sondern auch – in apokrypher Partizipation – von dem, wogegen sie steht. Kann doch totale Unbestimmtheit sowenig Kunst sein wie restlose Bestimmtheit. Zwar reizt die avantgardistische Zufallskunst den Unbestimmtheitsaspekt der Kunst – in der Zusammenhanglosigkeit des Zufalls – bis zum Extrem aus. Aber das macht überhaupt nur Effekt im Horizont des so verleugneten Werkcharakters der Kunst, an dem sie partizipiert, indem sie ihn verleugnet.

An Signalen dieser Teilhabe fehlt es im übrigen nicht. Denn zum einen ist kaum zu übersehen, daß der Zufallskunst der Zufall nie ganz gelingen will und wohl auch nie ganz gelingen soll: haften ihr doch vielmehr allemal unverkennbar Züge kompositorischer oder struktureller Eigenart an – Zufallsstrukturen, ohne die ihre verschiedenen Objekte beliebig austauschbar wären (was sie ja durchaus nicht sind). Zum anderen beginnen solche Signale schon mit den Ritualen der Zufallsproduktion, zumal bei den Tachisten, und enden auch hier in ihrer Erhebung zum sakrosankten Exponat: unantastbar im Ganzen wie im Detail – wie ein Kunstwerk alter Schule. Gegen diesen Prozeß des Zufallsentzugs durch die Ästhetisierung des Zufalls ist, wie man weiß und sieht, kein Kraut gewachsen. Ja im *ästhetischen* Blick aufs Ganze erscheint schließlich auch das genuin tatsächlich Zufällige daran, bis ins willkürliche Detail, nicht länger als bloßer Zufall. Darin bestätigt sich am Ende nur jene heimliche Partizipation am verleugneten Werkcharakter, ohne die von vornherein Zufallskunst nicht denkbar ist.

Diese Dialektik von Negation und Partizipation am Verneinten ist also nicht von ungefähr. Und sie gilt offenbar für alle avantgardistische Antikunst: paradigmatisch für die Nobilitierung des Banalen bei den Dadaisten wie für die Romantisierung der Traumautomatik bei den Surrealisten, wie auch für die Ästhetisierung des Zufalls bei den Tachisten. Immer lebt Gegenkunst, auch die der modernen Avantgarden, zugleich von dem und kraft dessen, wogegen sie steht. Gegebenenfalls als Grenzphänomen, das – je extremer, um so greller – beleuchtet, was es begrenzt, und – um so unbestechlicher, wo wider Willen – das der Kunst Wesentliche im nie vollends gelingenden Versuch seiner Ausgrenzung hervorkehrt. Und dazu gehört eben auch, wogegen sich die Avantgarde am meisten richtet: der Werkcharakter der Kunst – und sei es im gegenbildlichen Horizont seiner Verleugnung. Ja er ist auch da noch wahrzunehmen, wo er unmittelbar den Sinnen gänzlich vorenthalten bleibt: wie das Vehikel des Pantomimen, das selber nicht vorkommt und ihn doch sinnfällig, wie mit Händen greifbar, trägt.

Im übrigen wird bei manchen Avantgardisten (das sei hier nur am Rande vermerkt) der Werkcharakter weniger verleugnet, als man denkt, sondern eher an der falschen Stelle gesucht. Insbesondere bei Kunstexperimenten, die *in actu* vonstatten gehen. So gibt die *Honigpumpe* natürlich nicht mehr viel her, wenn sie als enigmatischer Sperrmüll im Museum steht. Man muß sie schon in ihrer Inszenierung mit- oder nachvollziehen: wo sie als symbolträchtiger Kreislauf des Bienenseims, durch die transparenten Bahnen einer zweckfrei komplizierten Technik hindurch, buchstäblich und bündig ins Werk gesetzt wird. (Wie Beuys ja auch die häusliche Mahlzeit, vom Schälen des Grünen bis zur Tischrunde, als stimmiges Werk – bei laufender Kamera und vom ewigen Filz ›behütet‹ – in Szene setzt, deren Relikte noch weniger museumsverwertbar sind.)

Niemand hat in letzter Zeit hartnäckiger die Unauslöschlichkeit des Werkcharakters der Kunst betont, wie er sich auch und gerade, noch oder wieder bei den Avantgarden erhärtet, als Christian Enzensberger in bezug auf die Dichtung. Freilich um ihre strukturelle Differenz gegenüber der gesellschaftlichen Wirklichkeit zu beklagen, weil die Literatur wegen ihrer »existentiellen Bedeutungsvernetzung« die Kontingenz des Lebens und dessen Sinndefizit nicht erreiche.[117] Darum sei sie im Grunde müßig und, schlimmer noch, zwangsläufig irreführend: »wenn es in einem älteren Roman gewittert, *bedeutet* das die Krise des Helden; wenn in einem neueren die Sonne scheint, heißt das im allgemeinen nichts Gutes für ihn, und wenn es *gar nichts* heißt, ist es immer noch bedeutsam, daß der Autor es nichts *hat heißen lassen*«. Ja die wahrnehmbare Form der Sinnkonsistenz zeichne (in Becketts *Breath*) noch »den einzigen Klageschrei auf einer dunklen Bühne« aus, der »das Welt- *und* Literaturganze« als ›vergeblich‹ kennzeichne: Beispiel für eine »*Pauschal*sinnüberschreibung«, auf die hier – wenn auch unter negativem Vorzeichen – alles zuordenbar sei. Denn sonst (davon könne die Literatur in der Moderne wahrhaft ein Lied singen) »hört sie auf, Literatur zu sein«. So zutreffend hier auf die Perseveranz des Werkcharakters der Literatur gepocht wird, verbindet sich allerdings mit der daraus gezogenen Folgerung, daß sie deshalb – als Kunst – am Leben prinzipiell vorbeigehe, eine doppelte Verwechslung. Denn einerseits kann Literatur, auch wenn sie als Ausdrucksform nicht ohne Sinnkonsistenz möglich ist, gleichwohl empfindlichen Sinnmangel zum Ausdruck bringen. Das gilt, aus elementaren Gründen, bereits für die Sprache allgemein, und erst recht für deren elaborierte Ausdrucksform in der Literatur. (So wie man ja auch mit Farbstift treffend aufschreiben kann, daß etwas farblos sei.) Andererseits ist der Kunst ihr sinnfälliger Werkcharakter zwar nicht äußerlich (im Unterschied zum Farbstiftbeispiel), weil sie darin angesichts der Kontingenz des Lebens – auch und gerade, wenn sie eben diese vergegenwärtigt – sich selber zugleich als nichtkontingent zur Erscheinung bringt. Aber deshalb braucht Kunst die Lebenskontingenz und zumal den Sinnmangel gesellschaftlicher Wirklichkeit mitnichten zu überspringen oder zu retuschieren, obzwar sie in ihrem Werkcharakter oder seinen signifikanten Resten in der Tat allemal darüber hinausweist. Kurz: Überbietung ist etwas anderes als Unterschlagung oder Vertuschung – in der Sprache überhaupt und, erst recht und sinnfällig, in den Sprachen der Kunst. Um diese Dimension und ihre Dialektik läßt sich die Wahrheit der Kunst nicht verkürzen. (Selbst das enthüllendste Protestlied ist eben dennoch ein Lied.) Darum ist die avantgardistisch unterstellte Konvertierbarkeit von Kunstwerk und Lebenspraxis ebenso zu kurz gegriffen wie die daraufhin ernüchterte Gegenunterstellung der Inkompatibilität beider.

Wie recht Enzensberger freilich damit behält, daß der Werkcharakter der Kunst – allen Gegensignalen der Unstimmigkeit und Partialität zum Trotz – zumindest als Horizont von Stimmigkeit und Totalität, zumindest als Gestus oder Unterstellung, zu ihrem unaufhebbaren Wesen gehört[118], bestätigt sich nicht zuletzt in einem oft gewürdigten Kuriosum der modernen Kunstauffassung, an das Bürger in diesem Zusammenhang erinnert.[119] Wird doch im Gefolge der historischen Avantgarden die ästhetische Werkkategorie nicht nur nicht aufgehoben, sondern – über alle Kanonisierungen des traditionellen Kunstverstands hinaus – unabsehbar erweitert: und zwar in der Kunstfähigkeit des *objet trouvé*. Im glücklichen Zufallsfund, der als Kunstwerk rezipiert wird und, soweit er prominent ist, als solches in den Kunsthallen steht. Vom abstrakt ausgewaschenen Strandgut (nach Art des Valéryschen *objet ambigu*[120]) bis zu den konkreten Fundsachen der Bazare, Leihhäuser und Flohmärkte.

11. Kunst und Natur

Offen ist am Ende noch die Frage, ob das hier in Grundzügen erarbeitete und zuletzt an einigen Grenzphänomenen der Kunst überprüfte Konzept auch auf Naturdinge paßt und damit womöglich nicht allein als kunsttheoretischer Entwurf, sondern überdies als Ansatz einer allgemeinen Ästhetik brauchbar ist. Denn von selbst versteht sich der Schritt vom Artefakt – sei es der Kunsttradition oder der Avantgarden – zur gewachsenen Natur jedenfalls nicht.

Zwar besteht kein Zweifel, daß auch und insbesondere die Natur ästhetisch und zumal schön sein kann. Aber erhebt sie sich dann nicht in ihren entsprechenden Formen nicht schon von sich aus über die eigene Kontingenz? Und wird sie mithin nicht von der Kunst darin im Grunde nur nachgeahmt, so daß diese eigentlich erst aus zweiter Hand ›ästhetisch‹ oder ›schön‹ heißen könnte – wie es die traditionelle Lehre von der Kunst als imitatio naturae besagt?[121] Damit wäre der hier entwickelte zeichenpragmatische Ansatz geradewegs auf den Kopf gestellt. Denn dann wäre das Ästhetische, das Schöne nicht zuerst etwas zeichenhaft Gemachtes, sondern es wäre als solches schon faktisch da und vorgegeben; so daß Zeichen von Menschenhand es nicht erst machen, sondern es letztlich nachmachen, indem sie (unmittelbar oder mittelbar) auf das originäre Ästhetische oder Schöne verweisen und es dabei allenfalls verdeutlichen, steigern oder entfalten. Bekanntlich hat auch Kant, obwohl er der Tradition mit seiner Neuorientierung am Subjekt der ästhetischen Erfahrung eine gründliche Wende gab, an einem quasi ontologischen Primat des Naturschönen vor dem Kunstschönen oder, allgemeiner gesagt, am Primat einer Ästhetik der Natur vor einer Ästhetik der Kunst festgehalten (wie er sich bei Adorno wiederfindet). Diese Priorität scheint mir allerdings einerseits schwerlich haltbar und andererseits (im Sinne Hegels und Wittgensteins) mit systematischem Gewinn umkehrbar.[122]

Denn offenbar ist die Anwendung ästhetischer Unterscheidungen auf Naturdinge eine abgeleitete Verwendungsweise. Kommt sie doch erst in Betracht, wenn man Natur nicht praktisch, etwa als Landwirt, sondern wie ein Kunstwerk, und das heißt eben ›ästhetisch‹, ansieht: wie man es nämlich im Umgang mit den Sprachen und Zeichen der Kunst gelernt hat. Denn lernen muß man es ja wohl – und wo sollte man es sonst lernen? Dann aber ist Natur bereits ein Stück Kultur. So wie auf der apophantischen Ebene das, was wir Natur nennen, schon Produkt technisch-wissenschaftlicher Konstruktion ist, ist Natur auf der endeetischen Ebene längst und zuvor Resultat künstlerischer Interpretation (archaisch verflochten mit der mythischen). Entsprechend geht nicht allein die Kunst der Wissenschaft, sondern überdies das Kunstschöne auch dem Naturschönen voraus. Das ist der Hintersinn der Oscar Wildeschen Aphorismen gegen das altehrwürdige kunsttheoretische Traditionsprinzip der imitatio naturae: daß nämlich nicht die Kunst die Natur, sondern umgekehrt die Natur die Kunst nachahme.[123] Wildes absurd erscheinende Pointe ist also, recht verstanden, durchaus treffend. Wittgenstein drückt das schlichter so aus:

Wenn Menschen eine Blume oder ein Tier häßlich finden, so stehen sie immer unter dem Eindruck, es seien Kunstprodukte. ›Es schaut so aus, wie . . .‹, heißt es dann. Das wirft ein Licht auf die Bedeutung der Worte ›häßlich‹ und ›schön‹.[124]

Ist nun aber nicht die Natur, sondern das Artefakt *primär* für den Begriff des Schönen und, allgemeiner, für den des Ästhetischen, dann lassen sich entsprechende Urteile – im Rekurs auf die ›Machart‹ des Artefakts – auch begründen: und zwar, daß es ›ästhetisch‹ sei, durch Auf7eis überbietender Verfahren der Bedürfnisvergegenwärtigung; daß es ›schön‹ sei, durch Aufweis ästhetisch vergegenwärtigter Bedürfniserfüllung.[125] (Dabei läuft die hermeneutische Analyse der Kunstleistung nicht etwa auf deren begriffliche Ersetzung hinaus, sondern bringt vielmehr mit deren Überbietungscharakter zugleich die Gründe ihrer Unübersetzbarkeit zutage.) Der Begründungsrekurs auf die ästhetische ›Machart‹ steht aber primär eben nur gegenüber Artefakten zur Verfügung. Gegenüber der Natur dagegen kommen ästhetische Urteile erst *sekundär*, nämlich kunstvermittelt, in Betracht. Sie haben hier, wie Wittgenstein andeutet, uneigentlichen Charakter, der sich entsprechend einer eigentlichen Begründung entzieht. (Weshalb man denn auch zwar seinen Kunstgeschmack mit Argumenten zu vertreten pflegt, nicht aber seinen Naturgeschmack.)[126]

Wie die mythische Perspektive die Natur als handelndes Subjekt oder als Handlungsprodukt unterstellt, so fingiert die ästhetische

Perspektive die Natur als Künstler oder als Kunstwerk. Die erstere, mythische Projizierung setzt das eigene Handlungsvermögen im allgemeinen voraus; die zweite, ästhetische, das besondere Vermögen im Sinne des Machen- und Erfassen-Könnens von Kunst (als Zeichen sui generis). Erst wenn man das kann, erst wenn also Kunst bereits kommunikativ gelungen ist, läßt sich, unter stillschweigender Vermittlung im Hintergrund stehender Kunst, die Natur – scheinbar unmittelbar – als Kunstwerk betrachten. So wie es ja auch mit dem ästhetisch wahrgenommenen *objet trouvé* geschieht und zumal in seiner einem Naturding nahen Form des *objet ambigu*: in diesem Sinn ist die Natur das *objet trouvé*, der glückliche Fund, par excellence. Und so interpretiert man, an der Kunst geschult, Natur als ein Phänomen ästhetischer Kultur. Kunst ist ja wohl auch so alt wie die Menschen selber: es lassen sich jedenfalls keine finden ohne Kunst – ohne Schmuck, ohne Tanz, ohne Lieder. Eine ästhetische Betrachtung der Natur dagegen, die aus ihr etwa eine ›Landschaft‹ macht – ein heimliches Gemälde oder Gedicht – gibt es erst vergleichsweise spät. Das Ästhetische ist mithin nach allem, genetisch wie methodisch überdacht, zuerst Menschenwerk, nämlich Kunstwerk: und in diesem elementaren Sinn ist der Werkcharakter der Kunst erst recht unhintergehbar (wie weit die Moderne traditionelle Werkvorstellungen von Harmonie und Geschlossenheit auch hinter sich lassen mag).

Erst in zweiter Linie also kann eine durch Kunst geprägte Wahrnehmung auch Natur ästhetisch, eben wie ein Kunstwerk, auffassen: in einer Fiktion des Als-Ob, die allerdings ihrerseits endeetisch bedeutsam ist. Diese Nachordnung ist daher nicht als Minderwertigkeit mißzuverstehen. Angesichts naturschöner Dinge nämlich zugleich zu wissen (mitzuwissen), daß sie – wie sie leiben und leben – im Unterschied zur Kunst eben keine Artefakte, sondern (buchstäblich oder gleichsam) gewachsen sind, macht vielmehr die nur dem Naturschönen eigene Attraktivität aus. Steht doch in der Natur, als sozusagen ›gewachsene Kunst‹ betrachtet, das teleologische Sinnbedürfnis erst recht als erfüllt vor Augen – ja in dieser Hinsicht sogar auf eine gegenüber der eigentlichen, artifiziellen Kunst (die dafür freilich Voraussetzung ist und bleibt) überbietende Weise. Deshalb sind lebendige Blumen oder Nachtigallen, wie Kant entwaffnend bemerkt[127], in der Tat durch künstliche – und seien sie noch so perfekt – nicht zu ersetzen.

Im alltäglichen Gebrauch ist jener Vermittlungszusammenhang freilich kaum bewußt, wenn dort Naturdinge als ›schön‹ bezeichnet werden. Im übrigen ist das umgangssprachliche ›schön‹, wo es *nicht* im ästhetischen Sinn verwendet wird, mehr oder weniger synonym mit ›angenehm‹ – also ein ebenso einfaches wie unspezifisches Bedürfnisprädikat.[128] Man denke an die Vorbemerkungen zu diesem Traktat über Grundbegriffe der Ästhetik zurück. An Wendriners schönen Landwein – im Unterschied zu seiner schönen Aussicht (wenngleich beide Verwendungsweisen hier nahtlos verschmelzen). Und in beiden Fällen kann das schillernde Allerweltswort natürlich auch ironisch auftreten: als die schöne Bescherung aus dem Ministerium oder, hintergründiger, als Parodie seines ästhetischen Gebrauchs im Munde des Clowns. Weshalb es da – auch wenn niemand zu *sagen* wußte, warum – durchaus etwas zu *lachen* gab.

Anmerkungen

Die erwähnten Arbeiten sind in den Anmerkungen gegebenenfalls verkürzt zitiert. Jahreszahlen beziehen sich dabei in der Regel auf die Erstveröffentlichung, die nicht mit der (im Literaturverzeichnis aufgeführten) Zitatausgabe identisch zu sein braucht. Alle Hervorhebungen innerhalb von Zitaten, im Text- wie im Anmerkungsteil, entsprechen dem Original.

Vorwort

1 Zugrunde liegt meine am 30. Januar 1978 unter demselben Titel gehaltene Konstanzer Antrittsvorlesung, die hier in etwas weitergearbeiteter Form erscheint (nach einer Reihe nützlicher Diskussionen, auf die der Schluß des Vorworts verweist).

2 Im Rahmen eines Wellmerschen Seminars über *Texte zur ästhetischen Theorie* (Konstanz, Sommersemester 1978). Zuvor waren mir im Anschluß an die Antrittsvorlesung (vgl. Anm. 1) zwei Fachbereichskolloquien, bei den Konstanzer Philosophen und Literaturwissenschaftlern, bereits zugute gekommen. Es folgten nicht weniger ergiebige Vortragsdiskussionen an den Universitäten Amsterdam, Bremen und Aachen (wo auch ein Nachgespräch mit Klaus Prätor unvergessen geblieben ist).

3 Konstanz, Wintersemester 1979/80.

Teil I
Die literaturtheoretischen Hauptschulen
und ihr Ertrag für den Begriff der Kunst

1 Wenn sich die Literaturwissenschaft gegenwärtig gelegentlich auch allgemein textwissenschaftlich beschäftigt, so ist doch – aufs Ganze gesehen – die dichterische Literatur, bis hin zu modernsten Verfremdungsformen, ihr wesentlicher und eigentlicher Gegenstand und sie selbst mithin Kunstwissenschaft geblieben.

2 In jüngster Zeit flankiert von einer verstärkt auf die Rezeption von Kunst und Literatur abstellenden Forschungsbewegung, die sich als ›Rezeptionsästhetik‹ einen guten Namen gemacht hat. Gleichwohl handelt es sich dabei weniger um eine weitere Alternative zu den herausgestellten Hauptschulen als vielmehr um einen (zuvor überall zu kurz gekommenen) Ergänzungsaspekt literatur- und kunsttheore-

tischer Theoriebildung, worauf ich am Ende des historischen Teils zurückkomme.

3 So wird im folgenden der Strukturalismus, weil er unmittelbar an den Prototyp des klassischen Formalismus anknüpft, denn auch gleich im Anschluß daran erörtert und damit vor den historisch früher einsetzenden Schulen des Materialismus und der Psychoanalyse (die ihrerseits nicht geradewegs die des älteren Positivismus fortsetzen). Und selbstverständlich kommen auch parallel verlaufende Schulrichtungen hier nacheinander, als je systematischer Zusammenhang, zur Sprache.

4 In literaturwissenschaftlicher Hinsicht habe ich die positivistische wie auch die formalistische Schule in einem Aufsatz, der den folgenden Kurzdarstellungen teils zugrunde liegt, ausführlicher diskutiert: *Die literaturtheoretischen Hauptrichtungen* (1978), Teil I: *Positivismus und Formalismus* (nachstehend kurz als *Positivismus* und *Formalismus* zitiert).

5 In Erfüllung des alten einheitswissenschaftlichen Postulats im Sinne eines universalen Kausalismus, wie es in empiristischer Tradition schon bei John Locke und David Hume erhoben wurde und das sich schließlich mit Auguste Comte unter dem suggestiven Schlagwort des ›Positivismus‹ wissenschaftstheoretisch durchsetzte. Zur einheitswissenschaftlichen Idee im klassischen englischen Empirismus und zu seiner Kritik siehe F. Kambartel, *Erfahrung und Struktur* (1968), bes. S. 87 ff.

6 H. Taine, *Histoire de la littérature anglaise*, Bd. 1 (1863), Einleitung, bes. S. IV, XII, XV u. XLIII.

7 Einschlägige Bekenntnisse Wilhelm Scherers aus der Pionierzeit sind zusammengestellt z. B. in: V. Žmegač (Hg.), *Methoden der deutschen Literaturwissenschaft* (1972), S. 13-24. – Noch frappanter zeigt sich das positivistische Prestige von ehedem am Fall Wilhelm Diltheys, der es als dezidierter Gegenspieler unternommen hatte, die *verstehenden* ›Geisteswissenschaften‹ aus der Umklammerung der alles zu *erklären* beanspruchenden Einheitswissenschaft der Positivisten zu befreien (*Einleitung in die Geisteswissenschaften*, 1883, Vorrede), und dennoch in seiner Poetik der »hinreißenden Aussicht« unterlag, für die Dichtung »eine Kausalerklärung aus den erzeugenden Vorgängen durchzuführen«, um vielleicht hier zuerst und exemplarisch »die innere Erklärung eines geistig-geschichtlichen Ganzen nach kausaler Methode [zu] ermöglichen« (*Die Einbildungskraft des Dichters. Bausteine für eine Poetik*, 1887, S. 125). Ausführlicher dazu: *Positivismus* (s. Anm. 4), S. 162 ff.

8 Eine differenzierte Würdigung positivistischer Literaturwissenschaft, die auf deren Diskrepanz zwischen Theorie und Wissenschaftspraxis näher eingeht, findet sich bei K. Laermann, *Was ist literaturwissenschaftlicher Positivismus?* (1973).

9 Es braucht nicht betont zu werden, daß die Bedeutung von Zolas Romanwerk freilich nicht nach dessen positivistischer Selbsteinschätzung zu bemessen ist. Dazu H. U. Gumbrecht, *Zola im historischen Kontext* (1978).

10 Deshalb muß der Determinist – um der Gefahr zu entgehen, daß seine Theorie widersinnigerweise vom nächsten Evolutionsschub überrollt wird – die eigene Position zugleich zum Evolutionsendpunkt erklären (wie es Comte mit seinem Drei-Stadien-Gesetz denn auch getan hat): was indes den Fortgang der Diskussion über ihr so dekretiertes Ende nicht abschneiden kann, sondern im Gegenteil zu Argumenten herausfordert, die sich nicht länger deterministisch mißverstehen.

11 Ohne hier auf eine systematische Determinismuskritik weiter eingehen zu können, sei nur am Rande auf Kants klassisches Argument verwiesen, daß das Kausalprinzip empirischer Forschung nicht seinerseits empirisch begründet werden kann, weil eine solche Begründung das in Frage stehende Prinzip schon voraussetzt. Den fortgeschrittensten Diskussionsstand hierzu stellt G. H. von Wrights Explikation des Kausalbegriffs dar, wonach die Möglichkeit willkürlichen (willentlichen) Eingreifens durch menschliches Handeln methodische Voraussetzung dafür ist, von kausaler Gesetzmäßigkeit überhaupt sinnvoll sprechen zu können: *Explanation and Understanding* (1971), bes. Kap. II; ergänzt durch H. J. Schneider, *Die Asymmetrie der Kausalrelation* (1978).

12 Zu einigen bis zur Gegenwart reichenden positivistischen Folgepositionen, die trotz Änderung des ursprünglichen Konzepts dessen Defizit nicht beheben: *Positivismus* (s. Anm. 4), S. 164 ff.

13 Vgl. Anm. 4. Zur Geschichte der Schule besonders V. Erlich, *Russian Formalism. History – Doctrine* (1955), und J. Striedter (Hg.), *Texte der russischen Formalisten*, Bd. 1 (1969), Einleitung des Herausgebers.

14 Zur geistesgeschichtlichen Richtung siehe zum Beispiel M. Maren-Grisebach, *Geistesgeschichtliche Methode* (1970), oder K. Riha, *Literaturwissenschaft als Geistesgeschichte* (1973).

15 Vgl. A. Flaker, *Der russische Formalismus* (1973), S. 116.

16 Entsprechend Viktor Šklovskijs 1916 verfaßtem Aufsatz *Die Kunst als Verfahren* (Erstveröffentlichung 1919), der zum Fundament der Bewegung wurde (*Texte der russischen Formalisten*, s. Anm. 13, Bd. 1, S. 3-35). In einer älteren deutschsprachigen Ausgabe (V. Šklovskij, *Theorie der Prosa*, 1966) hat die Schrift den Titel *Kunst als Kunstgriff*. Zur Übersetzungsfrage heißt es bei J. Striedter: »Russisch ›priem‹ wird im folgenden als ›Verfahren‹ übersetzt, da die übliche Wiedergabe als ›Kunstgriff‹ zu eng ist.« (*Transparenz und Verfremdung*, 1966, S. 263.)

17 In der Frühphase gab es Ansätze zu einer pragmatischen Kunst- und

Literaturauffassung, insbesondere bei Viktor Šklovskij (der freilich andererseits bereits die Weichen zur gegenläufigen, eben formalistischen Ausrichtung der Schule stellte). In seiner *Auferweckung des Wortes* (1914), noch vor Beginn der formalistischen Theoriebildung, heißt es: »wir gleichen einem Geiger, der den Bogen und die Saiten nicht mehr fühlt, im alltäglichen Leben sind wir nicht mehr Künstler, wir lieben unsere Häuser und Kleider nicht mehr und trennen uns leicht von einem Leben, das wir nicht empfinden. Nur das Schaffen neuer Formen in der Kunst kann dem Menschen das Erleben der Welt zurückgewinnen, die Dinge auferwecken und den Pessimismus töten.« (S. 13) Zwei Jahre später hebt Šklovskijs Programmschrift *Kunst als Verfahren* (1916), die bis in die Terminologie für die gesamte Schule prägend war, zwar noch im selben Tenor an: »So kommt das Leben abhanden und verwandelt sich in nichts. Die Automatisierung frißt die Dinge, die Kleidung, die Möbel, die Frau und den Schrecken des Kriegs.« Und »um das Empfinden des Lebens wiederherzustellen, um die Dinge zu fühlen, um den Stein steinern zu machen, existiert das, was man Kunst nennt.« (S. 15) Das dazu fähige Kunstmittel ist nach Šklovskij die »Verfremdung« – und hier wäre wohl ein Ansatz zur Ausarbeitung eines spezifischen Begriffs der Kunst und ihres Lebenssinns gewesen. Aber dann verschiebt sich die Antwort auf die Frage ›Verfremdung von was und wozu?‹ in einer für Richtung und Schicksal des Formalismus ausschlaggebenden Weise. Im ersten Definitionsentwurf gibt Šklovskij noch eine Doppelbestimmung der Kunst als »Verfahren der ›Verfremdung‹ der Dinge« und als »Verfahren der erschwerten Form« (S. 15); hernach bleibt aber nur, und zwar als Selbstzweck, die zweite Bestimmung übrig (S. 31), die in bezug auf Sprachkunst auf eine ungewohnte »Konstruktions-Sprache« als definitorisches Fazit hinausläuft (S. 35). Damit verliert der Verfremdungsbegriff seinen lebensbezogenen Horizont und so die Chance seiner pragmatischen Explikation (mithin erst recht die Möglichkeit der Vermittlung jenes ursprünglich unterstellten Doppelaspekts). Vgl. dazu auch hier, S. 24 f. – Zum ›lebendigen‹ Auftakt des russischen Formalismus vgl. B. F. Scholz, *Practical Justification in Literary Scholarship* (1979), Abschn. VIII.

18 B. Eichenbaum, *Die Theorie der formalen Methode* (1925), S. 13.

19 Ebd., S. 8. Dazu ergänzend: *Formalismus* (s. Anm. 4), S. 173 ff., bes. Anm. 31.

20 So ist eine berühmte Arbeit B. Eichenbaums aus der Gründerzeit überschrieben (1918). Das klassische Titelmuster hat wenig später auch V. Šklovskij übernommen: *Wie ›Don Quijote‹ gemacht ist* (1921). Das berechtigte Insistieren auf dem Gemacht-Sein von Kunst und Dichtung, das den Formalismus auszeichnet, hat ihn freilich nicht an einer naturalistisch gegenständlichen Betrachtungsweise des so Ge-

machten gehindert, die dessen pragmatischen Lebensbezug ausklammert.

21 B. Eichenbaum, *Die Theorie der formalen Methode* (1925), S. 25.

22 *Kunst als Verfahren* (1916/19), S. 31 u. 33. Vgl. aber auch hier Anm. 17.

23 Es wurde zunächst von Šklovskij, dann vor allem von Tynjanov entwickelt. Siehe Eichenbaums entsprechende Kurzreferate (*Theorie der formalen Methode*, S. 27 u. 46 ff.) sowie Tynjanovs Aufsätze *Das literarische Faktum* (1924) und *Über die literarische Evolution* (1927). Dazu auch H. R. Jauß, *Literaturgeschichte als Provokation der Literaturwissenschaft* (1967), S. 164 ff.

24 Zu den unterschiedlichen Wurzeln des New Criticism: *Formalismus* (s. Anm. 4), S. 179. Eine ausführliche Bibliographie gibt U. Halfmann, *Der amerikanische ›New Criticism‹* (1971), einen kurzen Überblick über die Schulentwicklung A. Behrmann, *Der anglo-amerikanische New Criticism* (1973).

25 Vgl. *Formalismus* (s. Anm. 4), S. 180, wo überdies auf vergebliche, weil am Ende unspezifische, Lösungsversuche hingewiesen ist.

26 Außer den genannten Schriften sind hervorzuheben: L. Spitzer, *Zur sprachlichen Interpretation von Wortkunstwerken* (1930); E. Staiger, *Grundbegriffe der Poetik* (1946) und *Die Kunst der Interpretation* (1951); W. Kayser, *Das sprachliche Kunstwerk* (1948). Eine Dokumentation zur Geschichte der Schule bietet H. Enders (Hg.), *Die Werkinterpretation* (1967).

27 Vgl. E. Staiger, *Die Kunst der Interpretation*, S. 3. Zu den dichtungstheoretischen Ansätzen bei Staiger und Kayser: *Formalismus* (s. Anm. 4), S. 181 f.

28 Die folgende Studie ist eine überarbeitete und leicht gekürzte Fassung meines Aufsatzes *Die literaturtheoretischen Hauptrichtungen* (1978), Teil II: *Strukturalismus.*

29 Ein im Original nur zwei Seiten umfassender Text unter dem Titel: *Probleme der Literatur- und Sprachforschung.* (Zu den Originalausgaben und Übersetzungen auch der im folgenden erwähnten Titel siehe Literaturverzeichnis.)

30 Unter der zur Vorherrschaft gelangten, zu dieser Zeit noch weitgehend vulgärmarxistischen Abbildtheorie der Kunst, die ihre formalistische Konkurrenz um 1930 wissenschaftspolitisch vollends blockierte.

31 Erstveröffentlichung des Šklovskij-Texts 1925; tschechische Ausgabe 1934. In seiner Rezension stellt Mukařovský bereits »der These ›Alles im Werk ist Form‹ die Antithese ›Alles im Werk ist Inhalt‹« gegenüber (S. 168) und charakterisiert den »Strukturalismus« als »Synthese« dieser Gegensätze, indem er zwar »das Postulat der autonomen Entwicklung« aufrechterhalte, jedoch die Literatur nicht um »ihre Beziehungen nach außen« verenge, sondern als »Komponente« der »sozialen Erscheinungen« begreife (S. 170).

32 In einem so betitelten Kurzaufsatz.

33 *Die Struktur der literarischen Entwicklung* (1976), bes. S. IX-LIX.

34 Die wichtigsten Arbeiten finden sich in Mukařovskýs Sammelbänden: *Kapitel aus der Poetik*, I u. II: Prag 1941, I-III: Prag 1948, und *Studien zur Ästhetik*, Prag 1966 (die hier nach den deutschen Ausgaben zitierten Arbeiten zur Ästhetik stammen aus den Jahren 1934 und 1936, die zur Poetik aus dem Jahr 1938).

35 F. de Saussure, *Cours de linguistique générale* (posthum 1916).

36 J. Mukařovský, *Kapitel aus der Ästhetik*, S. 106, dazu 139-142, 104 f., 96.

37 Ebd., S. 97, 141.

38 Ebd., S. 96, 105, 140 f. Die rezeptionstheoretischen Konsequenzen dieser Bestimmung hat R. Warning genauerhin erörtert (*Rezeptionsästhetik als literaturwissenschaftliche Pragmatik*, 1975, S. 13 ff.).

39 *Kapitel aus der Ästhetik*, S. 96, 141.

40 Ebd., S. 96, 103.

41 Ebd., S. 103.

42 Ebd., S. 105, 141.

43 *Kapitel aus der Poetik*, S. 47-54, im folgenden bes. S. 47 ff. u. 51 f. Vgl. auch *Kapitel aus der Ästhetik*, S. 105 u. 140-143.

44 K. Bühler, *Sprachtheorie* (1934), S. 24 ff.

45 Daß und wie die Rückwendung des ästhetischen Zeichens auf sich selbst der eigenen sinnlichen Textgestalt gilt, wird bei Mukařovský jedenfalls nicht deutlich: vgl. die zeichentheoretische Zusammenfassung in *Kapitel aus der Ästhetik*, S. 138-147.

46 Auch Mukařovskýs Exkurs in anderem Zusammenhang auf »psycho-physische« Voraussetzungen der »ästhetischen Norm« (*Kapitel aus der Ästhetik*, S. 40 ff.) geht nicht über einige (wenngleich interessante) Hinweise hinaus; zumal danach für die Dichtung als »Zeitkunst« lediglich »die Regelmäßigkeit des Blutkreislaufs und des Atmens« (als Grundlage des Rhythmus) in Betracht kommt.

47 Hauptschriften F. V. Vodičkas in seinem Sammelband *Die Struktur der Entwicklung*, Prag 1969 (deutsche Auswahl mit ausführlicher Einleitung von J. Striedter).

48 *Strukturale Anthropologie* (zuerst 1958), S. 45.

49 *Sur la ›morphonologie‹* (1929); Hauptwerk: *Grundzüge der Phonologie* (1939). Dazu M. Bierwisch, *Strukturalismus* (1966), S. 86 ff.

50 Vgl. Bierwisch (s. Anm. 49), S. 88 ff., und E. Holenstein, *Roman Jakobsons phänomenologischer Strukturalismus* (1975), S. 175 ff. u. S. 20, wo es zu dieser Begegnung heißt: »Viel zitiert ist das Bekenntnis von Lévi-Strauss, er habe in Jakobson einen Gelehrten gefunden, der ›sich nicht nur die gleichen Probleme gestellt, sondern sie schon gelöst hat‹« (nach B. Pingaud, *Comment on devient structuraliste?*, 1965, S. 1-5).

51 *Les Chats* *de Charles Baudelaire* (1962).

52 Nach F. Kambartel, Artikel *Struktur* (1973), bes. S. 1430 f. u. 1434. Dieser wohl knappsten Entzauberung des Strukturalismus (insbesondere im mathematisch-naturwissenschaftlichen Bereich) ging eine Monographie Kambartels voraus: *Erfahrung und Struktur* (1968).

53 Vgl. M. Bierwisch (s. Anm. 49), S. 86 ff.

54 Lévi-Strauss hat keinen Hehl daraus gemacht, daß er einen »ungezwungenen Gebrauch von der Philosophie mache« und sich ausdrücklich das Recht vorbehalte, in jedem Buch, in jedem Satz eines jeden Buches, verschiedene Stilarten zu gebrauchen, wie es gewisse Maler und Musiker tun. Es sei auch nicht sein Ziel, ein System aufzubauen, er bediene sich vielmehr aller Mittel, jedes beliebigen Schemas der philosophischen Tradition. (*Cahiers pour l'analyse* 8/1967, nach U. Jaeggi, *Ordnung und Chaos*, 1968, S. 49.) Es kann demnach nicht verwundern, daß unter diesen erklärten Prämissen aus Lévi-Strauss' Schriften so ziemlich alles (mal freudianisch, mal marxistisch, mal systemtheoretisch) herauszulesen ist. Auch deshalb beschränke ich mich (ohne Anspruch, den widerstreitenden Exegesen etwa die ›richtige‹ hinzuzufügen) weitgehend auf elementare methodologische Weichenstellungen bei Lévi-Strauss, die jedenfalls nicht wegzudiskutieren und überdies als das eigentlich Neue für die strukturalistische Bewegung insgesamt prägend sind (mag manches auch dann und wann relativiert oder vollends widerrufen worden sein).

55 Dabei ist das Reden Teil(handlung) eines umfassenden Handlungszusammenhangs, im Sinne L. Wittgensteins: »Die gemeinsame menschliche Handlungsweise ist das Bezugssystem, mittels welchem wir uns eine fremde Sprache denken.« (*Philosophische Untersuchungen*, 1960, S. 383.) Und das gilt auch dann, wenn faktische Partizipation notfalls durch fiktive ersetzt wird. Dagegen ist für Lévi-Strauss die Sprache (und nach ihrem Muster letztlich jede gesellschaftliche Institution) »ein soziales Phänomen, das ein vom Beobachter unabhängiges Objekt darstellt« (*Strukturale Anthropologie*, S. 70). Vgl. hier S. 39 ff.

56 *Strukturale Anthropologie* (s. Anm. 48), S. 253. U. Jaeggi hat Lévi-Strauss' gelegentliches Eintreten für eine »leidenschaftliche Aufmerksamkeit« gegenüber historischen Prozessen scharfsichtig mit dem Ergebnis analysiert, daß diese (in apologetischer Absicht) »fast nur auf dem Papier« bleibe: in Wahrheit sei für Lévi-Strauss »die Geschichte höchstens der Anlaß, diese auszuschalten«, nämlich durch sie wie durch einen Filter hindurch zu unwandelbaren Grundstrukturen zu gelangen, die schon vorab die »logische Architektur« historischer Entwicklungen liefern (U. Jaeggi, s. Anm. 54, S. 58-63, bes. 59 ff.).

57 Nach Lévi-Strauss ist »die unbewußte Tätigkeit des Geistes« die formgebende Kraft für »die unbewußte Struktur, die jeder Institution

oder jedem Brauch zugrunde liegt« (*Strukturale Anthropologie*, s. Anm.
48, S. 35). Siehe auch Lévi-Strauss, *Introduction à l'œuvre de Marcel
Mauss* (1950), wo »die sozialen Tatsachen« (*les faits sociaux*) als in der
»unbewußten Geistestätigkeit« (*l'activité inconsciente de l'esprit*) begründet bereits angesehen werden (Lepenies/Ritter, Hg., *Orte des wilden
Denkens*, 1970, Einleitung, S. 15 ff.).

58 *Strukturale Anthropologie* (s. Anm. 48), S. 35.

59 So ist zum Beispiel das Schema der gleichbleibenden (›identischen‹)
Lautgestalt ›b‹ (oder das seiner Schriftgestalt) zu unterscheiden von
seinen akustischen (oder graphischen) Aktualisierungen, die sehr
verschieden ausfallen können. Gelehrt und gelernt werden Handl-
ungsschemata; und man beherrscht sie, wenn man sie aktualisieren
kann – das gilt selbstverständlich für sprachliche wie für nichtsprach-
liche Handlungen (vgl. Kamlah/Lorenzen, *Logische Propädeutik*,
1967, S. 58; entsprechend unterscheidet G. H. von Wright zwischen
generic acts und *individual acts*: *Norm and Action*, 1963, S. 36).

60 Genauerhin handelt es sich um ein bestimmtes Verhältnis – eben das
Verhältnis ›spezieller/allgemeiner‹ – von Prädikatoren zueinander: so
ist etwa ›Laut‹ allgemeiner, ›Dental‹ spezieller als ›Konsonant‹; ›Eth-
nologe‹ spezieller, ›Mensch‹ allgemeiner als ›Wissenschaftler‹ usf.
(Zur Einführung solcher Prädikatorenregeln vgl. Kamlah/Lorenzen,
s. Anm. 59, S. 70 ff.) Verwechslungen passieren hier immer wieder
deshalb, weil umgangs- wie bildungssprachlich Begriffe von hoher
›Allgemeinheit‹ (die also viele ›Unterbegriffe‹ umfassen) mißver-
ständlich auch ›abstrakt‹ genannt werden, obwohl das mit logischer
Abstraktion (wie etwa durch die Unterscheidung von ›Laut‹ und
›Bedeutung‹ eines Worts) nichts zu tun hat. (Zur logischen Abstraktion siehe z. B. Kamlah/Lorenzen, S. 85 ff.)

61 Lévi-Strauss überspannt freilich den Bogen, wenn er das Desiderat
der Einfachheit (geradezu im ästhetischen Sinn klassizistischer ›sim-
plicité‹) kurzweg zum Prinzip strukturalistischer Wahrheit erhebt:
mit der Behauptung nämlich, daß »die ökonomischste Erklärung«
auch diejenige sei, die »der Wahrheit am nächsten« komme, und daß
man sich in diesem Sinn an die »Prinzipien« halten solle, »die der
Strukturanalyse aller Formen als Grundlage dienen: Sparsamkeit in
der Erklärung; Einheitlichkeit der Lösung« (*Strukturale Anthropologie*, s. Anm. 48, S. 104 u. 232). Dabei kann gegebenenfalls offenbar
umgekehrt allein eine höchst differenzierte und entsprechend aufwendige Lösung imstande sein, einen bestimmten Wahrheitsanspruch – ohne simplifizierende Verkürzung – zu erfüllen.

62 *Strukturale Anthropologie* (s. Anm. 48), S. 43, 35, 46 (wobei sich die
letzte Formulierung unmittelbar auf Trubetzkoj bezieht). Zwar läßt
Lévi-Strauss gegebenenfalls auch »zwei Interpretationen derselben
Tatsache« zu, aber eben doch nur als »vorläufig«, mit dem Ziel, durch

fortgesetzte Analyse zu der einen wahren Struktur zu gelangen: nach dem strukturalistischen »Prinzip der einzigen Lösung, das Jakobson – wie andere – von den Physikern entlehnt und stets angewendet hat: *Frustra fit per plura quod fieri potest per pauciora«* (S. 103 f., vgl. vorstehende Anmerkung). Nur am Rande sei noch einmal vermerkt, daß von ›absoluter‹ Erkenntnis auch in der Physik, auf die sich Lévi-Strauss wiederholt beruft, keine Rede sein kann: ist sie doch ebenfalls von Unterscheidungshandlungen abhängig (wenngleich dabei eine kommunikative Beziehung allein zur Forschergemeinschaft und nicht auch zum Forschungsgegenstand besteht).

63 M. Foucault, *Absage an Sartre* (1967), S. 93.

64 Das gilt zum Beispiel für U. Jaeggi (*Ordnung und Chaos*, 1968) und G. Schiwy (*Der französische Strukturalismus*, 1969), die hier wie viele andere von einer methodologischen Faszination betroffen sind, ohne zu bemerken oder klarzustellen, daß sich an *dieser* Stelle – je elementarer, um so folgenreicher – die Frage nach Recht und Unrecht der strukturalistischen Philosophie entscheidet. Dieselbe fragwürdige Trennung von Methodologie und Philosophie findet sich bei dem kaum strukturalistisch faszinierten Hauptkritiker P. Ricœur (*Le conflit des interprétations*, 1969).

65 Signifikant deshalb, weil jeder Szientismus, um die im Namen quasi naturwissenschaftlicher Exaktheit postulierte Einschränkung des wissenschaftlichen Horizonts zu rechtfertigen, diesen zwangsläufig überschreiten muß und sich dann, außerhalb methodischer Kontrolle, um so eher in Spekulationen verliert; wie schon die empiristisch-positivistische Tradition mit ihrem charakteristischen Verbund von Exaktheitspostulaten und metaphysischen Grundannahmen immer wieder gezeigt hat.

66 C. Lévi-Strauss, *Leçon inaugurale* (1960), S. 11 f. Vgl. H. H. Ritter, *Claude Lévi-Strauss als Leser Rousseaus* (1970), wo die von Lévi-Strauss als Prinzip strukturalistischer Kulturwissenschaft postulierte Synthese von subjektiver Introspektion und anonymer Beobachtung treffend als Rousseau-Rezeption verdeutlicht wird (bes. S. 118 ff. u. 125 ff.). Auch die für das strukturalistische Ökonomieprinzip der Wahrheit postulierte »Identität der Welt- und Denkgesetze« hat stillschweigend dieselbe metaphysische Voraussetzung: wer glaubt, von ›Weltgesetzen‹ unabhängig von ›Denkgesetzen‹ sinnvoll überhaupt sprechen zu können, muß sich wohl oder übel auf eine prästabilierte Harmonie beider verlassen (*Strukturale Anthropologie*, S. 104).

67 In diesen Zusammenhang gehört auch die – wiederum ausgesprochen rousseauistisch formulierte – Aufforderung Lévi-Strauss' an den aus der Natur »ausgestoßenen« Menschen, »die Gesellschaft der Natur wieder auf[zu]suchen, um in ihr über die Natur der Gesellschaft

nachzudenken«. (*Jean-Jacques Rousseau, fondateur des sciences de l'homme*, 1962, S. 240).

68 K.-P. Philippi, *Formalismus – Strukturalismus* (1971), S. 124, unter Rekurs auf A. Schmidt, *Der strukturalistische Angriff auf die Geschichte* (1969), S. 217-224.

69 M. Foucault (s. Anm. 63), S. 92.

70 Zur Geschichte der empiristischen Illusion, von J. Lockes ›einfachen Ideen‹ bis zu R. Carnaps ›logischem Aufbau der Welt‹, siehe F. Kambartel, *Erfahrung und Struktur* (1968), bes. Kap. 1 u. 4.

71 Genaueres zu beidem bei F. Kambartel (s. Anm. 70), S. 149-198, und in der Kurzfassung seines (ebenfalls schon zitierten) Lexikonartikels *Struktur* (s. Anm. 52).

72 Vgl. *Strukturale Anthropologie* (s. Anm. 48), S. 253.

73 *Die Struktur der Mythen* (*Strukturale Anthropologie*, S. 226-254).

74 Vgl. zum Beispiel ebd., S. 242.

75 Vgl. P. Lorenzen, *Szientismus versus Dialektik* (1970), S. 57–72, und C. Thiel, *Was heißt ›wissenschaftliche Begriffsbildung‹?* (1973), S. 117 ff.

76 Jakobson/Lévi-Strauss, ›*Les Chats*‹ *de Charles Baudelaire* (zitiert nach der deutschen Ausgabe von 1969). Die Vorbemerkung ist von Lévi-Strauss allein verfaßt.

77 Ebd., S. 2.

78 *Strukturale Anthropologie* (s. Anm. 48), S. 230 f.

79 So zum Beispiel schon 1919 bei V. Šklovskij, *Der Zusammenhang der Mittel des Sujetbaus mit den allgemeinen Stilmitteln.*

80 Besonders in den beiden Aufsätzen: M. Riffaterre, *Describing Poetic Structures* (1966), und R. Posner, *Strukturalismus in der Gedichtinterpretation* (1969). Riffaterre kritisiert die strukturalistische Außerachtlassung des (vom Text bestimmten) Rezeptionsverlaufs, den er nun seinerseits strukturalistisch zu fassen sucht – um den Preis der Fiktion einer idealen Rezeptionsinstanz. Posners Kritik, die bereits Riffaterres Alternative einbezieht, ist schwankend: auf der einen Seite wird im Namen eines ›reinen‹ Strukturalismus größere Strenge in der Anwendung seiner Prinzipien postuliert, auf der anderen werden Aporien aufgedeckt, in die gerade jene konsequente Anwendung führen muß.

81 Strenggenommen müßte das Singuläre aus der Struktur, die prinzipiell nur Relationen kennt, herausfallen und wäre damit – gegen alle hermeneutische Vernunft – poetisch irrelevant. Unter Vermeidung dieser unsinnigen Konsequenz wird hier also mit dem widerstrukturalistischen Zusatzkriterium der Einzigartigkeit, das sogar Priorität genießt, eine kapitale Inkonsistenz in Kauf genommen (die gegebenenfalls auch in der ›vertikalen‹ Analyse nicht aufzuheben ist). Erst recht bestätigt sie sich, wenn man an verschiedene literarische Bearbeitungen eines traditionellen Stoffes denkt, wo es gerade auf die

singuläre Innovation ankommt, die in anderen Fassungen kein Gegenstück findet. Das außerstrukturell Einzigartige hat also offenbar
hermeneutisch wie ästhetisch besonderes Gewicht; andererseits läßt
sich außerhermeneutisch nicht zwischen zufälliger und bedeutungsvoller Einzigartigkeit von Textelementen unterscheiden.

82 Zum Beispiel wird für die grammatische Schicht unter anderem
folgende, in der Tat absurd anmutende »Äquivalenz« als »überraschende Entsprechung« hervorgehoben: nämlich daß allein das
zweiterste (!) und das zweitletzte (!) Prädikat des Sonetts eine Kopula
mit Prädikatsnomen haben. Für wen sollte das wohl ›überraschend‹
sein, wenn es für keine Rezeption überhaupt bemerkbar ist und,
selbst nachdem das Mikroskop der Analyse darauf aufmerksam gemacht hat, nicht die geringste Relevanz gewinnt. An dieser Boden-
losigkeit der strukturalen Analyse hat sich insbesondere die Kritik
M. Riffaterres entzündet.

83 Jakobson/Lévi-Strauss (s. Anm. 76), zum Beispiel S. 13. Entsprechend wird dem Nasal ein »verschleierter« Charakter zugesprochen;
der rauhen »Schroffheit« des ›r‹ wird die fließende »Klarheit« des ›l‹
gegenübergestellt mit der Pointe: »das Zurücktreten des /r/ gegenüber dem /l/ begleitet beredt den Übergang vom empirisch Katzen-
artigen zu den mythischen Transfigurationen« (S. 8). Gelegentlich
wird der unterstellte Sinn lautlicher Zuordnungen überhaupt nicht
expliziert; so zum Beispiel, wenn es heißt, daß eine die »Metamor-
phose« von der Katze zur Sphinx bekräftigende Kette von Parono-
masien »nasalierte Vokale« mit »dentalen und labialen Reibelauten«
kombiniere (S. 11).

84 »Alle Figuren des Sonetts sind maskulinen Geschlechts, nur *les chats*
und ihr alter ego *les grands sphinx* haben eine Zwitternatur. Dieselbe
Zweideutigkeit wird im ganzen Sonett durch die paradoxe Wahl von
femininen Substantiven für die sogenannten männlichen Reime unterstrichen.« (S. 17) Posner bemerkt dazu mit Recht: »Formale Kategorien wie Genus, Numerus und Reimart werden bedenkenlos semantisch ausgeschlachtet. [. . .] Besonders peinlich ist das, wo die
Analogie auf den Konnotationen historisch zufälliger Beschrei-
bungstermini beruht.« (S. Anm. 80, S. 46.)

85 Dabei werden sogar »aufsteigende« und »absteigende« Diagonalen
unterschieden (Jakobson/Lévi-Strauss, s. Anm. 76, S. 5). Hier wenigstens ein Beispiel für eine postanalytische Synthese aus einer ganzen
Serie von ›horizontalen‹ und ›vertikalen‹ Äquivalenzen und Oppositionen, deren aufwendige Konstruktion sich am Ende ebenso dürftig
wie vage ausnimmt: »Die Unbelebtheit und das feminine Geschlecht,
die dem Subjekt und dem Objekt des Schlußsatzes gemeinsam sind
(*des parcelles d'or . . . Etoilent . . . leurs prunelles*), wiegen die Belebtheit
und das maskuline Geschlecht von Subjekt und Objekt des Anfangs-

satzes auf (*Les amoureux . . . et les savants . . . Aiment . . . Les chats*).«
(S. 12) Die suggerierte Entsprechung von Anfang und Schluß auf
semantischer wie syntaktischer Ebene tritt freilich im Gedicht für
niemanden so in Erscheinung. Im übrigen: wieso sind goldfunkelnde
Pupillen unbelebt, und was hat ihr grammatisches Geschlecht damit
zu tun? Und in welchem Sinn wird da wohl etwas ›aufgewogen‹?

86 Vgl. Posner (s. Anm. 80), S. 42.

87 Jakobson/Lévi-Strauss (s. Anm. 76), S. 10 u. 14.

88 Beispielsweise: »Das Geheimnis der Katzen beherrscht die beiden
Terzette.« »Sie werden, wenn man so sagen darf, zum Haus des
Nicht-Hauses, da sie in ihren Pupillen den Wüstensand und das
Sternenlicht bergen.« »Der Schrecken der Finsternis verfliegt unter
diesem zweifachen Gleißen.« (S. 12 f.) Es ist wiederholt als ein Cha-
rakteristikum des neuen Strukturalismus hervorgehoben worden,
daß hier die Dürre und Monotonie szientistischer Askese gern auf
eine um so buntere Ausschmückung des strukturalen Skeletts hinausläuft, was besonders für die Interpretationswerke von Lévi-Strauss
kennzeichnend ist (vgl. U. Jaeggi, s. Anm. 54, S. 18).

89 Ähnliches zeigt sich auch in den ethnologischen Interpretationen.
Wie anders sollte Lévi-Strauss wohl sonst zum Beispiel von einer
zunächst physikalischen Opposition von ›Kochen‹ und ›Braten‹ zur
Opposition des archaischen ›Freund‹/›Feind‹-Denkens der Kanni-
balen gelangen? (Vgl. *Le Triangle culinaire*, 1965.)

90 Jakobson/Lévi-Strauss (s. Anm. 76), S. 14.

91 Siehe hier, S. 30 f., und Jakobsons Abhandlung *Linguistics and Poetics*
(1960), deutsch 1972, bes. S. 124 f.

92 So im zuletzt genannten Aufsatz mit höchst gelungenen Kurzillustra-
tionen zum poetischen Prinzip signifikanter Bezüge innerhalb der
phänomenalen Textgestalt (das Jakobson freilich auf die höchst un-
glückliche, ja irrige Formel bringt: »Die poetische Funktion über-
trägt das Prinzip der Äquivalenz von der Achse der Selektion auf die
Achse der Kombination« [S. 126], während in Wahrheit doch einerseits die *informativ zutreffende ›Selektion‹* des sprachlichen Ausdrucks
gerade nicht nach dem Prinzip der Äquivalenz, sondern dem der
Differenzierung agiert und sich andererseits die *poetisch stimmige
›Kombination‹* nicht aufs Prinzip der Äquivalenz beschränkt). Darüber
hinaus in einer Reihe weiterer Gedichtanalysen, insbesondere: *Der
grammatische Bau des Gedichts von B. Brecht ›Wir sind sie‹* (1965), *The
Grammatical Texture of a Sonnet from Sir Philip Sidney's ›Arcadia‹* (1966)
und *Une microscopie du dernier spleen dans les Fleurs du Mal* (1967).

93 Jakobson/Lévi-Strauss (s. Anm. 76), S. 14.

94 Vgl. den signifikanten letzten Titel in Anm. 92, aber auch den
Verweis auf die hermeneutischen Grenzen ›mikroskopischer‹ Analyse in Anm. 82.

95 Schon in den frühen, mit J. Tynjanov verfaßten Thesen von 1928 (s. Anm. 29), die in Distanzierung vom Formalismus eine Einbeziehung der Geschichtswissenschaften postulieren, hatte Jakobson gleichwohl bereits seinen szientistischen Strukturbegriff, unter Einbeziehung von Evolutionsprozessen, apodiktisch vertreten: »Die Analyse der sprachlichen und literarischen Strukturgesetze und ihrer Evolution führt unausweichlich zur Aufstellung einer endlichen Reihe real gegebener Strukturtypen, bzw. Strukturentwicklungstypen.« Auf Grund ihrer »immanenten Gesetzmäßigkeit« sei »jede konkrete Veränderung« zu erfassen. Lediglich für die Frage nach dem »Tempo der Evolution« und der »Wahl« unter verschiedenen im Evolutionssystem vorprogrammierten Alternativen seien demnach die »übrigen historischen Disziplinen« zuständig (S. 76). An diesem Standpunkt hat Jakobson im wesentlichen festgehalten.

96 Siehe vor allem Heft 8 der Zeitschrift *Communication* (1966) mit Beiträgen zur strukturalistischen Erzähltheorie, namentlich von R. Barthes (*Introduction à l'analyse structurale des récits*) und T. Todorov (*Les catégories du récit littéraire*).

97 Zur Unterscheidung des taxonomischen oder distributiven und des generativ-transformationellen Strukturbegriffs: M. Bierwisch (s. Anm. 49) oder auch C. Heeschen, *Grundfragen der Linguistik* (1972).

98 Die wichtigsten Titel zum ›genetischen Strukturalismus‹ L. Goldmanns: *Le dieu caché* (1955), *Pour une sociologie du roman* (1964), *Der genetische Strukturalismus in der Literaturwissenschaft* (1964/67). Goldmann wirft im übrigen Jakobson und Lévi-Strauss mit Recht vor, bei ihrer Analyse des Baudelaire-Gedichts nicht von der »Gesamtbedeutung des Textes« als seiner »wesentlichen Dimension« ausgegangen zu sein: von dieser seiner »Globalstruktur« her müsse »die Untersuchung der Mikrostrukturen erfolgen. So erst könnte man dem poetischen Charakter des Textes wirklich gerecht werden«, der der »Weltanschauungsstruktur« Baudelaires entspreche. (L. Goldmann u. N. Peters, ›*Die Katzen*‹ von *Charles Baudelaire*, 1970, S. 70-73.)

99 So in R. Barthes' Interpretation der Erzählung von George Bataille: *Histoire de l'œil* (1964). Hauptschriften: *Le degré zéro de l'écriture suivi de Eléments de sémiologie* (1953), *Mythologies* (1957), *Critique et vérité* (1966), *Introduction à l'analyse structurale des récits* (1966).

100 So in R. Barthes' Analyse der Balzac-Erzählung *Sarrasine*, unter dem eigenwilligen Titel: *S/Z* (1970). Die methodischen Konzepte des frühen und des späteren Barthes hat H. Gallas an Hand der genannten Beispiele einander gegenübergestellt: *Strukturalismus in der Literaturwissenschaft* (1973), S. 376 ff. u. 385 f.

101 T. Todorov, *Poétique* (1968); deutsch 1973, im folgenden bes. S. 169 u. 173.

102 Mit seiner Art der Unterscheidung von ›Ästhetik‹ und ›Poetik‹ sucht

Todorov letztere aus der ästhetischen Problematik ganz herauszuhalten; gegen den traditionellen Wortgebrauch und auch im Unterschied zu R. Jakobson, der eingangs von *Linguistik und Poetik* – durchaus im Sinne der formalistisch-strukturalistischen Schule – hervorhebt: »Poetik beschäftigt sich hauptsächlich mit der Frage: *Was macht aus einer sprachlichen Nachricht ein Kunstwerk?* Da der wichtigste Untersuchungsgegenstand der Poetik die *differentia specifica* der Wortkunst ist in Beziehung zu anderen Künsten und in Beziehung zu anderen Arten sprachlichen Verhaltens, ist es berechtigt, die Poetik an den ersten Platz innerhalb der Literaturwissenschaft zu setzen.«

103 T. Todorov (s. Anm. 101), S. 174.

104 C. Lévi-Strauss, *Wie funktioniert der menschliche Geist?* (1967), S. 98 f. Von diesem Verdikt ist auch M. Riffaterre betroffen, der den (nach Lévi-Strauss einzig möglichen) Werk-Strukturalismus durch einen Rezeptions-Strukturalismus zu ersetzen sucht (vgl. hier Anm. 80). Im übrigen qualifiziert Lévi-Strauss an derselben Stelle die Diskussion um die *Nouvelle Critique* als »pseudo-philosophisches Geschwätz«.

105 Die mit F. V. Vodička bereits ein ausgesprochen literarhistorisches Konzept entwickelte (vgl. hier S. 33 mit Anm. 47).

106 Zusammengestellt in der Anthologie: K. Marx, F. Engels, V. I. Lenin, *Über Kultur, Ästhetik, Literatur* (1969). Etliches auch in: F. J. Raddatz (Hg.), *Marxismus und Literatur*, Bd. 1 (1969).

107 Einige Aufsätze und Buchauszüge F. Mehrings und G. W. Plechanows im ersten Band der Raddatz-Anthologie (s. Anm. 106).

108 F. Mehring, *Etwas über Naturalismus* (1892/93), S. 194.

109 G. W. Plechanow, *Die französische dramatische Literatur vom Standpunkt der Soziologie* (1905), S. 160 f.; der behauptete »Kausalzusammenhang« wird an anderer Stelle im Sinne »ursächlicher Abhängigkeit von der ökonomischen Entwicklung« präzisiert (S. 165).

110 F. Pereverzev, *Notwendige Voraussetzungen der marxistischen Literaturwissenschaft* (1928), S. 20.

111 Nach G. Lukács »zieht der Vulgärmaterialismus die mechanische und falsche, verzerrende und irreführende Konsequenz, es bestehe zwischen Unterbau und Überbau ein einfacher Kausalzusammenhang, in welchem der erstere nur als Ursache und letzterer nur als Folge figuriere. Derartige Zusammenhänge kennt die dialektische Methode überhaupt nicht.« (*Einführung in die ästhetischen Schriften von Marx und Engels*, 1945, S. 32.)

112 V. Žmegač (Hg.), *Marxistische Literaturkritik* (1970), Einleitung des Herausgebers, S. 10. Vgl. auch hier Kap. *Positivismus*, S. 17 f.

113 K. Marx, *Einleitung zur Kritik der Politischen Ökonomie* (1857/58), S. 640 f. – dort auch das folgende Zitat. (Bei dieser *Einleitung* handelt es sich um eine auch später nicht ausgeführte, teils stichwortartige Skizze.)

114 Das gilt (abgesehen von der hegelianischen Frühphase) für Lukács'
    literatur- und kunsttheoretisches Gesamtwerk, das seit Anfang der
    dreißiger Jahre systematische Formen annimmt und fortschreitend
    die orthodoxe marxistische Ästhetik beherrscht.

115 Dazu hier S. 70 u. Anm. 132.

116 Vgl. Lukács' *Einführung in die ästhetischen Schriften von Marx und Engels*
    (1945) – zugleich die wohl beste Kurzfassung der Lukácsschen Ästhe-
    tik. (Seitenzahlen hieraus fortan in Klammern im Anschluß an die
    Zitate.)

117 Entsprechend stellt Lukács (mit einem Engels-Zitat) die »politische,
    rechtliche, philosophische, religiöse, literarische, künstlerische usw.«
    Seite – sozusagen in einem Atemzug – der für sie grundlegenden
    ökonomischen Basis auf der anderen Seite gegenüber (32).

118 G. Lukács, *Es geht um den Realismus* (1938), S. 76 ff.

119 Der geschichtlichen Ordnung halber sei daran erinnert, daß der auf
    Marx zurückgehende *Historische* Materialismus, der sich – im Aus-
    gang von zwingenden Einsichten über den durch entfremdete Arbeit
    sich selbst entfremdeten Menschen – auf den Geschichtsprozeß kon-
    zentriert und ihn als einen sich gesetzmäßig entwickelnden Zusam-
    menhang von (ökonomischer) ›Basis‹ und (ideologischem) ›Überbau‹
    zu begreifen sucht, in der Reihenfolge der frühere ist. Dann erst hat
    Engels den (von Lenin fortgesetzten) Versuch unternommen, den
    Historischen Materialismus in einen umfassenden Rahmen zu stellen,
    der das gesellschaftsgeschichtliche Verhältnis von ›Basis‹ und ›Über-
    bau‹ zum erkenntnistheoretisch allgemeinen Verhältnis von ›Sein‹
    und ›Bewußtsein‹ erweitert: im sogenannten *Dialektischen* Materialis-
    mus (kurz: Diamat). Ex post stellt sich deshalb der genetisch frühere
    Historische Materialismus als systematisch zweiter Schritt im Sinne
    einer *Spezifizierung* des Dialektischen Materialismus dar. (Daß sich im
    übrigen beide – im Anschluß an Hegel – als ›dialektisch‹ verstehen, ist
    selbstverständlich.) Lukács jedenfalls, auf den es hier ankommt, un-
    terstellt – wie es die orthodoxe Rezeption allgemein tut – jenen
    systematischen Zusammenhang als bruchlos und unproblematisch. Im
    Unterschied zu unorthodoxen Positionen, die sich vom Dialektischen
    Materialismus als einer längst undiskutablen Erkenntnis- und Wis-
    senschaftstheorie distanzieren und sich auf den gesellschaftskriti-
    schen Historischen Materialismus als ebenso rekonstruktionswürdig
    wie -bedürftig konzentrieren.

120 An anderer Stelle heißt es, die Literatur sei »eine besondere Form der
    Spiegelung der objektiven Wirklichkeit« (*Es geht um den Realismus*, s.
    Anm. 118, S. 64); ihre Entwicklung habe »innerhalb der gesamtgesell-
    schaftlichen Gesetzmäßigkeit« entsprechend »ihre eigene Gesetzmä-
    ßigkeit« (*Einführung*, s. Anm. 116, S. 34 f.).

121 *Es geht um den Realismus* (s. Anm. 118), S. 69 u. 64.

122 Dazu *Einführung* (s. Anm. 116), S. 47: Es sei »kein Zufall, daß Marx und Engels bei der Bestimmung des echten Realismus« auf den Begriff des »Typus« zurückgreifen. »Engels schreibt: ›Realismus bedeutet, meines Erachtens, außer der Treue des Details die getreue Wiedergabe typischer Charaktere unter typischen Umständen‹.«

123 Vgl. R. Bubner, *Über einige Bedingungen gegenwärtiger Ästhetik* (1973), S. 55 f.

124 H. Wohlrapp hat in einer klaren Analyse im einzelnen gezeigt, wie ursprünglich Marxsche Thesen zur Gesellschaftstheorie durch »Umdeutung« und »Verallgemeinerung« zur »Engels-Leninschen Erkenntnistheorie« wurden, die »unter dem Titel der ›Widerspiegelungstheorie‹ heute als Fundament« gelte. Im Unterschied zur traditionellen Erkenntnistheorie sei der des heutigen orthodoxen Marxismus aus ihrer »Unbefangenheit« durchaus ein Vorwurf zu machen: »Sie ignoriert damit ohne weiteres das durch die Sprachanalyse erzeugte Wissen von den Möglichkeiten und Grenzen dessen, was sich überhaupt sagen läßt«. (*Materialistische Erkenntnistheorie?*, 1975, bes. S. 202 ff.)

125 Es ist zumindest der Überlegung und des Versuchs wert, die materialistische Pseudoterminologie von ›Sein‹ und ›Bewußtsein‹ (die zu Recht Beliebigkeit des Unterscheidens ausschließen will) als Dialektik von Handeln und Unterscheiden zu reformulieren. Die letztere fügt dann der sprachkritisch gewendeten Unterscheidung von ›Erscheinung‹ und ›Wesen‹ (im Sinn von Besonderem und Allgemeinem) deren – von vornherein konstitutiven – pragmatischen Aspekt ausdrücklich hinzu.

126 Diese Einsicht des späteren Wittgenstein (*Philosophische Untersuchungen*, posthum 1953) ist von seinem Schüler P. Winch ausgearbeitet worden: *The Idea of Social Science and its Relation to Philosophy*, 1958 (kommentiert bei F. Koppe, *Hermeneutik der Lebensformen. Zur Sozialphilosophie Peter Winchs*, 1979). Zum Zusammenhang einer pragmatischen Sprachauffassung im Anschluß an Wittgenstein mit materialistischen Grundintentionen heißt es bei H. J. Schneider: »Versteht man nun den Ausdruck ›materialistisch‹ in einem weiten und undogmatischen Sinn, dann läßt sich sagen, daß die ›pragmatische Wende‹ des späten Wittgenstein, die ihn von einer begriffsrealistischen Semantik zur Verankerung der Sprache in den ›Lebensformen‹ führte, einen Schritt bedeutet von einer ›idealistischen‹ zu einer ›materialistischen‹ Sprachauffassung. Die Sprache wird aus dem Reich der Gedanken und ontologisch unabhängig gedachter Begriffe ›heruntergeholt‹ in die Welt der gesellschaftlich organisierten Handlungsweisen, die nicht zuletzt der materiellen Produktion dienen.« (*Pragmatik als Basis von Semantik und Syntax*, 1975, S. 20.)

127 Darauf läuft unter entwicklungslogischer Perspektive J. Habermas'

Rekonstruktion des Historischen Materialismus hinaus (vgl. u. a. *Erkenntnis und Interesse*, 1968; *Vorbereitende Bemerkungen zu einer Theorie der kommunikativen Kompetenz*, 1971; *Zur Rekonstruktion des Historischen Materialismus*, 1976).

128 Dazu finden sich bei Lukács zwar eine Reihe suggestiver Epitheta: wie ›bewegt‹, ›lebendig‹, ›anschaulich‹ oder ›dynamisch‹ (s. Anm. 116, etwa S. 46 f.); aber derlei Charakterisierungen der künstlerischen Eigenart exemplarischer Darstellung bleiben in ihrer Metaphorik ebenso konventionell wie vage.

129 G. Lukács, *Es geht um den Realismus* (s. Anm. 118), S. 69.

130 *Kritik der Urteilskraft* (1790), bes. §§ 6 ff.

131 H. Marcuse, *Kunst und Revolution* (1972), S. 145.

132 Wenn auch Lukács nach seinem ›Sturz‹ in orthodoxen Publikationen meist einfach totgeschwiegen wurde, gab es gleichwohl seit den fünfziger Jahren eine Art Neuauflage des Realismusstreits aus den Dreißigern (vgl. hier S. 76 f. mit Anm. 140 u. 141). Auf der einen Seite steht jetzt die Mehrzahl jener, denen Lukács' bürgerliche Zugeständnisse zu weit gegangen waren, auf der anderen Seite gibt es aber auch eine neue Minderheit, die über Lukács hinaus für eine Entgrenzung des ›Realismus‹-Begriffs eintritt (insbesondere E. Fischer, z. B. mit *Entfremdung, Dekadenz, Realismus*, 1962, und andere; vgl. die entsprechenden Dokumente in: F. J. Raddatz, Hg., *Marxismus und Literatur*, Bd. 3). Dazu G. Lukács, *Wider den mißverstandenen Realismus* (1958), und Th. W. Adornos ›externe‹ Polemik dagegen in seinen *Noten zur Literatur II* (1961) unter dem Titel *Erpreßte Versöhnung* (thematisch Einschlägiges auch bereits in *Noten zur Literatur I*, 1958).

133 H. Gallas, Einleitung zu: *Alternative* 11, 1968, Heft 62/63, S. 155. Entsprechend deutlich fällt hier, trotz aller Vorbehalte, das Plädoyer zugunsten einer strukturalistischen Orientierung materialistischer Literaturwissenschaft aus.

134 Im Blick auf die zahlreichen Versuche, »die strukturalistischen Grundbegriffe marxistisch zu adoptieren«, konstatiert J. Habermas eine »inflationäre Verwendung dieser Begriffe« und sieht allein in dem von J. Piaget ausgearbeiteten »Ansatz eines genetischen Strukturalismus«, der der »Ontogenese des Denkens und des moralischen Bewußtseins« entwicklungslogisch nachgehe, eine »Brücke zum Historischen Materialismus« (*Zur Rekonstruktion des Historischen Materialismus*, 1976, S. 184f.). Als kunsttheoretisches Beispiel solcher ›Adoption‹ kann u. a. die Ästhetik G. della Volpes gelten, der die strukturale Linguistik ausgerechnet in ihrer taxonomischen Extremform bei L. Hjelmslev für den Neuentwurf einer historisch-materialistischen Literatur- und Kunsttheorie glaubt fruchtbar machen zu können (*Critica del gusto*, 1960).

135 W. Benjamin, *Der Autor als Produzent* (1934), S. 98; zitiert bei R. Bubner, *Über einige Bedingungen gegenwärtiger Ästhetik* (1973), S. 58.

136 Ebd., S. 59.
137 W. Benjamin, *Das Kunstwerk im Zeitalter seiner technischen Reproduzierbarkeit* (1936).
138 *Einleitung zur Kritik der Politischen Ökonomie* (1857/58), S. 640.
139 Ausführlich sind diese Gesichtspunkte des inneren Widerspruchs zwischen Benjamins prospektiver und retrospektiver Orientierung diskutiert bei J. Habermas, *Bewußtmachende oder rettende Kritik – Die Aktualität Walter Benjamins* (1972), bes. Abschnitte III-V. Danach ist es Benjamins Meinung, »daß das semantische Potential, aus dem die Menschen schöpfen, um die Welt mit Sinn zu belehnen und erfahrbar zu machen, zunächst im Mythos niedergelegt ist und von diesem entbunden werden muß – daß aber dieses Potential nicht erweitert, sondern immer nur transformiert werden kann. Benjamin befürchtet, daß während dieser Transformationen die semantischen Energien entweichen und der Menschheit verloren gehen könnten. Anhaltspunkte für diese verfallsgeschichtliche Perspektive gibt Benjamins Sprachphilosophie.« (S. 327) Dazu Habermas' Fazit: »Dem Historischen Materialismus, der mit Fortschritten in der Dimension nicht nur der Produktivkräfte, sondern auch der Herrschaft rechnet, kann eine antievolutionistische Geschichtskonzeption nicht wie eine Mönchskapuze übergestülpt werden. Meine These ist, daß Benjamin seine Intention, Aufklärung und Mystik zu vereinigen, nicht eingelöst hat, weil der Theologe in ihm sich nicht dazu verstehen konnte, die messianische Theorie der Erfahrung für den Historischen Materialismus dienstbar zu machen.« (S. 332)
140 E. Bloch, *Diskussion über den Expressionismus* (1938). Bei der innermarxistischen Realismuskontroverse der dreißiger Jahre standen gegen Lukács neben Bloch und Brecht auch die Autoren Hanns Eisler und Anna Seghers. Die wichtigsten Zeugnisse der Auseinandersetzung sind zusammengestellt in: F. J. Raddatz (Hg.), *Marxismus und Literatur*, Bd. 2. (Zur Neuauflage der Realismusdebatte in den fünfziger Jahren vgl. hier S. 70 mit Anm. 132.)
141 Vgl. B. Brecht, *Über den formalistischen Charakter der Realismustheorie* (Etwa 1938), mit drei weiteren einschlägigen Aufsätzen Brechts, ebenfalls in der Raddatz-Anthologie, Bd. 2.
142 E. Bloch, *Tübinger Einleitung in die Philosophie* (1963), Bd. 1, S. 202.
143 E. Bloch, *Literarische Aufsätze* (1935), S. 143.
144 E. Bloch, *Erbschaft dieser Zeit* (1935), S. 253.
145 E. Bloch, *Das Prinzip Hoffnung* (1954), S. 177.
146 Vgl. H. Wiegmann, *Ernst Blochs ästhetische Kriterien* (1976), S. 42-48.
147 E. Bloch, *Das Prinzip Hoffnung*, S. 950.
148 Das gilt erst recht für die anderen Verfechter eines liberalisierten ›Realismus‹-Begriffs innerhalb der marxistischen Orthodoxie, vor und nach dem Zweiten Weltkrieg (in letzter Zeit z. B. auch noch für

E. Fischer, W. Girnus und sogar für K. Košik, wie im dritten Band der Raddatz-Anthologie deutlich dokumentiert).

149 Soweit im folgenden aus H. Marcuse, *Kunst und Revolution* (1972) zitiert wird, sind die Seitenzahlen in Klammern angegeben.

150 H. Marcuse, *Über den affirmativen Charakter der Kultur* (1937), S. 86.

151 H. Marcuse, *Das Ende der Utopie* (o. J.), S. 12 u. 19 f.

152 H. Marcuse, *Der eindimensionale Mensch* (1964), S. 251. Zu den beiden genannten Varianten in der Auffassung Marcuses: H. Paetzold, *Neomarxistische Ästhetik*, Bd. 2 (1974), S. 120 ff.

153 So der Titel von Marcuses letzter Schrift zur Ästhetik: *Die Permanenz der Kunst. Wider eine bestimmte marxistische Ästhetik* (1977).

154 *Die Permanenz der Kunst*, S. 76.

155 Ebd., S. 75 f.

156 Ebd., S. 76.

157 Vgl. hier Anm. 153.

158 *Die Permanenz der Kunst*, S. 7.

159 Marcuse macht sich hier eine Formulierung A. Fernigiers zu eigen (vgl. *Kunst und Revolution*, S. 125, Anm. 74).

160 Eben dadurch »transformiert« nach Marcuse »das Kunstwerk die in der Wirklichkeit herrschende Ordnung« (s. Anm. 149, S. 98), und eben darin liegt seine »Transzendenz« (vgl. hier S. 78 f.).

161 Zum Beispiel brauchen begriffliche Kontraste (›klein‹/›groß‹, ›weiß‹/›schwarz‹, ›gut‹/›schlecht‹) nichts mit Kunst zu tun zu haben; entsprechend kunstfern sind Arbeits- und Herzrhythmus (zumal für jemanden, der an Überforderung durch den ersteren oder einer Störung des letzteren leidet).

162 Ähnlich vage (und hier überdies ausdrücklich auf traditionelle Kunst eingeschränkt) ist auch eine andere beiläufige Bemerkung Marcuses, wonach »Struktur, Proportion und Einheit wesentliche ästhetische Qualitäten« ausmachen (s. Anm. 149, S. 111).

163 Die *Ästhetische Theorie* (1970) ist Th. W. Adornos abschließendes Hauptwerk zur Ästhetik (Zitate hieraus sind mit Seitenangaben in Klammern belegt). Von den zahlreichen kunsttheoretischen Arbeiten, die vorausgingen, seien genannt: *Prismen. Kulturkritik und Gesellschaft* (1963); *Ohne Leitbild. Parva Aesthetica* (1967); *Noten zur Literatur*, 4 Bde. (1958-74); *Dissonanzen. Musik in der verwalteten Welt* (1956);*Einleitung in die Musiksoziologie* (1963); *Philosophie der neuen Musik* (1969).

164 K.-O. Apel, Vorwort zu: H. Paetzold, *Neomarxistische Ästhetik*, Bd. 1 (1974), S. 12.

165 H. Marcuse, *Die Permanenz der Kunst* (1977), S. 6.

166 R. Bubner, *Über einige Bedingungen gegenwärtiger Ästhetik* (1973), S. 44 u. 59 (mit Bezug auf Horkheimer/Adorno, *Dialektik der Aufklärung*, 1947).

167 Nach Bubner (s. Anm. 166), S. 44.

168 Ebd., S. 45.

169 Kunst kritisiere die Gesellschaft »durch ihr bloßes Dasein«. »Nichts
    Reines, nach seinem immanenten Gesetz Durchgebildetes, das nicht
    wortlos Kritik übte, die Erniedrigung durch einen Zustand denun-
    zierte, der auf die totale Tauschgesellschaft sich hinbewegt.« »Das
    Asoziale der Kunst ist bestimmte Negation der bestimmten Gesell-
    schaft«, ihre »Absage an die Gesellschaft« komme der »Sublimierung
    durchs Formgesetz« gleich (s. Anm. 163, S. 335).

170 Vgl. H. Marcuse, *Kunst und Revolution* (1972), S. 104.

171 Ebd., S. 99.

172 Ebd., S. 136. An anderer Stelle formuliert Marcuse: »Aber die bloße
    Negation wäre abstrakt, die schlechte Utopie. Die Utopie, die in der
    großen Kunst zur Erscheinung kommt, ist niemals die bloße Nega-
    tion des Realitätsprinzips, sondern seine Aufhebung, in der noch sein
    Schatten auf das Glück fällt.« (*Die Permanenz der Kunst*, S. 77.)

173 G. F. W. Hegel, *Vorlesungen über die Ästhetik* (posthum 1835), vgl.
    insbesondere: Einleitung, Kap. I.

174 Dies freilich mit den nötigen Einschränkungen, wie sie oben aus den
    Kapiteln ›Formalismus‹ und ›Strukturalismus‹ im einzelnen hervor-
    gehen (vor allem ist hier die Mukařovský-Schule auszunehmen).

175 Grundlegend war der kurze Aufsatz *Der Dichter und das Phantasieren*
    (1908), in dem allerdings wesentliche Thesen der umfänglichen Stu-
    die *Der Witz und seine Beziehung zum Unbewußten* (1905) unter kunst-
    theoretischem Vorzeichen wiederkehren. Vorausgegangen waren
    Bemerkungen zu einzelnen Dichtwerken: zuerst brieflich (1898) zu
    zwei Novellen C. F. Meyers (bei R. Wolff, 1975, S. 11 f.) und danach
    im Rahmen des großen Frühwerks *Die Traumdeutung* (1900) zu *König
    Ödipus* und *Hamlet* (bei W. Beutin, 1972, S. 169-174). Atypisch ist
    Freuds erste monographische Dichtungsanalyse *Der Wahn und die
    Träume in W. Jensens ›Gradiva‹* (1907), weil hier der fiktive Protagonist
    nicht (wie ansonsten) als symptomatisches Phantasieprodukt des Au-
    tors, sondern wie ein authentischer Neurotiker psychoanalysiert
    wird. Es folgen kontinuierlich weitere einschlägige Arbeiten (unter
    anderem zu Leonardo da Vinci, Michelangelo und Dostojewski) bis
    in die späten dreißiger Jahre (Zusammenstellungen z. B. bei L.
    Marcuse, 1957, Anm. 1, oder in der Wolffschen Bibliographie).
    Kunsttheoretisch bedeutsam sind aber auch beiläufig versteckte
    Passagen, besonders in: *Formulierungen über die zwei Prinzipien des
    psychischen Geschehens* (1911), S. 236 f.; *Das Interesse an der Psychoana-
    lyse* (1913), S. 416-419; *Vorlesungen zur Einführung in die Psychoanalyse*
    (1916/17), S. 390 f.; ›*Selbstdarstellung*‹ (1925), S. 88-92; *Die Zukunft
    einer Illusion* (1927), S. 335; *Das Unbehagen in der Kultur* (1930),
    S. 441 f.

176 Bibliographische Hinweise zu einschlägigen Schülerarbeiten der Pionierphase hier in Anm. 192.

177 Insbesondere durch zwei Germanisten: W. Muschg, *Psychoanalyse und Literaturwissenschaft* (1930), und H. Pongs, *Psychoanalyse und Dichtung* (1933).

178 Freud emigrierte erst 1938 (anläßlich des ›Anschlusses‹ von Österreich) nach England, wo er im folgenden Jahr verstarb.

179 Hinweise zu namhaften Repräsentanten dieser – im wesentlichen wiederum in der Literaturwissenschaft stattfindenden – Breitenrezeption hier in Anm. 203.

180 Zitiert wird nach Sigmund Freud, *Gesammelte Werke* (die in Klammern gesetzten Stellennachweise beschränken sich auf Band- und Seitenzahlen). Im Mittelpunkt der Erörterung steht der Aufsatz *Der Dichter und das Phantasieren* (7, 211-221).

181 Und zwar unterstellt Freud ontogenetisch wie phylogenetisch einen solchen Wechsel von einem ursprünglichen (natürlichen) Lebensprinzip lustvoller Triebbefriedigung zu einem nachträglichen (kultürlichen) frustrierender Normerfüllung, aus dem ein lebensprägender (namentlich der ›ödipale‹) Grundkonflikt herrühre. Freilich ist dieser Übergang im allgemeinen Interesse der Naturbeherrschung nach Freud notwendig. (Die Affinität zur frühromantischen Rousseauschen Anthropologie liegt auf der Hand.)

182 Die kurze Charakterisierung im folgenden entspricht der Traumtheorie Freuds, aus der er seine Kunsttheorie ableitete. Vgl. *Die Traumdeutung* (1900) oder das Kapitel zur Traumdeutung im zusammenfassenden *Abriß der Psychoanalyse* (1930). Freud hat seine Thesen zur schlafenden oder wachen Phantasiebildung in vielen Schriften mehr oder weniger ausführlich wiederholt, so auch in den kunsttheoretisch einschlägigen (siehe Anm. 175); z. B. in seiner Studie über den Witz (6, 181-188).

183 Im Sinne der Freudschen Hypothese also insbesondere die (nach Auflösung der prä- und postnatalen Symbiose von Mutter und Kind sich bei letzterem latent einstellenden) ›ödipalen‹ Wünsche nach Mutterinzest und Vatermord bzw. deren geschlechtsspezifische Variation.

184 Dem Tagtraum geht seinerseits nach Freud das kindliche Spiel (als ursprünglichere Form derselben Funktion) voraus (7, 214 ff.). Danach gebe »der Heranwachsende, wenn er aufhört zu spielen, nichts anderes auf als die Anlehnung an reale Objekte; anstatt zu *spielen phantasiert* er jetzt« (7, 215). In diesem Sinn gilt nach Freud, daß »die Dichtung wie der Tagtraum Fortsetzung und Ersatz des einstigen kindlichen Spielens ist« (7, 222).

185 Freud fügt hinzu, daß hinter den letzteren als Ziel des Tagtraums »aber meist auch das erotische steckt« (7, 229): »wie in vielen Altar-

bildern in einer Ecke das Bildnis des Stifters sichtbar ist, so können wir an den meisten ehrgeizigen Phantasien in irgendeinem Winkel die Dame entdecken«, der der Phantast alle Erfolge zu Füßen lege (7, 217). An anderer Stelle ergänzt Freud den Reigen der Wünsche des tagträumenden Künstlers: nämlich »Ehre, Macht, Reichtum, Ruhm und die Liebe der Frauen« (11, 390). (Dabei ist kaum zu übersehen, daß Freud sich den Künstler vorwiegend männlich denkt.)

186 Den Modus des Erratens und Vermutens, der für den frühen Aufsatz *Der Dichter und das Phantasieren* (1908) charakteristisch ist, hat Freud in späteren Ausführungen weitgehend assertorisch gewendet, wie auch das zweite Zitat zeigt, das Freuds ›Selbstdarstellung‹ (1925) entnommen ist.

187 In einer Anmerkung zur Sexualtheorie scheint es Freud zwar beiläufig als »unzweifelhaft, daß der Begriff des ›Schönen‹ auf dem Boden der Sexualerregung wurzelt und ursprünglich das sexuell Reizende (›die Reize‹) bedeutet«, obwohl »wir die Genitalien selbst, deren Anblick die stärkste sexuelle Erregung hervorruft, eigentlich niemals ›schön‹ finden können« (5, 55); an anderer Stelle verweist Freud deshalb (ohne weitere Präzisierung) auf »gewisse sekundäre Geschlechtsmerkmale« als mögliche Schönheitsquelle (14, 442). Das heißt aber, daß selbst im unterstellten sexuellen Herkunftsbereich das Schönheitsempfinden von der Sexualerregung (auf unbekannte Weise) verschieden sein muß. Im übrigen macht sich Freud in dieser Hinsicht keine Illusionen: »Leider weiß auch die Psychoanalyse über die Schönheit am wenigsten zu sagen«. (14, 441) Der hierfür zuständigen Disziplin stellt er freilich ein noch schlechteres Zeugnis aus: »Die Wissenschaft der Ästhetik untersucht die Bedingungen, unter denen das Schöne empfunden wird; über Natur und Herkunft der Schönheit hat sie keine Aufklärung geben können; wie gebräuchlich, wird die Ergebnislosigkeit durch einen Aufwand an volltönenden, inhaltsarmen Worten verhüllt« (ebd.).

188 Daß es sich bei der ästhetischen Qualität von Kunst nach Freud um eine zusätzliche Identifikationsstrategie handelt, die also von jenen anderen systematisch zu unterscheiden ist, geht insbesondere aus dem zuletzt erwähnten Beleg (14, 90) explizit hervor.

189 Die ›Vorlust‹-Theorie des Ästhetischen hat Freud in Anlehnung an die ausführlichere Studie *Der Witz und seine Beziehung zum Unbewußten* (1905) entwickelt. Dort hatte er bereits die »Witzeslust« als »Verlockungsprämie« oder »Vorlust« zur »Aufhebung von Unterdrückungen und Verdrängungen« und damit zur »Auslösung« einer ungleich größeren »Lustentbindung« charakterisiert (6, 153 f.), während er die »ästhetische Kultur« noch unter die durch den Witz zu überwindenden Hemmungen einreihte (6, 132 u. 152). Im übrigen sieht Freud im »Vorlustprinzip« eine »Einrichtung«, »die sich auf

vielen, fern voneinander gelegenen Gebieten des Seelenlebens be-
währt« (6, 154); wie denn auch nicht nur die »Techniken des Witzes«,
sondern ebensogut »andere Verfahren« zum »nämlichen Zweck« geeignet seien und »aus den gleichen Quellen schöpfen« (6, 146). In
diesem Sinne zählt Freud dann später eben auch die ›ästhetische Lust‹,
die ›Wahrnehmungslust der Formschönheit‹ unter die ›Vorlust‹-
Fälle. Das heißt aber wiederum, daß es erst noch zusätzlicher Unterscheidung bedürfte, um sie gegenüber sonstigen Formen der ›Vorlust‹ auszuzeichnen. Während Freud die hier fällige Spezifizierung für
das Witzige über zahlreiche Verfahrensanalysen unternommen hatte,
hat er eine entsprechende Präzisierung für das Ästhetische oder das
Schöne nirgends auch nur versucht, sondern wiederholt mangels
Zuständigkeit ausdrücklich abgewiesen (wie im folgenden belegt
wird).

190 Vgl. auch die (oben schon zitierte) »eigentliche *Ars poetica*« als des
Dichters »eigenstes Geheimnis« (14, 223).

191 Wenn auch Freud der offiziellen Ästhetik entsprechende Antworten
kaum zugetraut hat (vgl. Anm. 187).

192 Zu den dichtungstheoretisch interessierten Freudianern der ersten
Phase – bis zu den dreißiger Jahren – gehören außer H. Sachs und O.
Rank (der schon sehr früh einschlägig publizierte: *Der Künstler*, 1907;
Traum und Dichtung, 1909; *Das Inzest-Motiv in Dichtung und Sage*, 1912;
u. a. m.) insbesondere: ebenfalls im deutschsprachigen Raum Th.
Reik (*Dichtung und Psychoanalyse*, 1912, und zahlreiche weitere Titel);
in England E. Jones (*The Oedipus-Complex as an Exploration of Ham-
lets Mystery*, 1910); in Amerika F. C. Prescott (*Poetry and Dreams*,
1912/13; *The Poetic Mind*, 1922); in Frankreich M. Bonaparte (*Edgar
Poe*, 1933). Weitere Namen und (überwiegend deutschsprachige)
Werke aus dieser Zeit in den Bibliographien bei W. Beutin (1972) und
R. Wolff (1975).

193 O. Rank u. H. Sachs, *Die Bedeutung der Psychoanalyse für die Geisteswissenschaften* (1913); kunsttheoretischer Auszug unter dem Titel *Ästhetik und Künstler-Psychologie* in der Wolffschen Anthologie (die folgenden Zitate dort S. 147 ff.).

194 Es entbehrt nicht der Komik, wenn Rank und Sachs die unterstellte
Lust an der »Aufmerksamkeitsersparnis« des poetischen Rhythmus
gleich dreifach regressiv verankern: sowohl in den rhythmischen
Mitteln der »Arbeitsökonomie« primitiver Kulturen als auch in der
physiologischen Rhythmik der »wichtigsten Formen der Sexualbetä-
tigung«: beim »Wonnesaugen des Kindes« wie beim »Sexualakt
selbst«.

195 Auch hier handelt es sich freilich um eine Übernahme Freudschen
Gedankenguts. In seiner Analyse des Witzes hatte Freud die witzige
»Verdichtung« als »Ersparung an psychischem Aufwand« und ent-

sprechend zumindest *einen* Aspekt der Witzeslust in diesem Sinne als »Ersparungslust« charakterisiert (6, 133-143 u. 192 f.). Jedoch hat Freud sein für das Witzige (auf ziemlich subtile Weise) geltend gemachtes psycho-energetisches »Prinzip der Ersparung« (133) niemals auf das Ästhetische oder Schöne übertragen, wie es dann Rank und Sachs (weniger subtil) versuchten.

196 Die Fassadenmetapher ist ebenfalls von Freud übernommen und wurde dort wiederum zunächst nicht kunstspezifisch verwendet, sondern in bezug auf die ›Traumarbeit‹ (die unterstellte Umwandlung des latenten ›Traumgedankens‹ in den manifesten ›Traumtext‹): so schon 1900 in der *Traumdeutung*.

197 In einer anderen Version wurde die Ökonomiethese schon von dem russischen Sprach- und Literaturtheoretiker Alexander Potebnja (1835-1891) und der sich anschließenden kunsttheoretischen Schule vertreten. V. Šklovskij (*Kunst als Verfahren*, 1916) verweist auf Parallelen bei Herbert Spencer und Richard Avenarius (S. 9) und resümiert Potebnjas Position so: »Dichtung ist eine besondere Art des Denkens, und zwar eine Art des Denkens in Bildern; dieses Denken ermöglicht eine bestimmte Ökonomie der Geisteskräfte, ›das Empfinden relativer Leichtigkeit des Prozesses‹, und Reflex dieser Ökonomie ist das ästhetische Gefühl«. (S. 3) Um dann die Gegenthese zu vertreten, Kunst sei vielmehr »ein Verfahren, das Schwierigkeit und Länge der Wahrnehmung steigert« (S. 15), sowie eine entsprechende »Definition der Dichtung als einer gebremsten, verbogenen Sprache« (S. 33). Bei aller formalistischen Unzulänglichkeit dieser Bestimmung des Kunstcharakters (vgl. hier Kap. *Formalismus*) ist sie doch in ihrer polemischen Spitze gegen die Ökonomisten überzeugend.

198 J. Weiss, *A Psychological Theory of Formal Beauty* (1947).

199 S. O. Lesser, *Fiction and the Unconscious* (1957), S. 294. (Im folgenden zitiert nach der deutschen auszugsweisen Ausgabe.)

200 Kant hatte dieser elementaren Schwierigkeit mit seiner These vom Schönen als ›Zweckmäßigkeit ohne Zweck‹, als ›bloße Form der Zweckmäßigkeit‹, Rechnung zu tragen versucht. Aber dieser wesentliche Schritt wird hier nirgends reflektiert, geschweige denn eine Lösung der seither klassischen Paradoxie der Ästhetik erwogen. Zwar ließe sich die psychoanalytische Ökonomie-Version im Sinne der Kant-These von der ästhetischen Lust am freien Spiel der ›Erkenntnis-‹ und ›Gemütskräfte‹ so wenden, daß es sich hier um ein *zweckfrei* lustvolles Ausschöpfen der ›Kräfte‹ des Aufmerkens, Fühlens und Denkens handelt, und zwar (mit Kant) ohne begrifflich faßbaren Gegenstand. Aber das führt nicht nur in dieselbe Problematik zurück, sondern würde – wegen des damit verbundenen Autonomieanspruchs des Schönen – denkbar schlecht zur Freudschen

Hauptthese vom Ästhetischen als quasi instrumenteller ›Vorlust‹
passen. (Vgl. I. Kant, *Kritik der Urteilskraft*, §§ 10-15.)

201 H. Sachs, *Gemeinsame Tagträume* (1924), Zitate im folgenden S. 73-75.

202 *Gesammelte Werke*, Bd. 6, S. 439.

203 Dieser Wandel ist zugleich charakteristisch für die erst nach Freuds
Tod (1939) seit Kriegsende einsetzende zweite Phase der psychoanalytischen Kunsttheorie, die sich nunmehr, vor allem in der Literaturwissenschaft, auf breiter Front durchsetzte. Unter ihren Repräsentanten sind (außer den im folgenden erörterten) insbesondere zu nennen:
K. Burke, L. Trilling, E. Wilson und L. Manheim (Amerika), H.
Read (England), Ch. Mauron (Frankreich). (Näheres dazu kurzgefaßt
bei J. Strelka, *Psychoanalyse und Mythenforschung in der Literaturwissenschaft*, 1973, S. 203-207.) In der deutschen Literaturwissenschaft ist
eine rezeptive Aufarbeitung der psychoanalytischen Kunst- und
Dichtungstheorie noch im Gange (vgl. die Anthologien von W.
Beutin, 1972; B. Urban, 1973; R. Wolff, 1975). Ansätze zu weiterfüh-
renden einheimischen Studien dokumentiert S. Goeppert (1978).

204 S. O. Lesser (s. Anm. 199), hier und im folgenden S. 283-285.

205 N. N. Holland, *The Dynamics of Literary Response* (1968); Kap. *Form
as Defense*, zitiert nach der deutschen Ausgabe, S. 377; Anschlußzitat,
S. 376.

206 Holland (s. Anm. 205), S. 376 f., und A. Ehrenzweig, *The Psychoanalysis of Artistic Vision and Hearing* (1953), S. 139.

207 Vgl. hier S. 100.

208 Am elementaren Defizit der ›Abwehr‹-Version haben auch allerlei
Zusatzkonstruktionen nichts ändern können. Insbesondere weder die
(schon erwähnte) Sachssche Ergänzungsthese von der Narzißmus-
Verschiebung der Kunst, wonach sich der tagträumerische Egoismus
auf die Schönheit des Werks verlagert (vgl. hier S. 99 f.), noch die
Hollandsche Analogie der künstlerischen ›Form‹ mit der luststeigern-
den Abwehr beim sexuellen Vorspiel (s. Anm. 205, S. 377). Wird
doch damit allemal die Frage nach der ästhetischen Differenz nicht
gelöst, sondern jeweils nur verlagert. Die begriffliche Inanspruchnahme des ›Kunstschönen‹ oder der ›Kunstform‹ bleibt am Ende
allemal gleichermaßen ungedeckt.

209 Jung lernte freilich erst als Einunddreißigjähriger den um fast zwanzig Jahre älteren Freud persönlich kennen (1906). Seine kooperative
Anhängerschaft, die mit einer freundschaftlichen Beziehung zu Freud
einherging, reichte bis zum Jahr 1912. Jungs anschließende Ausbildung seiner (ihrerseits Schule machenden) Alternativtheorie war
dann allerdings mit einer antisemitisch gefärbten Polemik gegen
Freud, besonders in den dreißiger Jahren, verbunden.

210 Mit der bis heute richtungweisenden Schrift *Über die Beziehungen der
analytischen Psychologie zum dichterischen Kunstwerk* (1922). Weitere ein-

schlägige Arbeiten C. G. Jungs: *Psychologie und Dichtung* (1930); *Ulysses* (1932); *Picasso* (1932). Das bedeutendste frühe Schülerwerk archetypischer Literaturkritik kam aus England: M. Bodkin, *Archetypical Patterns in Poetry* (1934). Breitenwirkung zeigte sich ab dem folgenden Jahrzehnt, wiederum besonders in den Vereinigten Staaten, wo die dort so genannte ›mythologische Literaturkritik‹ die bis in die fünfziger Jahre reichende Vorherrschaft des New Criticism ablöste und damit auch den Einfluß der Freudianer übertraf (vgl. R. Wellek, *Grundbegriffe der Literaturkritik*, 1963, S. 223 f.). Zu den Namhaftesten dieser Durchbruchsphase gehört insbesondere N. Frye (*Fearful Symmetry*, 1947; *Anatomy of Criticism*, 1957).

211 Siehe hier S. 91 u. Anm. 185.

212 Das klassische Beispiel hierfür ist Freuds seinerzeit aufsehenerregende Studie *Eine Kindheitserinnerung des Leonardo da Vinci* (1910).

213 Die folgende Zusammenfassung der Theorie C. G. Jungs nach dessen programmatischem Aufsatz *Über die Beziehungen der analytischen Psychologie zum dichterischen Kunstwerk* (1922). (Seitenzahlen in Klammern.)

214 Im Unterschied zur ›typischen Situation‹ bei F. Engels und G. Lukács: wurde sie dort amythisch-historisch charakterisiert, so wird sie hier mythisch-ahistorisch bestimmt. (Vgl. hier Kap. *Materialismus*.)

215 In *Psychologie und Dichtung* (1930) unterscheidet Jung dann noch zwischen »*psychologischer*« Literatur, die sich (wie der sogenannte »psychologische Roman«) »innerhalb der Reichweite des menschlichen Bewußtseins« bewege und keiner weiteren (psychologischen) Deutung bedürfe, und »*visionärer*« Dichtung »von hintergründiger Natur«, der »nur Psychologie tieferen Sinn zu geben vermag« (S. 101 ff.). Als Paradigmen nennt Jung *Faust I* für die erste, *Faust II* für die zweite Art. Nur was in der »Vision« der letzteren erscheine, sei »ein Bild des *kollektiven Unbewußten*« als der »angeborenen« psychischen »Struktur«, die als »Vorbedingung des Bewußtseins« nach dem phylogenetischen Grundgesetz, genau wie die anatomische, die Merkmale der durchlaufenen Ahnenstufen an sich trage (S. 111). Beispiele für die zahlreich »dabei auftretenden mythologischen Motive, die sich aber in moderner Bildersprache verbergen«, sind oben im Motto vorangestellt: vom ›Adler des Zeus‹ als ›Flugzeug‹ bis zum ›Proserpina raubenden Pluto‹ als ›gefährlichem Chauffeur‹ (Jung, S. 112). Hier habe »die Psychologie hauptsächlich Terminologie und Vergleichsmaterial beizutragen« (S. 111), um die archetypische Rückübersetzung zu ermöglichen.

216 Vgl. N. Groeben, *Literaturpsychologie* (1972), S. 115 f.

217 Vgl. Anm. 210.

218 Siehe hier S. 95 f.

219 Der gesamte entsprechende Passus zu Beginn der kunsttheoretischen Programmschrift ist im Original kursiv hervorgehoben, und Jung

hat seine dezidierte Askese in der ästhetischen Frage *theoretisch* auch konsequent durchgehalten. Wie wenig aber eine die Ästhetik ausklammernde Kunsttheorie praktikabel ist, zeigte sich alsbald in Jungs Interpretationen zu Joyce und Picasso (1932, siehe Anm. 210): sieht sich Jung hier doch immer wieder gezwungen, beim Versuch mythologischer »Amplifikation« auch außermythologisch ›Formales‹ ebenso zu berücksichtigen wie ausdrücklich die »Schönheit« oder das »Häßliche« an der Kunst. Das Ergebnis solcher Grenzüberschreitung wider Willen fällt denn auch eher peinlich aus. Handelt es sich hier nach Jung doch beidemal um »schizophrenen Ausdruck«: mit dem Unterschied, daß sich bei Joyce immerhin noch »erahnen« lasse, »was er ausdrücken möchte«, bei Picasso dagegen nurmehr, »was er nicht ausdrücken kann« (*Picasso*, S. 154).

220 Siehe hier S. 45 f.

221 Jung spricht hier auch vom urtümlichen »Stoff« (*Psychologie und Dichtung*, S. 105) oder vom »symbolischen Gehalt« (*Picasso*, S. 153) in und hinter dessen wechselnden Erscheinungsformen – sei es in Träumen, Neurosen oder Kunstwerken.

222 Die kunsttheoretisch ambitionierten Schüler (meist überdies und in der Hauptsache Interpretationspraktiker) haben das freilich auch hier wiederum nicht immer wahrhaben wollen; was um so weniger verwundert, als sich Jung selber interpretationspraktisch kaum an die Grenzen der eigenen Theorie gehalten hat (vgl. hier Anm. 219).

223 Vgl. hier S. 79 f.

224 Diese Stelle steht freilich im Rahmen der atypischen Frühschrift *Der Wahn und die Träume in W. Jensens ›Gradiva‹* (vgl. Anm. 175). Im späteren Nachtrag weist Freud dann auch selber auf den Perspektivenwechsel hin, der den Dichter in seinem Werk das eine Mal als Psychoanalytiker (mit nur anderen Mitteln), das andere Mal als Gegenstand der Psychoanalyse sieht. Daß sich allein die zweite Perspektive bei Freud durchgesetzt hat, hinderte ihn aber nicht daran, den Künstler gelegentlich wieder in den überlegenen Rang der ersten zu erheben: so insbesondere noch im folgenden Zitat aus der späten Studie über *Das Unbehagen in der Kultur* (1930).

225 Allerdings schlagen Freuds Konkretisierungen (insbesondere zur menschlichen Sexualität) in seiner Theoriebildung wiederum in abstrakt-spekulative ›Trieb‹-Konstrukte um. Gleichwohl ist im Respekt vor den konkreten Grundbedürfnissen des Menschen eine ursprüngliche Affinität zwischen Marx und Freud ebensowenig von der Hand zu weisen wie deren Relevanz für eine sich im Zeichen solchen Respekts marxistischer- wie freudianischerseits wandelnde Auffassung von der Kunst.

226 H. Marcuse, *Die Permanenz der Kunst* (1977), S. 77; vgl. auch: ders., *Kunst und Revolution* (1972), S. 118.

227 Siehe hier S. 90 u. Anm. 181.

228 Davon geben z. B. die ersten Seiten des religionstheoretischen Trak-
tats *Die Zukunft einer Illusion* (1927) unmißverständlich Zeugnis (14,
325-335): Zwar spart hier Freud an Gesellschaftskritik, und zwar in
durchaus klassenkritischem Sinn, nicht. Aber der Perspektive einer
konkreten Utopie steht sein spekulatives Modell eines anthropologi-
schen Trieb-Antagonismus aus Liebes- und Zerstörungslust funda-
mental im Wege.

229 Einige Versuche, die phänomenale Sinnlichkeit der Kunst (insbesondere der Dichtkunst) psychoanalytisch zu charakterisieren, laufen
sämtlich auf regressive Ursprungshypothesen hinaus, die allemal die
ästhetische Differenz nicht betreffen: vgl. Anm. 187 (Freuds Bemerkungen zum Ursprung des Schönen im Sexualreiz), Anm. 194 (Rück-
führung des poetischen Rhythmus bei Rank und Sachs auf die Phy-
siologie des Zeugens und Säugens). Dasselbe gilt für A. A. Brill, der
die Formqualität der Dichtung als Regression auf die orale Phase
beschreibt: »gleichsam durch Kauen und Saugen schöner Wörter und
Sätze« (was wiederum den Schönheitsbegriff als ästhetische Differenz
voraussetzt); während E. Bergler darin, umgekehrt, eine Form der
»Abwehr« gegen die orale Fixierung des Dichters sieht. (Freud hatte
in seiner Studie zum Witz zwar auch die kindliche Lust am Spiel mit
Wörtern als *eine* Wurzel der Witzeslust unterstellt, allerdings ohne den
psychoanalytischen Oralbezug und ohne daraus eine Bestimmung des
Ästhetischen oder des Schönen herzuleiten.) Vgl. im einzelnen: A. A.
Brill, *Über Dichtung und orale Befriedigung* (1930), bes. S. 311 f. u. 327;
E. Bergler, *Psychoanalysis of Writers and of Literary Productivity* (1947),
bes. S. 276 ff. (dazu: Nachwort der Wolff-Anthologie, S. 439); S.
Freud (7, bes. S. 143 f.).

230 Die Protagonisten der ›rezeptionsästhetischen‹ Forschungsrichtung
innerhalb der deutschen Literaturwissenschaft waren und sind Hans
Robert Jauß (*Literaturgeschichte als Provokation der Literaturwissenschaft*, 1967) und Wolfgang Iser (*Die Appellstruktur der Texte*, 1970).
Rainer Warning hat in einer vorzüglich kommentierten Anthologie
(*Rezeptionsästhetik*, 1975) sowohl die Entwicklung der Schule (und
ihre Wurzeln bei Roman Ingarden und Hans-Georg Gadamer) als
auch einige externe Parallelansätze dokumentiert.

231 Im Unterschied sowohl zu Behauptungs- als auch zu Glaubenssätzen,
die dazu beide, wenn überhaupt, nur wider Willen Anlaß geben. So
liefert etwa der Satz des Pythagoras kaum, das Unfehlbarkeitsdogma
nur verbotenerweise einen solchen Anlaß. Und wenn auch Theorien
häufig genug auf Grund von Mehrdeutigkeiten, Inkonsistenzen oder
Lücken – sei es in ihrer Terminologie oder in ihrer Begründung –
bewegte Rezeptionsgeschichten (im Sinne von Rekonstruktions-,
Korrektur- oder Widerlegungsversuchen) ausgelöst haben, so macht

derlei Unbestimmtheit doch jedenfalls nicht eine Tugend von Theorien aus, sondern allemal ihren zu behebenden Mangel.

232 Auf die Frage nach den historischen Bedingungen des literarischen Rezeptionswandels konzentriert sich (im Ausgang von Gadamers Universalhermeneutik existentialistischer Herkunft) vor allem H. R. Jauß, während sich W. Iser (im Ausgang von Ingardens Literaturtheorie phänomenologischer Provenienz) mehr der Frage zuwendet, wie die dichterische Textstruktur die Rezeption leitet, ohne sie festzulegen (wobei freilich hier wie dort die in Anspruch genommenen theoretischen Vorgaben teils revidiert werden: vgl. den einleitenden Kommentar der Warningschen Anthologie). Im übrigen hat die ›rezeptionsästhetische‹ Schule auf beiden Flügeln nach und nach zahlreiche heterogene Theorien neben- oder miteinander zu assimilieren versucht (Wahrnehmungspsychologie, Wissenssoziologie, Symboltheorie, Sprachpragmatik, Ideologiekritik, Systemtheorie usf.), was die Ausbildung einer einheitlichen Position eher erschwert.

233 Man darf nun allerdings das Etikett ›Rezeptionsästhetik‹ nicht so mißverstehen, als handele es sich hier – statt um eine *rezeptionstheoretische Ergänzung zur Ästhetik* – um eine auf Rezeption allein ausgerichtete und in diesem Sinn eigenständige, alternative Ästhetik, die das Dicht- oder Kunstwerk als substanzloses Etwas vom Himmel fallen läßt und seinen Autor zum (schlechtplazierten) ersten in der Reihe der Rezipienten verwandelt, wie es da und dort mitunter den Anschein haben mag. Würde doch eine so aufgefaßte Alternative zur Produktionsästhetik in deren Einseitigkeitsfehler – nur nach der anderen Seite – zurückfallen.

Teil II
Grundbegriffe der Ästhetik
Entwurf einer systematischen Alternative

1 Mit seiner Antrittsvorlesung *Über das Schweigen der Philosophie zu den Lebensproblemen* (Konstanz 1976) hat H. J. Schneider gezeigt, daß die Philosophie jenes Schweigen wieder zu überwinden beginnt, wofür schon die Arbeiten besonders der letzten Jahre Wilhelm Kamlahs beredtes Zeugnis geben (*Philosophische Anthropologie*, 1972; *Meditatio mortis*, 1976; u. a.). Vergleichbares läßt sich für die Ästhetik noch kaum aufweisen.

2 A. G. Baumgarten, *Aesthetica* (1750).

3 ›Literatur‹ und ›Dichtung‹ werden entsprechend im folgenden meist synonym verwendet.

4 Vgl. auch K.-O. Apel, *Sprache und Wahrheit in der gegenwärtigen Situation*

der Philosophie (1959), bes. S. 158–161. Apel, der die spezifische
»Funktion des dichterischen Sprachgebrauchs« (158) in »Neu-
›wahr‹-nehmung«, »Sinninkarnationspotenz« oder »Sinnereignissen«
sieht (160), stellt in dieser Hinsicht jedoch andererseits »Dichtung,
Philosophie und Religion« nebeneinander auf eine kategoriale Stufe
(161) und kommt schließlich nicht umhin, »selbst noch der kreativen
Theoriebildung der Wissenschaft Anteil [zu] geben an der ästhetischen Funktion der Rede« (unveröffentl. Präzisierungen zur ästhetischen Sprache) und damit den Begriff des Ästhetischen erst recht
über Gebühr zu erweitern.

5 Kriterien fiktionaler Rede hat G. Gabriel vorbildlich analysiert: *Fiktion, Wahrheit und Erkenntnis in literarischen Texten* (1975), bes. S. 7–11,
und *Fiktion und Wahrheit. Eine semantische Theorie der Literatur* (1975),
I. Teil.

6 Das gilt zum Beispiel für Baudelaires Gedicht *Les Chats*, das durch R.
Jakobson und C. Lévi-Strauss als Muster ästhetischer Sprachstruktur
Berühmtheit erlangt hat (vgl. hier Teil I, S. 34 u. 47-53). Ein deutsch-
sprachiges Beispiel nicht-fiktionaler Naturlyrik ist etwa Max Dau-
thendeys *Keine Wolke stille hält, Wolken fliehn wie weiße Reiher* . . ., eines
mit gemischter Thematik etwa Hugo von Hofmannsthals *Ballade des
äußeren Lebens*. Insbesondere Naturlyrik fällt auch dann weitgehend
nicht unter den Begriff der Fiktionalität, wenn man ihn mit Gabriel
dahin erweitert, daß nicht schon Referenzialisierbarkeit von Subjekt-
ausdrücken (oder Erfülltheit von Prädikatausdrücken) als solche,
sondern das Fehlen eines entsprechenden Anspruchs ausschlaggebend sein soll (*Fiktion, Wahrheit und Erkenntnis*, S. 9 ff.). Kommt es
doch der Naturdichtung in der Regel durchaus darauf an, daß die
Gegenstände, die sie ›besingt‹ (ob Sonne, Mond oder Sterne, ob
Kiesel, Pappeln oder Katzen), nicht fingiert, sondern ›wirklich‹ sind.
Und erst recht legt ja nun dokumentarische Literatur auf die Realität
der von ihr ins Licht gerückten Gegenstände größten Wert. (Siehe
dazu ergänzend hier Anm. 54.)

7 G. Gabriels Präzisierung »Fiktionale *literarische* Texte unterscheiden
sich dadurch von sonstigen fiktionalen Texten, daß sie trotz Fiktionalität etwas *sagen* oder *zeigen* wollen« (*Fiktion, Wahrheit und Erkenntnis*, S. 7 u. 11) trifft also die Eigenart literarischer Fiktion noch nicht.
Zum Beispiel ›zeigen‹ sogenannte Textaufgaben, deren Fiktionen die
Elementarschüler im Rechenunterricht plagen, exemplarische Fälle
arithmetisch zu lösender Distributions- und Einteilungsprobleme;
und fiktionale Planungsmodelle können etwa Lösungen für ver-
kehrstechnische Probleme in modernen Ballungszentren repräsentativ ›zeigen‹ und pflegen das dann kommentierend überdies auch
deutlich zu ›sagen‹. Inzwischen hat Gabriel dem auch Rechnung
getragen und das literarische *Zeigen*, sei es nun fiktional oder nicht, als

einen Modus des ›Aufweisens‹ charakterisiert, der im Sinne der ›reflektierenden Urteilskraft‹ Kants *begrifflich unerreichbar* ist: *Über Bedeutung in der Literatur* (1980).

8 Zur Geschichte dieser Theorie innerhalb der modernen Sprachphilosophie (von G. Frege, *Über Sinn und Bedeutung*, 1892, über C. K. Ogden u. I. A. Richards, *The Meaning of Meaning*, 1923, bis zu C. L. Stevenson als dem Hauptvertreter der gegenwärtig vielstimmigen Kontroverse um die ›emotive Bedeutung‹): F. Koppe, *Sprache und Bedürfnis* (1977), S. 57-63, 85 u. 119 ff.

9 J. L. Austin, *How to do things with words* (1962), bes. Achte Vorlesung.

10 Ausführlicher in *Sprache und Bedürfnis*, S. 79-92.

11 Wünsche nach Situationserhaltung oder -veränderung können auch gleichsam als Aufforderung an ein fiktives Handlungssubjekt geäußert oder gedacht werden, also auch unabhängig von konkreten Realisierungsmöglichkeiten (wie zum Beispiel nur allzu oft der Wunsch des Kranken nach Genesung).

12 (Spätgriechisch auch: ἐνδεητικός.) Genauerhin heiße ›endeetisch‹ im weiteren Sinn: ›bedürfnisbezogen‹, ›bedürfnishaft‹ (Beispiel: ›endeetische Erfahrung‹ im Sinne von ›Bedürfniserfahrung‹); im engeren – hier vor allem relevanten – sprach- oder zeichentheoretischen Sinn: ›bedürfnisartikulierend‹ (Beispiel: ›endeetische Rede‹) oder, auf der nächsten Metastufe: ›auf Bedürfnisartikulation bezogen‹ (Beispiel: ›endeetische Hermeneutik‹). Der Gegenterminus ›apophantisch‹ geht auf einen inzwischen verbreiteten Vorschlag F. Kambartels im Anschluß an Aristoteles zurück (*Was ist und soll Philosophie?*, 1968, S. 6) und besagt entsprechend zunächst: ›behauptend‹ (Beispiel: ›apophantische Rede‹) und danach, eine Stufe weiter: ›auf Behauptungen bezogen‹ (Beispiel: ›apophantische Hermeneutik‹). Der sprachökonomische Vorteil liegt in beiden Fällen auf der Hand.

13 ›Institution‹ ist hier im elementaren Sinn zu verstehen, in dem zum Beispiel das *Vereinbaren* oder das *Feiern* oder die *Schrift* Institutionen sind: also zunächst ohne Rücksicht auf bestimmte, gesellschaftlich wechselnde Institutionalisierungsformen – und Verzerrungen – derart fundamentaler Praktiken.

14 Zu den verschiedenen Belegen *Sprache und Bedürfnis* (s. Anm. 8), S. 57 f. u. 93-101, wo Freges Analyse eingehend diskutiert wird. Vgl. auch G. Gabriel, *Logik und Sprachphilosophie bei Frege* (1971), bes. S. XXIV ff.

15 Zu den einschlägigen Grundformen gehören neben der einfachen konnotativen Prädikation und der Metapher insbesondere auch allegorische Ausdrucksweisen. Dazu: *Sprache und Bedürfnis* (s. Anm. 8), Kap. 3.3-3.7.

16 Den Abbau traditioneller zugunsten innovatorischer Konnotationsweisen seit der Aufklärung bis zur Gegenwart habe ich in einer

Monographie (mit paradigmatischen Textanalysen) dargestellt: *Literarische Versachlichung. Literatur zwischen Mythos und Szientismus. Voltaire, Flaubert, Robbe-Grillet* (1977). Wie sehr der Wandel des Konnotationsmodus den Textcharakter verändert, läßt sich extrem z. B. an Robbe-Grillets *La Jalousie* (1957) zeigen, wo (auf dem Hintergrund des traditionellen Eifersuchtsthemas) eine ›entseelte‹ Prosa entfaltet wird, die sich in seitenlangen Beschreibungen einer Bananenplantage bis zur Litanei steigert – zur Litanei eines Nirwanas apathischer Exaktheit: *Ungeachtet der Reihenfolge der wirklich sichtbaren und der gekappten Bananenstauden ergibt die sechste Bahn die folgenden Zahlen: zweiundzwanzig, einundzwanzig, zwanzig, neunzehn – die je ein Rechteck, ein echtes Trapez, ein Trapez mit gekrümmtem Rand darstellen, dasselbe schließlich nach Abzug der für die Ernte gefällten Stöcke./Die folgenden Reihen ergeben: dreiundzwanzig, einundzwanzig, einundzwanzig, einundzwanzig, zweiundzwanzig, einundzwanzig, zwanzig, zwanzig. Dreiundzwanzig, einundzwanzig, zwanzig, neunzehn, usw. . . .* Ohne den hermeneutischen Schlüssel der endeetischen Fragestellung – nämlich nach der konnotierten Antwort auf eine sie provozierende Bedürfnislage – bleiben diese endlosen Passagen des Romans, die doch seine eigenwilligste Innovation ausmachen, völlig unzugänglich oder belanglos. (Ausführlicheres in der genannten Studie.)

17 Dazu ein denkbar einfach konstruiertes Beispiel der weder klanglichen noch rhythmischen Art (die vielleicht am wenigsten unmittelbar einleuchtet). Angenommen, ein Text beginnt mit »hell« und endet mit »dunkel«: dann gehört diese kontrastive Anordnung (Textanfang versus Textende) des semantischen Gegensatzes (›hell‹ versus ›dunkel‹) zur nicht-kontingenten Phänomenalität des Texts, weil sie beide Wörter und ihre polar-konträre Beziehung ›eindrücklich‹ hervorhebt, so daß eine Änderung der Wortstellung, auch wenn sie grammatisch äquivalent ist, ein Ausdrucksverlust wäre. Klangliche phänomenale Relevanz käme bei einem Text hinzu, der statt dessen etwa mit »Himmel« beginnt und mit »Hölle« endet, so daß die polare Anordnung des bedeutungskonträren Pendants durch den gleichen Anlaut seiner beiden Komponenten noch beziehungsstärker und sinnfälliger hervortritt. Bei einer Übersetzung ins Englische (»heaven« versus »hell«) bliebe das alles zwar ohne Ausdrucksverlust erhalten, nicht aber bei einer *beliebigen* lexikalisch äquivalenten Textänderung: beispielsweise nicht bei einer Übersetzung ins Französische (»ciel« versus »enfer«).

18 *Technisch* wäre die Aufhebung phänomenaler Sprachkontingenz etwa im Fall der sinnfällig untergliedernden Anordnung eines Gesetzestextes (zur leichteren Orientierung); *unmittelbar lebenspraktisch* etwa bei einer sich durch Lautstärke oder Wiederholung eindringlich machenden Anweisung. – Ein modernes (im Vergleich mit vertrauter

›poetischer‹ Sprache ungewöhnliches) Beispiel für den ästhetisch relevanten Fall ist etwa die soeben angemerkte ›exakte Litanei‹, deren phänomenale Eigenart weder im erläuterten Sinn technisch noch lebenspraktisch, aber für Ohr und Auge so eklatant ist, daß sie noch in der Übersetzung deutlich durchschlägt: die dezidierte Monotonie des technologischen Sprachgestus hat hier ja keinerlei technologische, sondern – wo überhaupt – endeetische Funktion (im unter Anm. 16 charakterisierten Sinn).

19 Was als von ihrer ›Form‹ ablösbarer ›Inhalt‹ ästhetischer Rede bleibt, ist das durch ›formalen‹ Wandel hindurch gegebenenfalls gleiche endeetische *Thema* oder das (von textphänomenalen Festlegungen freie) Skelett einer entsprechenden *Fabel*.

20 Ob in Joyces *Ulysses*, in Becketts *Comment c'est* oder (um auch ein weniger namhaftes, aber treffendes Beispiel zu nennen) in Jürgen Beckers *Felder* und *Ränder*.

21 Der Autor, August Stramm, gehört zu den prägnantesten Vertretern des literarischen Expressionismus; einundvierzigjährig verlor er an vorderster Front das Leben. Der Titel des Gedichts: *Sturmangriff*.

22 *Ästhetische Stimmigkeit* eines Textes ist, genauer gesagt, das bis in seine Phänomenalität reichende Passen der Teile zum Ganzen; als endeetische Stimmigkeit braucht sie freilich durchaus nicht harmonisch zu sein, weil endeetische ›Widersprüche‹ (anders als apophantische) einander nicht ausschließen – sowenig wie im Leben. Insbesondere ist deshalb auch jene Dialektik zwischen dargestellter Kontingenz des Lebens und ihrer bis zur Gegenbildlichkeit kontingenzüberwindenden Darstellungsform ohne Verlust ästhetischer Stimmigkeit, ja mit Gewinn für ihre konnotative Dichte und Tragweite möglich.

23 Was insbesondere in der dissonanten Stimmigkeit der Prosodie deutlich zum Ausdruck kommt: die beiden Fünfheber am Anfang und am Ende geben dem Ganzen eine metrisch-rhythmische Rahmenstruktur, die um so wirkungsvoller hervortritt, als das Dazwischenliegende die Versform bis zu (teils einsilbig) stoßenden Ein-Wort-Zeilen zerstückelt.

24 Dieses konnotative ›Mehr‹ des Ästhetischen ist, wie sich an diesem Beispiel wiederum zeigt, nichts anderes als ein Mehr an endeetischem (hier ›melancholischem‹) Gehalt.

25 *Kritik der Urteilskraft* (1790), § 49, S. 197.

26 Etwa als Situation existentieller Beängstigung in einer bis zur Absurdität teilnahmslosen Welt – oder dergleichen.

27 Daß ästhetisch vermittelte Erfahrung, als Betroffenheitserfahrung, also nicht intersubjektive Erfahrung zu sein braucht, sondern (gruppenspezifisch oder persönlich) subjektiv sein kann und sein darf, sollte nicht dazu verleiten, sie pejorativ als ›bloß subjektive‹ Erfah-

rung abzutun, wie sie in ›bloßen Meinungen‹ zum Ausdruck kommt. Der Ausdruck ›bloßer‹, nämlich unbegründeter, Meinungen ist *miß-lungenermaßen* subjektiv und in diesem Sinne mißlungenen Behauptens ohne Orientierungswert. Selbstmitteilung von Menschen in ihrer je eigenen, von anderen verschiedenen Betroffenheit ist dagegen *gelungenermaßen* subjektiv und als Ausdruck dieser wesentlichen Subjektivität wahrheits- und mithin orientierungsfähig.

28 Zur Voltaireschen Ironie: F. Koppe, *Literarische Versachlichung* (1977), erster Teil.

29 Daß Dichtung, wie jede Institution, hinter ihrem öffentlichen Wesen zurückbleiben oder es pervertieren kann, versteht sich von selbst – wenn auch das Wie weiter unten noch zu erörtern bleibt (vgl. auch Anm. 13).

30 *Bewußtmachende oder rettende Kritik* (1972), S. 33. An anderer Stelle heißt es: »Die innere Natur wird in dem Maße kommunikativ verflüssigt und transparent gemacht, wie Bedürfnisse über ästhetische Ausdrucksformen sprachfähig erhalten oder aus ihrer paläosymbolischen Vorsprachlichkeit erlöst werden können.« (*Moralentwicklung und Ich-Identität*, 1974, S. 88.)

31 Selbstverständlich kann ein und derselbe Text *sowohl* in ästhetischer *als auch* in anderer, insbesondere apophantischer, Hinsicht bedeutsam sein: wofür klassische Mischformen – etwa die Gattungen des Lehrgedichts, des Essays oder der Aphoristik – genügend Beispiele geben. So wie die gewöhnliche Sprache apophantisch-endeetisch vermischt ist, sind es weithin auch ›gehobene‹ Texte der verschiedensten Kommunikationsbereiche; und selbst apophantisch spezialisierte Redeformen sind dennoch in ihrer Rhetorik selten ohne einen ästhetischen ›Einschlag‹. Zur Unterscheidung von Textsorten kommt es also gegebenenfalls auf die jeweilige Dominanz an. Dagegen geht es hier allein um die Bestimmung des *ästhetischen* Sprachcharakters, wie er sich nach Verfahren und Funktion exemplarisch in der Dichtung zeigt.

32 J. Habermas (vgl. Anm. 30) hat das Potential ästhetischer Bedürfnis-artikulation konsenstheoretisch eingeklagt, nicht allein gegenüber »einem monologisch angewendeten Prinzip der Verallgemeinerung« (*Moralentwicklung und Ich-Identität*, S. 88), sondern auch gegenüber einer in dieser Hinsicht unempfindlichen Rationalität diskursiver Willensbildung: weil »die Reichweite moralischer Argumentation entscheidend davon abhängt, ob und in welchem Maße es gelingt, die konventionellen Deutungen von Interessen selbst zum Gegenstand der diskursiven Willensbildung zu machen. Sobald wir eine neue Interpretation von Bedürfnissen vorschlagen, fällt ein anderes Licht auf das, was die Diskursteilnehmer in einer gegebenen Situation wirklich zu wollen meinen. Eine Uminterpretation von Bedürfnis-

konventionen kann Ergebnis einer Selbstreflexion sein, die die eigene innere Natur transparent macht und Selbsttäuschung korrigiert; sie kann aber auch Resultat eines schöpferischen Semantisierungsvorgangs sein, der über die nichtpropositionalen Zeichensysteme der Literatur, der Kunst und der Musik neue Bedeutungspotentiale entbindet. Insofern bleibt die moralische Argumentation auf die, sei es therapeutische oder künstlerisch-kreative, Beseitigung von Kommunikationssperren angewiesen.«(*Zwei Bemerkungen zum praktischen Diskurs. Paul Lorenzen zum 60. Geburtstag*, 1976, S. 344 f.) Vgl. auch unten, Anm. 68.

33 Zur Charakteristik der Liebe als Auszeichnung der menschlichen Natur: insbesondere E. Fromm, *The Art of Loving*, 1956 (deutsch 1971).

34 Vgl. Anm. 27.

35 *Kritik der Urteilskraft*, z. B. §§ 40 u. 44; daraus etwa die folgenden Belege: »Man könnte sogar den Geschmack durch das Beurteilungsvermögen desjenigen, was unser Gefühl an einer gegebenen Vorstellung ohne Vermittlung eines Begriffs *allgemein mitteilbar* macht, definieren« (S. 160). »Die allgemeine Mitteilbarkeit einer Lust führt es schon in ihrem Begriffe mit sich, daß diese nicht eine Lust des Genusses, aus bloßer Empfindung, sondern der Reflexion sein müsse« (S. 179).

36 Zwar ist ästhetische Kommunikationserfahrung einerseits (wegen dieser Distanz) zwangsläufig ›weniger‹ als konkrete Lebens- oder Liebeserfahrung, andererseits aber (wegen derselben Distanz) im charakterisierten Sinn zugleich ›mehr‹.

37 *Kritik der Urteilskraft*, bes. §§ 10-17, auch § 22, S. 69, oder § 42, S. 170.

38 Und diese Unterscheidung wird nicht hinfällig, sondern nur um so wichtiger angesichts der Tatsache, daß Mythen in dichterischer Form auftreten können und die Dichtung lange mit Mythen verflochten war, bevor sie sich gegenüber dem Mythos als ›autonome‹ Kunst darstellte.

39 Wenn auch als solches, nämlich als *Bedürfnis*, ungenannt, ist es denn auch *das* Thema der *Kritik der Urteilskraft*: und es ist deshalb nicht zu verwundern, daß Kants dritte *Kritik* im wesentlichen Ästhetik ist.

40 *Trawrklage des Autoris in sehr schwerer Kranckheit*, später kurz: *Threnen in schwerer kranckheit* (Werke, Bd. 3, S. 623).

41 Vgl. hier S. 76 ff.

42 Näheres zur Funktion literarischer Fiktionalität siehe hier S. 148 mit Anm. 52 und S. 150 f. mit Anm. 59.

43 Originalität liegt freilich auch in einer Wiederentdeckung des (vergessenen oder mißverstandenen) Alten.

44 Wie zum Beispiel François Villons als Vergegenwärtigung endeetischer Zeiterfahrung unvergleichlich gebliebenes »ou sont les neiges

d'antan« (*Ballade des Dames du temps jadis*), im Unterschied zur Trivialrhetorik, die inzwischen bis ins tagespolitische Feature vom ›Schnee von gestern‹ spricht und damit lediglich das pragmatisch Überholte meint. (Zu schweigen vom antiken ›Zahn der Zeit‹, dessen urtümliche Suggestion mit dem sicheren Verschleiß auf den Schulbänken zahlloser Generationen längst ins Gegenteil der Lächerlichkeit gekippt ist.)

45 Weitere Merkmale des Kitsches werden in den Kapiteln zur ästhetischen Wahrheit und Schönheit erörtert.

46 Analoges gilt für den apophantischen Bereich, wo Neuheit und Erheblichkeit von Erkenntnis ebensowenig zusammengehen müssen.

47 Beispiele für ›revolutionäre‹ Innovationssprünge oder -schübe in der Dichtungsgeschichte (und zwar in Motiv und Form zugleich) siehe hier S. 149 f.

48 Entsprechendes liegt wiederum, mutatis mutandis, auch für Errungenschaften apophantisch-wissenschaftlicher Rede auf der Hand.

49 G. Gabriel, *Fiktion, Wahrheit und Erkenntnis*, S. 13; H. R. Jauß, *Die beiden Fassungen von Flauberts »Education sentimentale«* (1958), bes. S. 103 ff.

50 Gabriels terminologischer Vorschlag bezieht sich auf den Fall der exemplarischen Adäquatheit, und zwar im Bereich der Literatur, läßt sich aber ebensogut auf die repräsentative Variante anwenden und in beiden Fällen, über den literarischen Bereich hinaus, in bezug auf Beispiele überhaupt verallgemeinern (s. Anm. 49, S. 14, und Gabriel, *Fiktion und Wahrheit*, 2. Teil).

51 Das *gruppenspezifische Allgemeine* ist andererseits ein historisches Besonderes, und zwar genauerhin ein *kollektives Besonderes*.

52 Womit fürs Restkriterium der Fiktionalität zunächst *eine* mögliche, literaturrelevante Funktion angesprochen ist, zumal das fiktive Beispiel sich mit einer ›typischen‹ Prägnanz ausstatten läßt, wie sie ein reales nicht ohne weiteres aufweist (worauf die orthodox materialistische Kunsttheorie größten Wert legt: vgl. Teil I, Kap. 3.1). Zu einem anderen funktionalen Aspekt literarischer Fiktionalität siehe Anm. 59.

53 Vgl. *Literarische Versachlichung* (s. Anm. 16), erster Teil, bes. S. 103-108 u. 154-159.

54 Um hier auch ein jüngstes und überdies nicht-fiktionales Beispiel anzuführen: Wenn Sigfried Gauch in *Vaterspuren* (1979) seinen bis ins Detail ganz *persönlichen* Konflikt zwischen der Zuneigung zum Vater und der Abkehr von ihm (der seinerzeit zum Adjutanten Himmlers avancierte) erzählend zu selbstbefreiender Sprache bringt, so trifft er damit zugleich einen zeitgeschichtlich *repräsentativen* Generationenkonflikt, der sich – je persönlich echter, desto überzeugender – eine

entsprechend weitreichende Anteilnahme erwirbt; ja er erreicht kraft derselben persönlichen Authentizität darüber hinaus *exemplarischen* Charakter im Blick auf die allgemeine Not und Notwendigkeit der Identitätsgewinnung gegenüber einem – ohne Verleugnung der eigenen Genese – zu überwindenden ›Über-Ich‹. (Dazu hier S. 123 und Anm. 6.)

55 Vgl. *Literarische Versachlichung*, S. 170 f., Anm. 44.

56 Zum Widerspiegelungstheorem siehe Teil I, Kap. 3.1.

57 Vgl. C. S. Lewis, *The Allegory of Love* (1936), S. 1-12. Im Bezug auf jenen tiefgreifenden Wandel der Liebesauffassung, den Lewis auch in seiner Auswirkung treffend belegt, heißt es unter anderem: »French poets, in the eleventh century, [. . .] effected a change which has left no corner of our ethics, our imagination, or our daily life untouched, and they erected impassable barriers between us and the classical past or the Oriental present. Compared with this revolution the Renaissance is a mere ripple on the surface of literature.« (S. 4.) »Real changes in human sentiment are very rare – there are perhaps three or four on record – but [. . .] this is one of them.« (S. 11.)

58 Daß ästhetische Revolutionen nicht mit politisch-ökonomischen Hand in Hand zu gehen brauchen, ja letzteren unabsehbar voraus sein können, darüber war sich Marx im klaren – im Unterschied zu manchem sich hernach auf ihn berufenden Kunsttheoretiker (vgl. Teil I, Kap. *Materialismus:* Einleitung, bes. S. 57 f. mit Anm. 113, und Abschnitt 3.1).

59 Damit kommt zugleich eine weitere (diesmal nicht nur literaturrelevante, sondern überdies spezifisch ästhetische) Funktion literarischer Fiktionalität in den Blick: die Möglichkeit der fiktionalen Entgrenzung des endeetischen Ausdrucks zur insbesondere überbietenden Vergegenwärtigung von Wünschen, aber auch von Befürchtungen und Ängsten (vgl. Anm. 52).

60 Vgl. Teil I, Kap. *Materialismus;* bes. S. 75 f. mit Anm. 140 und Anm. 132.

61 Diese Unterscheidung darf freilich in bezug auf die Werbung nicht mißverstanden werden. Obzwar Reklame im einzelnen oft leicht als *strategisch* durchschaubar ist (etwa wenn inzwischen unsere Kinder um die Wette Werbespot-Parodien erfinden, die den offiziell angepriesenen Warenwert jeweils treffend auf den Kopf stellen), so ist sie doch als allgegenwärtige Institution zur Verherrlichung des Warencharakters als solchem – des Haben- und Konsumprinzips – gleichwohl ein *ideologisches* Medium ersten Ranges (das auch der in ihm *strategisch* Tätige nicht zu durchschauen braucht).

62 Dazu beispielsweise E. Fromms Unterscheidung von ›Haben‹ und ›Sein‹ (besonders in: *To Have or to Be?*, 1976). Vgl. auch A. Heller, *Theorie der Bedürfnisse bei Marx* (1976), bes. Kap. 2.

63 Platon verbannte die Dichter – als schlechte, ja trügerische Rivalen der Philosophen (weil »Trübes«, nämlich das Besondere, in der Nachbildung noch einmal trübend) – aus seinem Idealstaat (*Politeia*, 595-608, bes. 597). Aristoteles erhebt dagegen die Dichtung über die Geschichtsschreibung, weil Poesie in dem Besonderen »mehr das Allgemeine« darstelle (*Poetik*, 1451b 5 f.), ohne freilich das Niveau der Philosophie zu erreichen. Damit sind die Weichen der klassischen, bis in die Neuzeit entsprechend zweigleisigen ›Wahrheitsästhetik‹ gestellt.

64 Vgl. Teil I, S. 82-85, bes. 84 f.

65 G. W. F. Hegel, *Vorlesungen über die Ästhetik* (1835), bes. Einleitung und II. Teil, 3. Abschnitt, Kap. 3.3: *Die Auflösung der romantischen Kunstform*. Richtig ist zweifellos, daß die beiden komplementären Funktionen (überbietender) apophantischer und endeetischer Artikulation – nämlich (wissenschaftliche) Wahrheitsbehauptung auf der einen, (ästhetische) Betroffenheitsbekundung auf der anderen Seite – vormals, und in Mischformen bis heute, weitgehend ungeschieden in Erscheinung traten und sich dabei wechselseitig nicht nur dialektisch beförderten, sondern in undialektischer Vermengung auch behinderten. Daß sich Wissenschaft und Philosophie, aufs Ganze gesehen, aus solcher Behinderung fortschreitend lösten, bedeutet nun aber gerade nicht das Überflüssig-, sondern das Selbständigwerden auch der Kunst.

66 Allerdings ist, wie eingangs gezeigt (S. 123 f.), die Alternative der *Gefühlsästhetik* ihrerseits verfehlt, die – mangels kognitiver Substanz – die Frage nach der ästhetischen Wahrheit gar nicht erst erreicht. Gegen deren ebenfalls ansehnliche Tradition haben schon Kant (allenthalben in der *Kritik der Urteilskraft*) und Hegel (*Ästhetik*, Vorspann zur Einleitung) treffend polemisiert.

67 Wollte sich Dichtung – erkenntnisengagiert – das apophantischmethodische Potential der Wissenschaft einverleiben, um es zu ihrem eigenen und eigentlichen Verfahren zu machen, würde sie sich als Kunst, im Verlust ihrer endeetischen Potenz, zwangsläufig ruinieren (so wie sich Wissenschaft zwangsläufig als solche zugrunde richtet, wenn sie – ästhetisch ambitioniert – auf ihr apophantisch-methodisches Potential verzichtet). Auch ideologiekritisch engagierte Dichtung wird damit ja nicht etwa zur *Wissenschaft*, von der sie vielmehr zehrt und die sie begrifflich-argumentativ weder einholen kann noch will, sondern bleibt redende *Kunst*, weil ihre originäre Überbietungsleistung eben nicht apophantischer, sondern endeetischer Natur ist. Wenn zum Beispiel Alexander Kluge in seinen literarischen Texten gelegentlich – als stilistisch absichtsvolle Fremdkörper – explizite gesellschaftstheoretische Thesen einfügt, so sind offenbar nicht diese (schon anderweitig bekannten) Thesen als solche hier von überbie-

tendem Interesse: sondern vielmehr ihre Einbettung in ein Mosaik
dargestellter Lebens- und Widerfahrenswirklichkeit, das die Thesen
nicht allein paradigmatisch illustriert (wie irgendein didaktisches
Beispiel, etwa beim Rechnen), sondern dabei ihrer theoretischen
Abstraktheit eine andere Dimension – eben die endeetische der Betroffenheit – hinzufügt (etwa in: *Die Ostertage*, 1971, aus: *Lernprozesse
mit tödlichem Ausgang*, 1973). Die Schwäche solcher Texte liegt freilich
darin, daß man ihrer Struktur nach nirgends gewärtig sein darf, daß
die Dimension der Betroffenheit die der (vorgewußten) Theorie je
kraft solcher Überbietung ihrerseits in Bewegung bringen oder gar in
Frage stellen kann, kurz: im Mangel an apophantisch-endeetischer
Dialektik.

68 Unter Bezug auf Hegel hat auch Th. W. Adorno auf den Zusammenhang von Bedürfnis und Kunst im Blick auf praktische Wahrheit, und
mit aktuellem Anlaß, aufmerksam gemacht: »Ohnmächtig wären
Kunstwerke aus bloßer Sehnsucht, obwohl kein stichhaltiges ohne
Sehnsucht ist. Wodurch sie jedoch die Sehnsucht transzendieren, das
ist die Bedürftigkeit, die als Figur dem geschichtlich Seienden einbe-
schrieben ist. Indem sie diese Figur nachzeichnen, sind sie nicht nur
mehr, als was bloß ist, sondern haben soviel an objektiver Wahrheit,
wie das Bedürftige seine Ergänzung und Änderung herbeizieht.«
»[Rationaler Erkenntnis] ist das Leiden fremd, sie kann es subsumie-
rend bestimmen, Mittel zur Linderung beistellen; kaum durch seine
Erfahrung ausdrücken: eben das hieße ihr irrational. Leiden, auf den
Begriff gebracht, bleibt stumm und konsequenzlos: das läßt in
Deutschland nach Hitler sich beobachten. Dem Hegelschen Satz, den
Brecht als Devise sich erkor: die Wahrheit sei konkret, genügt viel-
leicht im Zeitalter des unbegreifbaren Grauens nur noch Kunst. Das
Hegelsche Motiv von der Kunst als Bewußtsein von Nöten hat über
alles von ihm Absehbare hinaus sich bestätigt.« (*Ästhetische Theorie*,
1970, S. 199 u. 35; vgl. hier Teil I, Kap. 3.2, S. 85; s. auch J. Trabant,
»*Bewußtseyn von Nöten*«, 1977, S. 132 f., wo für jene Berufung auf
Hegel zwar ein »Lesefehler« nachgewiesen wird, der aber am Gewicht des Adornoschen Gedankens selbst nichts ändert.) Es bleibt
dazu allerdings zu sagen, daß das Maß an »objektiver Wahrheit« in
dem, was »das Bedürftige« als »seine Ergänzung und Änderung
herbeizieht«, nicht schon allemal durch Kunst allein und vorab zwei-
felsfrei festgelegt ist. Daran kann auch nichts ändern, daß in der Tat
in einem bestimmten Sinn die Wahrheit konkret ist (nämlich als
Erfahrung von Wahrheit in ihrer Bedürfnisrelevanz, worum es in der
Kunst geht). Ob nämlich Kunst die konkrete Wahrheit (exemplarisch
oder repräsentativ) auch wirklich trifft und ob das, was sie durch
Bedürfnisvergegenwärtigung an Veränderung postulieren mag,
denn zu rechtfertigen ist, muß sich beides – zumal hier auch Kunst

gegen Kunst stehen kann – durch Einbezug derart ›konkreter‹ Kunstprovokation in diskursive Orientierung und Willensbildung gegebenenfalls erst erweisen (vgl. hier S. 137 mit Anm. 32).

69 Entsprechend dem (auf O. Marquard zurückgehenden) Titel des 3. Kolloquiumbands der Forschungsgruppe ›Poetik und Hermeneutik‹: *Die nicht mehr schönen Künste* (1968).

70 Erschienen 1853.

71 Auf der Skala dieses polaren (und mithin nicht inkompatiblen) Gegensatzes erreicht ›schön‹ dann das Skalenende, wenn die vergegenwärtigte Bedürfnislage als vollkommen befriedigt erscheint.

72 Zum Mythenverständnis auch: F. Koppe, *Sprache und Bedürfnis*, Kap. 3.6 (unter dem Titel *Mythische Vernunft?* auch in: J. Mittelstraß u. M. Riedel, Hg., *Vernünftiges Denken*, 1978) und ders., *Hermeneutik der Lebensformen* (1979), bes. Teil III.

73 Im Gegensatz zur hier vertretenen *Differenzierung* gibt O. Marquard eine ähnliche Bestimmung für das Kunstschöne *überhaupt*: nämlich als »sinnliche Präsenz (Nachahmung) einer im Grunde heil scheinenden Welt«; womit Marquard freilich den eigentümlichen Schönheitscharakter moderner Kunst unterschlägt und diese – das Kind nicht ohne Witz mit dem Bade ausschüttend – kurzerhand zur »nicht mehr schönen Kunst« erklärt. (*Zur Bedeutung der Theorie des Unbewußten für eine Theorie der nicht mehr schönen Kunst*, 1968, S. 375.) Vgl. Anm. 69.

74 Moderne Kunst bezweifelt oder negiert mit anderen Worten, daß Kunst im traditionellen Sinn ›schön‹ und zugleich ›ästhetisch-wahr‹ sein kann. Unter den mythischen Bedingungen vergangener Zeiten stellten sich Totalitätsparadigmen noch nicht als prinzipielles Problem dar. Sie konnten, solange der entsprechende Glaube ungebrochen war, als legitim gelten und können noch immer, unter dieser ihrer originären Voraussetzung betrachtet, entsprechend geschätzt werden. Inzwischen stellt sich allerdings längst die Frage, ob mythische Überhöhung von Lebenswirklichkeit in der Kunst nicht eben auch eine – erst im Nachhinein als solche durchschaute – Form der Verfälschung (mit gegebenenfalls ideologischen Folgen) ist, die – einmal als solche durchschaut – ihr ästhetisches Recht fortan verlieren muß.

75 *Ästhetische Theorie*, bes. S. 122, 154-179 und 198 ff. – Adorno spricht z. B. von der »Fiktion einer Totalität, die als unrealisierbar durchschaut ist« (154), und weiter: »Die Moderne dann lehnte sich auf gegen den Schein des Scheins, daß er keiner sei« (157), und: »Wahrheit hat Kunst als Schein des Scheinlosen« (199).

76 Siehe den Flaubert-Teil (›Aporetische Versachlichung als Infragestellung praktischer Vernunft‹) in: F. Koppe, *Literarische Versachlichung*, S. 53-180, bes. die Schlußbemerkung ›Aporie und Poesie‹, S. 176-180.

77 Dieses auch in seinen Verfahren außerordentliche Beispiel habe ich

ausführlicher in einem (unveröffentlichten) Vortrag erörtert: *Le mimosa sans moi. Zum poetischen ›Ding an sich‹ in der Lyrik Francis Ponges* (Universität Bochum, 1977).

78 In dem kardinalen Punkt decken sich also beide Bestimmungen: die des *Ästhetischen* und die des *Schönen* (wenngleich sie ansonsten in ihrer Verschiedenheit schroffste Gegensätze innerhalb der Kunst wohl zu unterscheiden erlauben). Deshalb bleibt die Frage nach dem Begriff des Schönen auch heute noch – im Zeichen des Schönheitsdementis moderner Kunst – die Zentralfrage der Ästhetik.

79 E. Cassirer, *Philosophie der symbolischen Formen* (1923-1929); N. Goodman, *Languages of Art* (1968).

80 In dieser Hinsicht bezeichnend ist auch die synästhetische Metaphorik, in der man beschreibend zum Beispiel von ›Farbtönen‹, ›Wortbildern‹, ›Lautmalerei‹, ›Tondichtung‹ und dergleichen mehr zu sprechen pflegt.

81 Die in solcher Verselbständigung des endeetischen Ausdrucks liegende *ästhetische* ›Abstraktheit‹, deren Ausdruckswert sich gerade nicht übersetzen läßt, ist nicht mit der *logischen* Abstraktheit etwa von ›Begriffen‹ zu verwechseln, für die im Gegenteil die prinzipiell beliebige Einsetzbarkeit synonymer Zeichen konstitutiv ist.

82 Vgl. Goodman (s. Anm. 79), Kap. II. Es versteht sich von selbst, daß auch solche Metaphorik in Lebensformen mit entsprechenden Unterscheidungstraditionen wurzelt (und also nicht ›freischwebend‹ verständlich ist). Das heißt allerdings weder, daß sie beliebig wäre, noch schließt es aus, daß sie in elementaren Fällen – durch unterschiedliche Lebensformen und deren Wandel hindurch – ziemlich konstant bleibt (entgegen Goodmans Tendenz zu grenzenlosem Konventionsrelativismus der Zeichenwahl). Zum Beispiel konnotiert ein schnelles Staccato (sprachlich, musikalisch, rhythmisch, tänzerisch oder mimisch) wohl nirgends ›Ruhe‹, weiße oder graue oder schwarze Farbgebung wohl nirgends ›buntes Lebenstreiben‹ und die Darstellung einer verkrampften Gestalt sicher nicht ›gelöste Heiterkeit‹, sondern allemal etwas Gegenteiliges. Und der Ausdruck von ›Freude‹ durch eine ›lachend‹ gemalte Sonne kann kaum, qua Konvention, ebensogut durch eine ›weinend‹ gemalte gelingen. (Goodman gibt im genannten Kapitel denn auch selber derlei Beispiele.)

83 So vermag bildnerische Darstellung einerseits bis an eine ausgeprägte Propositionsstruktur heranzureichen (etwa wenn – um es kurz und drastisch zu illustrieren – eine Karikatur Katharina von Medici als Vampir darstellt und damit, wie eine verbale Kennzeichnung, ein Subjekt identifiziert und es überdies, wie ein entsprechendes Prädikat, metaphorisch qualifiziert); sie kann sich aber andererseits in gemalten oder geformten Impressionen von einer konkret beschreibbaren Wirklichkeit (oder Fiktion) auch so weit entfernen, daß sie

davon nur noch versprengte Spuren erkennen läßt, die sich dann ihrerseits in einem zur Gänze ›abstrakten‹ Ausdrucksgebilde vollends verlieren.

84 Nicht-propositionale Artikulation (das heißt: ohne explizit greifbare Subjekt-Prädikat-Struktur) ist im übrigen jedermann elementar vertraut. Kennt doch auch die alltägliche Rede Einwortäußerungen, die keinen expliziten Subjekt- oder Gegenstandsbezug haben (den der Lebenskontext stillschweigend ergänzt): sowohl im Bereich des Behauptbaren (wie die Warnung »heiß« vor einer Flamme) als auch und zumal in dem der Bedürfnisbekundung (vom schieren »Au«, wenn man sich dennoch dran verbrennt, über die nackte Äußerung von »Hunger« und »Durst« bis zu reflektierteren Bekundungen wie »zauberhaft« oder »tragisch«). Im Betroffenheitsausdruck kommt da nirgends der Betroffene selber vor noch die ihn betreffende konkrete Situation: insofern ist er endeetisch ›abstrakt‹ – und doch handelt es sich dabei offenbar um eine verständliche Sprache. Daß die nicht-propositionale Sprache insbesondere abstrakter Kunst weniger selbstverständlich ist, liegt daran, daß hier einerseits der endeetische Ausdruckswert (des Details wie des Formganzen) nicht, wie in den Beispielen alltäglicher Rede, unmittelbar, sondern auf konnotative (und überdies oft kreativ ungewöhnliche) Weise vermittelt zur Sprache kommt und andererseits auch die im Alltag unmittelbare und eindeutige Bindung an den Lebenskontext hier in die unbestimmtere Mittelbarkeit ästhetischer Distanz rückt.

85 S. Langer, *Philosophy in a New Key* (1942) und *Feeling and Form* (1953).

86 Letzteres gilt auch für den Bereich der (seit Charles S. Peirce so genannten) ›ikonischen‹ Zeichen, deren Gestalt mehr oder weniger Ähnlichkeit (optisch, akustisch oder wie auch immer) mit dem Bezeichneten aufweist und deshalb schon von Haus aus nicht oder nicht ganz willkürlich ist (wie zum Beispiel die modernen Hieroglyphen zur wortlosen Orientierung in Flughäfen, Krankenhäusern oder Werkhallen). Aber selbst derlei Zeichen heben die Kontingenz ihrer Gestalt gewöhnlich nur so weit auf, als es die praktische Absicht erfordert, und sind entsprechend mit allen Zeichen äquivalent, die auf solche Art dieselbe Orientierung leisten, auch wenn deren Formen faktisch höchst unterschiedlich ausfallen. Demgegenüber hebt die Kunst der Bilder die Kontingenz der Zeichengestalt prinzipiell und mit endeetischer Signifikanz auf, und zwar bis in (ansonsten irrelevante, hier dezidierte) Unähnlichkeitsaspekte – im Idealporträt wie in der Karikatur; kurz: durch ästhetische Form, die nicht mehr durch andere Formen zu ersetzen ist. Und obwohl die Photographie als Muster des ähnlichkeitshalber unwillkürlichen ›ikonischen‹ Zeichencharakters gilt, entwickelt auch der ›Lichtbildner‹ – wie der Maler – einen (seinen) Stil, der durch Motivwahl, Ausschnitt, Perspektive,

Kontrast, Blende, Entwicklungsverfahren und anderes mehr seine Darstellung der Kontingenz des Faktischen und dessen erstbester photographischer Wiedergabe enthebt (selbst wenn die kontingente Banalität des Alltags das photographische Thema ist).

87 Vgl. die genaueren begrifflichen Bestimmungen zur ästhetischen Wahrheit und die ihnen vorangehenden terminologischen Präzisierungen (hier S. 152).

88 Mit anderen Worten: im Lebensbezug ihrer (mehr oder weniger institutionalisierten und entsprechend manipulierbaren) Rezeptionswirklichkeit, die mit dem der Produktionswirklichkeit nicht übereinzustimmen braucht. Weshalb Beethoven und selbst Bach zu sportlichen wie politischen Siegerehrungen herhalten können und es mithin (gegen Rezeptionsverabsolutierungstendenzen in der ›Rezeptionsästhetik‹) angezeigt ist, nicht darauf zu verzichten, den Kontext der Produktion nach Kräften zu aktualisieren und gegebenenfalls gegen den der Rezeption auszuspielen.

89 Angenommen, ein der deutschen Sprache Unkundiger würde gleichwohl mit Hilfe phonetischer Transkription den Zweizeiler akustisch korrekt reproduzieren, so würden für ihn dennoch die sinnlichen Qualitäten, auf die es ankommt, überhaupt nicht zum Vorschein kommen. Nur weil sie also in einem signifikanten Kontext stehen und soweit dieser verstanden wird, werden derart sinnliche Qualitäten als solche bemerkbar und beachtlich: und zwar nicht als bloße (selber nicht signifikante) sinnliche Zutaten, sondern als Bestandteil des signifikanten Kontexts selbst. Und schließlich gehört zum Verständnis hier überdies ein (aus phonetischen Transkriptionen ebensowenig zu entnehmendes) Verständnis dessen, was Verse sind.

90 Mit der Einmaligkeit dichterischer Textgestalten wird in der sinnlichen Qualität von Dichtung die gewöhnliche Sprache zugleich aufs empfindlichste an konnotativer Dichte überboten, die in kein anderes Zeichensystem adäquat übertragbar ist und damit aufhört, (im Sinne logischer Abstraktheit, die terminologische Ersetzbarkeit voraussetzt) ›begrifflich‹ zu sein; und es wird andererseits der Abstand zur Wissenschaftssprache vollends deutlich, deren apophantische Überbietung der gewöhnlichen Sprache im Gegenteil am auffälligsten in ihren konnotationsfreien Formeln aus willkürlich ersetzbaren Begriffssymbolen zutage tritt.

91 L. Wittgenstein, *Vermischte Bemerkungen* (1977), S. 28.

92 Weshalb zum Beispiel Zahnschmerz etwa auch den Wein oder die Musik, und seien sie erlesen, zu versauern pflegt; während auf der anderen Seite orgastische Lust alle Sinne, bis hin zum Geruch, erfaßt und betört.

93 Bei Kant ist es der »Geschmack«, der den Verstand »an Gegenständen

der Sinne auch ohne Sinnenreiz ein freies Wohlgefallen finden lehrt«. (*Kritik der Urteilskraft*, § 59, S. 260.) Nach Hegel muß »das Sinnliche im Kunstwerk freilich vorhanden sein«, darf »aber nur als Oberfläche und *Schein* des Sinnlichen erscheinen«. Auf diese Weise sei »das Sinnliche in der Kunst *vergeistigt*, da das *Geistige* an ihr als versinnlicht erscheint«. (*Vorlesungen über die Ästhetik*, Einleitung III. A. 2: *Das Kunstwerk als für den Sinn des Menschen dem Sinnlichen entnommen*, hier α.γγ.) Die Rolle der Sinnlichkeit von Kunst bleibt allerdings in beiden Fällen, und zumal bei Hegel, blaß.

94 Siehe hier Teil I, S. 77 ff. u. 80.

95 P. Bürger, *Theorie der Avantgarde* (1974), S. 72 f. Des späten Marcuse *prinzipieller* Einwand gegen die Aufhebbarkeit von Kunst in Lebenspraxis ist hier freilich wieder (im Sinne früherer Marcuse-Schriften) auf die bürgerliche Gesellschaft eingeschränkt. Zu Bürgers anderer Unterstellung, daß Kunsttheorie oder Ästhetik nicht *systematisch* möglich sei, siehe meine Diskussionsbemerkungen in: W. Oelmüller (Hg.), *Kolloquium: Kunst und Philosophie I, Ästhetische Erfahrung* (1981), S. 306 f.

96 P. Bürger (s. Anm. 95), S. 86.

97 Ebd., S. 28 f. und (mit Rekurs auf H. Marcuse) S. 67 f. (dazu hier Teil I, S. 77).

98 Ebd., S. 107 ff. Siehe auch P. Bürger, *Probleme gegenwärtiger Ästhetik* (1981), S. 5, und den dazu einschlägigen Verweis (Anm. 1) auf Diskussionsanregungen A. Wellmers.

99 Daraus resultiert allerdings auch eine nicht zu verschweigende Schwäche der Avantgarden. Entbehrt doch ihr Konnotationsanspruch weithin einer entsprechenden konnotativen Eigenpotenz: so daß es zu seiner Einlösung nicht selten externer Schlüssel bedarf, wie weiland für Allegorien des späten Mittelalters. Nur daß jetzt andere Symbolkataloge (etwa nach Freud oder gar privater Art) zu Rate zu ziehen sind. Ja häufig sind Manifestationen der Avantgarden auf so massive Kommentarkrücken angewiesen, daß hinter deren Gewicht die sinnliche Erfahrung der avantgardistischen Produktion selbst als nahezu irrelevant verschwindet. Und schließlich verselbständigt sich oft genug der Konnotationsgestus und läßt die konnotierende ästhetische Reflexion ins Leere gehen (was freilich mitunter seinerseits konnotativ bedeutsam werden kann).

100 *Ästhetische Theorie* (1970), S. 235; vgl. Bürgers Avantgardestudie (s. Anm. 95), S. 77.

101 J. Paulhan hat das härter ausgedrückt: Am Anfang des Surrealismus stehe die Lüge, die von ihm produzierte Literatur sei keine (*Les Fleurs de Tarbes ou la terreur dans les lettres*, 1941, S. 38 f.). Vgl. Bürger, *Der französische Surrealismus* (1971), S. 77.

102 Besonders in Bretons erstem Manifest (1924), dem noch ein zweites

(1930) und lediglich die Prolegomena eines dritten (1942) folgten; vereinigt in: A. Breton, *Les manifestes du surréalisme* (1955).

103 *Manifestes*, S. 43.

104 R. Warning, *Der Traum der Surrealisten* (Kolloquiumsvorlage in Konstanz u. Zürich 1981). Der Eluard-Text gehört zur Gedichtsammlung *La Rose publique* (1934), seine Eingangsverse wurden, als beispielhaft, ins *Dictionnaire abrégé du Surréalisme* aufgenommen (1938 von Breton und Eluard gemeinsam herausgegeben). Ich beschränke mich hier auf wenige Punkte des Warningschen Interpretationsertrags.

105 Zitiert in den Dokumentationen eines Altsympathisanten und Mitträgers der Bewegung: Hans Richter, *Dada-Kunst und Antikunst* (1964), S. 93. Reproduktionen dieser und der beiden anschließend genannten Objekte sind leicht zugänglich bei Richter (Abb. 33, 35, 36) und W. Hofmann, *Marcel Duchamp und der emblematische Realismus* (1965), nach S. 952; die *Fontaine* auch in Bürgers Avantgardebuch (s. Anm. 95), S. 70.

106 Vgl. W. Hofmann (s. Anm. 105), bes. S. 950.

107 Zitiert bei Hofmann (s. Anm. 105), S. 952.

108 Richter (s. Anm. 105) schildert abenteuerliche Reaktionen auf Dada-Veranstaltungen. Unter anderem 1919 in Zürich (s. Anm. 105, S. 80 ff.), wo man im altehrwürdigen *Saal zur Kaufleuten* (sic) »mit Teilen des Geländers, das mehrere hundert Jahre der Zeit widerstanden hatte, in den Fäusten« eine kopflose Schneiderpuppe zerschlug und das zu ihren Füßen gelegte Bukett künstlicher Blumen zertrampelte. Oder 1920 in Paris (S. 186 ff.), wo nach »Heulen, Pfeifen und Schreien« nicht nur die üblichen Tomaten und Eier flogen, sondern auch frische Koteletts und Beefsteaks aus der benachbarten Schlachterei (was auf gutbürgerliche Geldbörsen der Empörten schließen läßt). Und bei einer späteren Pariser Ausstellung mit Objekten der New Yorker Dada-Gruppe (aus dem Triumvirat Duchamp, Picabia und Ray) wurde auf eines der Stücke schließlich scharf geschossen: Man Rays mit einem Auge versehenes Metronom, das solcher Aggression mit dem Titel *Objekt zum Zerstören* ironisch-provokativ zuvorgekommen war und noch heute »die ehrenvollen Dada-Wunden« trägt, »die wohl dem Verfasser galten« (S. 100 f.).

109 So von Robert Rauschenberg (zitiert bei M. Imdahl, *Vier Aspekte der Grenzüberschreitung in der bildenden Kunst*, 1968, S. 495 f.).

110 Nach R. Lebel, *Sur Marcel Duchamp* (1959), S. 86.

111 In einem Brief vom 10. November 1962 an Hans Richter, wo es dazu auch heißt: »Dieses Neo-Dada, das sich jetzt neuer Realismus, Pop Art, Assemblage etc. nennt, ist ein billiges Vergnügen und lebt von dem, was Dada tat.« (Richter, s. Anm. 105, S. 212.)

112 Zu Duchamps Aktionen bemerkt Richter denn auch treffend (s. Anm. 105, S. 92): »Diese ›Ready-mades‹ wurden, so dekretierte er,

Kunstwerke dadurch, daß er sie dazu ernannte. Indem er dieses oder jenes Objekt ›wählte‹, z. B. eine Kohlenschaufel, wurde sie aus der Totenwelt der unbeachteten Dinge herausgehoben und in die ›lebendige‹ der besonders zu beachtenden Werke der Kunst gestellt: das Schauen machte sie dazu!« (Offenbar ist Duchamps – hier unter der Hand umgewidmete – Schneeschaufel gemeint.)

113 Vgl. Richter (s. Anm. 105), S. 98 (zur Rolle des Schachspiels bei den Dadaisten auch S. 101 f.). Der Redlichkeit halber ist hinzuzufügen, daß Duchamp später von einigen seiner Ready-made-Klassiker einträgliche Repliken im Dutzend hat anfertigen lassen (Hofmann, s. Anm. 105, S. 954). Im übrigen ist die kunsthistorische Originalität des ersten Mals, die auch und gerade hier gilt, nicht mit dem Echtheitswert des traditionellen Kunstorinals zu verwechseln. Duchamp: »Die Reproduktion eines Ready-made übermittelt die gleiche Botschaft [. . .] tatsächlich ist kaum eins der Ready-mades, die heute existieren, ein ›Original‹ im konventionellen Sinne des Wortes.« (Richter, S. 94.)

114 Peter Handke, *Die Innenwelt der Außenwelt der Innenwelt* (1969), Text 17.

115 *Panorama* vom 17. 2. 1981 (Norddeutscher Rundfunk, 1. Programm).

116 Vgl. P. Bürger, *Theorie der Avantgarde*, S. 91. Zu Unterscheidung und Zusammenhang von Dadaismus, Action-painting und Pop Art siehe zum Beispiel J. Wissmann, *Pop Art oder die Realität als Kunstwerk* (1968).

117 Ch. Enzensberger, *Literatur und Interesse*, Bd. 1: *Theorie* (1977), bes. Kap. *Theorie und Literatur* (S. 51-87), hier und im folgenden S. 84, 56, 60 u. 85.

118 R. Bubner hat zwar in seinem Aufsatz *Über einige Bedingungen gegenwärtiger Ästhetik* (1973) zunächst umgekehrt gefordert, daß eine Kunsttheorie heute von der Auflösung des Werkcharakters der Kunst in der Moderne ausgehen müsse. In einer neueren Arbeit *Zur Analyse ästhetischer Erfahrung* (1981) hat er dann aber letztere (im Sinne Kants) auf die (unabschließbare) Vermittlung von ›Detail‹ und ›Totalität‹ – von Teil und Ganzem – gegründet. Und damit eben doch, ja ausschließlich auf den Werkcharakter, mit dessen Konstituierung die ästhetische Rezeption freilich (wiederum im Sinne Kants) nie zu Ende kommt: was in der Tat auch und gerade für die begriffsresistente Kunst der ›abstrakten‹ Moderne gilt.

119 *Theorie der Avantgarde* (s. Anm. 95), S. 78 f.

120 Vgl. Paul Valérys fiktiven Dialog zwischen Sokrates und Phaidros: *Eupalinos ou l'architecte* (1923); deutsche Ausgabe, S. 127 ff.

121 Zur Geschichte dieses Topos siehe H. Blumenberg, *Nachahmung der Natur* (1957).

122 Kants Primat des Naturschönen vor dem Kunstschönen hat seine

spekulative Logik in der Vorstellung vom Künstler-Genie als Naturprodukt, wodurch »die Natur der Kunst die Regel gibt« (*Kritik der Urteilskraft*, § 46, S. 181). Dagegen läßt Hegel keinen Zweifel an seiner Priorität des Kunstschönen: nämlich »daß das Kunstschöne *höher* stehe als die Natur« und »das Naturschöne nur als ein Reflex des dem Geiste angehörigen Schönen« erscheine (*Ästhetik*, Einleitung I. 1). Adornos Rehabilitierung des Naturschönen, die auf einen neuerlichen Primat gegenüber der Kunst hinausläuft, verbindet sich mit einer entsprechend scharfen Hegel-Polemik (*Ästhetische Theorie*, S. 97-122). Zu Wittgenstein siehe hier S. 185.

123 Vgl. O. Wilde, *The Decay of Lying* (1889), zum Beispiel: »Nature, no less than Life, is an imitation of Art« (S. 311), oder sogar: »external Nature also imitates Art« (S. 320).

124 L. Wittgenstein, *Vermischte Bemerkungen*, S. 29.

125 Hier kommt es nur darauf an, daß ästhetische Urteile prinzipiell begründet (und damit überhaupt) möglich sind: mag solche Begründung faktisch auch kontrovers sein und gegebenenfalls nur in Grenzen gelingen (wie das ja auch für sonstige, insbesondere praktische Urteile gilt). Überdies eröffnet der Unbestimmtheitscharakter des Ästhetischen rezeptive Spielräume, die legitimerweise je anders und neu zu aktualisieren sind und innerhalb deren auch die Kunstkritik nicht auf bestimmte Positionen festzulegen ist.

126 Diese Reihenfolge, die hinsichtlich des ästhetischen Urteils nicht die Natur vor die Kunst, sondern, umgekehrt, die Kunst methodisch vor die Natur stellt, entgeht insbesondere dem Dilemma, in das Kants Ästhetik mit ihrem Ausgang vom Naturschönen gerät: indem Kant nämlich einerseits metaphysikkritisch auf dem subjektiven Charakter ästhetischer Naturerfahrung, dem nichts Objektives entspreche, insistiert und andererseits dennoch postuliert, daß ästhetischen Urteilen zu Recht Anspruch auf Allgemeingültigkeit zukomme, obwohl solcher Anspruch prinzipiell unbegründbar sei (*Kritik der Urteilskraft*, bes. §§ 6 u. 18-22). In diesen Zusammenhang gehören auch einige weitergehende Überlegungen zu einer sprachkritischen Wendung zentraler Gesichtspunkte der Kantischen Ästhetik in meinem Aufsatz *Kunst und Bedürfnis* (1981), Kap. V.

127 *Kritik der Urteilskraft*, § 42. Das teleologische Sinnbedürfnis, dem die ästhetische Form antwortet, ist denn auch (wenngleich als solches, nämlich als Bedürfnis, ungenannt) zentrales Thema der *Kritik der Urteilskraft*.

128 Vgl. hier S. 125 und Anm. 10.

Literaturverzeichnis

Mehrere Werke eines Autors sind chronologisch geordnet. Wenn nicht nach der Erstausgabe zitiert wurde, ist neben dieser (oder ihrem Erscheinungsjahr) unter den neueren Editionen in der Regel nur die Zitatausgabe angeführt, gelegentlich durch weitere leicht zugängliche Ausgaben ergänzt.

Adorno, Theodor W., *Dissonanzen. Musik in der verwalteten Welt,* Göttingen 1956.
- *Noten zur Literatur*, Bd. 1-4, Frankfurt 1958-1974.
- *Prismen. Kulturkritik und Gesellschaft*, München 1963.
- *Einleitung in die Musiksoziologie. Zwölf theoretische Vorlesungen*, Hamburg 1963.
- *Ohne Leitbild. Parva Aesthetica*, Frankfurt 1967.
- *Philosophie der neuen Musik*, Frankfurt 1969.
- *Ästhetische Theorie*, in: T. W. A., *Gesammelte Schriften*, Bd. 7, Hg. v. G. Adorno u. R. Tiedemann, Frankfurt 1970.
Apel, Karl-Otto, *Sprache und Wahrheit in der gegenwärtigen Situation der Philosophie. Eine Betrachtung anläßlich der Vollendung der neopositivistischen Sprachphilosophie in der Semiotik von Charles Morris*, in: *Philosophische Rundschau* 7, 1959, S. 161-184; jetzt in: K.-O. A., *Transformation der Philosophie*, Bd. 1: *Sprachanalytik, Semiotik, Hermeneutik*, Frankfurt 1973, S. 138-166.
- [Vorwort zu] H. Paetzold, *Neomarxistische Ästhetik*, 2 Bde., Düsseldorf 1974.
Aristoteles, *Poetik* (dt. v. O. Gigon), Stuttgart 1961.
Austin, John L., *How to do things with words*, Oxford 1962; dt.: *Zur Theorie der Sprechakte*, Stuttgart 1972.

Barthes, Roland, *Le degré zéro de l'écriture suivi de Eléments de sémiologie*, Paris 1953; dt.: *Am Nullpunkt der Literatur*, Hamburg 1959.
- *Mythologies*, Paris 1957; dt.: *Mythen des Alltags*, Frankfurt 1964.
- *Essais critiques*, Paris 1964; dt. in Auszügen: *Die Augenmetapher*, in: H. Gallas (Hg.), *Strukturalismus als interpretatives Verfahren*, Darmstadt/Neuwied 1972, S. 25-34.
- *Introduction à l'analyse structurale des récits*, in: *Communication* 8, 1966, S. 1-27.
- *Critique et vérité*, Paris 1966; dt.: *Kritik und Wahrheit*, Frankfurt 1967.
- *S/Z*, Paris 1970; dt.: *S/Z*, Frankfurt 1976.
Baumgarten, Alexander Gottlieb, *Aesthetica* (1750).
Behrmann, Alfred, *Der anglo-amerikanische New Criticism*, Frankfurt 1973.

Benjamin, Walter, *Der Autor als Produzent* (1934), in: W. B., *Versuche über Brecht*, Frankfurt 1966, S. 95-116.

– *Das Kunstwerk im Zeitalter seiner technischen Reproduzierbarkeit* (1936), in: W. B., *Illuminationen*, Frankfurt 1966, S. 148-184.

Bergler, Edmund, *Psychoanalysis of Writers and of Literary Productivity*, in: G. Roheim (Hg.), *Psychoanalysis and the Social Sciences*, New York 1947.

Beutin, Wolfgang (Hg.), *Literatur und Psychoanalyse. Ansätze zu einer psychoanalytischen Textinterpretation*, München 1972.

Bierwisch, Manfred, *Strukturalismus. Geschichte, Probleme und Methoden*, in: *Kursbuch* 5, 1966, S. 77-152.

Bloch, Ernst, *Erbschaft dieser Zeit* (1935), Erweiterte Ausgabe, Frankfurt 1962.

– *Literarische Aufsätze* (1935), Frankfurt 1965

– *Diskussion über den Expressionismus* (1938), in: E. B., *Erbschaft dieser Zeit*, Erweiterte Ausgabe, Frankfurt 1962; jetzt auch in: F. J. Raddatz (Hg.), *Marxismus und Literatur*, Bd. 2, Hamburg 1969, S. 51-59.

– *Das Prinzip Hoffnung* (1954), Frankfurt 1959.

– *Tübinger Einleitung in die Philosophie* (1963/64), 2 Bde., Frankfurt [5]1967.

Blumenberg, Hans, *Nachahmung der Natur*, in: *Studium Generale* 10, 1957, S. 266-283.

Bodkin, Maud, *Archetypical Patterns in Poetry. Psychological Studies of Imagination,* London 1934.

Bonaparte, Marie, *Edgar Poe. Sa vie – son œuvre. Etude psychoanalytique* (Vorwort S. Freud), Paris 1933; dt.: *Edgar Poe. Eine psychoanalytische Studie*, Wien 1934.

Brecht, Bertolt, *Über den formalistischen Charakter der Realismustheorie* (1938), in: B. B., *Gesammelte Werke in 20 Bänden,* Frankfurt 1967, Bd. 19, S. 298-307; jetzt auch in: F. J. Raddatz (Hg.), *Marxismus und Literatur*, Bd. 2, Hamburg 1969, S. 89-94.

Breton, André, *Les manifestes du surréalisme* (einzeln ab 1924, als Sammlung zuerst 1955); in: A. B., *Manifestes du surréalisme*, Paris 1963 (*Coll. Idées,* 23) (Zitatausgabe).

– und Paul Eluard, *Dictionnaire abrégé du Surréalisme*, Paris 1938.

Brill, Abraham A., *Über Dichtung und orale Befriedigung* (zuerst 1930 in Englisch als Vortrag vor der New York Psychoanalytic Society), in: *Imago* 19, 1933; jetzt in: R. Wolff (Hg.), *Psychoanalytische Literaturkritik*, München 1975, S. 311-330 (Zitatausgabe).

Bubner, Rüdiger, *Über einige Bedingungen gegenwärtiger Ästhetik*, in: *Neue Hefte für Philosophie*, H. 5, 1973, S. 38-73.

– *Zur Analyse ästhetischer Erfahrung*, in: W. Oelmüller (Hg.), *Kolloquium Kunst und Philosophie I. Ästhetische Erfahrung*, Paderborn 1981.

Bühler, Karl, *Sprachtheorie*, Jena 1934.

Bürger, Peter, *Der französische Surrealismus. Studien zum Problem der avantgardistischen Literatur*, Frankfurt 1971.

– *Theorie der Avantgarde*, Frankfurt 1974.
– *Probleme gegenwärtiger Ästhetik*, in: W. Oelmüller (Hg.), *Kolloquium: Kunst und Philosophie I. Ästhetische Erfahrung*, Paderborn 1981.

Cassirer, Ernst, *Philosophie der symbolischen Formen* (1923-1929), Darmstadt 1964-1969.

Dilthey, Wilhelm, *Einleitung in die Geisteswissenschaften* (1883), in: W. D., *Gesammelte Schriften*, Bd. 1, Leipzig/Berlin 1922.
– *Die Einbildungskraft des Dichters. Bausteine für eine Poetik* (1887), in: W. D., *Gesammelte Schriften*, Bd. 6, Leipzig 1924.

Ehrenzweig, Anton, *The Psychoanalysis of Artistic Vision and Hearing*, London 1953
Eichenbaum, Boris, *Wie Gogols ›Mantel‹ gemacht ist* (1918), in: B. E., *Aufsätze zur Theorie und Geschichte der Literatur*, Frankfurt 1965, S. 119-142, und J. Striedter (Hg.), *Texte der russischen Formalisten*, Bd. 1, München 1969, S. 123-159.
– *Die Theorie der formalen Methode* (1925), in: B. E., *Aufsätze zur Theorie und Geschichte der Literatur*, Frankfurt 1965, S. 7-52.
Enzensberger, Christian, *Literatur und Interesse. Eine politische Ästhetik mit zwei Beispielen aus der englischen Literatur*, Bd. 1: *Theorie*, München/Wien 1977 (Zitatausgabe); Zweite fortgeschriebene Fassung, Frankfurt 1981.
Enders, Horst (Hg.), *Die Werkinterpretation*, Darmstadt 1967.
Erlich, Victor, *Russian Formalism. History – Doctrine*, 's Gravenhage 1955, 2. überarb. Aufl. 1965; dt.: *Russischer Formalismus*, mit einem Geleitwort von R. Wellek, München 1964.

Fischer, Ernst, *Entfremdung, Dekadenz, Realismus*, in: *Sinn und Form* 1962, 5./6. Heft.
Flaker, Aleksander, *Der russische Formalismus. Theorie und Wirkung*, in: V. Žmegač, Z. Škreb (Hg.), *Zur Kritik literaturwissenschaftlicher Methodologie*, Frankfurt 1973, S. 115-136.
– und Victor Žmegač (Hg.), *Formalismus, Strukturalismus und Geschichte. Zur Literaturtheorie und Methodologie in der Sowjetunion, CSSR, Polen und Jugoslawien*, Kronberg 1974.
Foucault, Michel, *Absage an Sartre*, in: *Alternative* 10, 1967, H. 54, S. 91-94. (Zuerst in: *La Quinzaine littéraire* 5, 1966, Interview von M. Chapsal.)
Frege, Gottlob, *Über Sinn und Bedeutung* (1892), in: G. F., *Funktion, Begriff, Bedeutung. Fünf logische Studien*, Hg. v. G. Patzig, Göttingen 1962, S. 40-65.
– *Schriften zur Logik und Sprachphilosophie. Aus dem Nachlaß*, Hg. v. G. Gabriel, Hamburg 1971.
Freud, Sigmund, *Gesammelte Werke*, hg. v. Anna Freud [u. a.], 18 Bde.,

London/Frankfurt 1940-1968 (Zitatausgaben im folgenden als *GW* abgekürzt mit nachfolgender Bandzahl).
- *Die Traumdeutung* (1900), in: *GW* 2/3.
- *Der Witz und seine Beziehung zum Unbewußten* (1905), in: *GW* 6.
- *Der Wahn und die Träume in W. Jensens ›Gradiva‹* (1907), in: *GW* 7, S. 31-125.
- *Der Dichter und das Phantasieren* (1908), in: *GW* 7, S. 213-223.
- *Eine Kindheitserinnerung des Leonardo da Vinci* (1910), in: *GW* 8, S. 127-211.
- *Formulierungen über zwei Prinzipien des psychischen Geschehens* (1911), in: *GW* 8, S. 229-238.
- *Das Interesse an der Psychoanalyse* (1913), in: *GW* 8, S. 389-420.
- *Vorlesungen zur Einführung in die Psychoanalyse* (1916/17), in: *GW* 11.
- *›Selbstdarstellung‹* (1925), in: *GW* 14, S. 31-96.
- *Die Zukunft einer Illusion* (1927), in: *GW* 14, S. 325-380.
- *Das Unbehagen in der Kultur* (1930), in: *GW* 14, S. 419-506.

Fromm, Erich, *The Art of Loving*, New York 1956; dt.: *Die Kunst des Liebens*, Frankfurt 1971.
- *To Have or to Be?*, New York/London 1976; dt.: *Haben oder Sein. Die seelischen Grundlagen einer neuen Gesellschaft*, Stuttgart 1976.

Frye, Northrop, *Fearful Symmetry. A Study of William Blake*, Princeton 1947.
- *Anatomy of Criticism*, Princeton 1957.

Gabriel, Gottfried, *Logik und Sprachphilosophie bei Frege. Zum Verhältnis von Gebrauchssprache, Dichtung und Wissenschaft*; Einleitung zu: G. Frege, *Schriften zur Logik und Sprachphilosophie. Aus dem Nachlaß*, Hg. v. G. G., Hamburg 1971.
- *Fiktion und Wahrheit. Eine semantische Theorie der Literatur*, Stuttgart/Bad Cannstatt 1975.
- *Fiktion, Wahrheit und Erkenntnis in literarischen Texten*, in: *Der Deutschunterricht* 27, 1975, S. 5-17.
- *Über Bedeutung in der Literatur. Zur Möglichkeit ästhetischer Erkenntnis*, Antrittsvorlesung Konstanz 1980 (Druck in Vorbereitung).

Gallas, Helga, [Einleitung zu] *Alternative* 11, 1968, H. 62/63, S. 153-155.
- *Strukturalismus in der Literaturwissenschaft*, in: H. L. Arnold, V. Sinemus (Hg.), *Grundzüge der Literatur- und Sprachwissenschaft*, Bd. I: *Literaturwissenschaft*, München 1973, S. 374-388.

Garaudy, Roger, *La mort de l'homme*, in: *La Pensée, Numéro spécial ›Structuralisme et Marxisme‹*, Okt. 1967, Nr. 135.

Goeppert, Sebastian (Hg.), *Perspektiven psychoanalytischer Literaturkritik*, Freiburg 1978.

Goldmann, Lucien, *Le dieu caché. Etudes sur la vision tragique dans les ›Pensées‹ de Pascal et dans le théâtre de Racine*, Paris 1955; dt. in Auszügen: *Weltflucht und Politik. Dialektische Studien zu Pascal und Racine*, Neuwied/Berlin 1967.

– *Pour une sociologie du roman*, Paris 1964; dt.: *Soziologie des modernen Romans*, Neuwied/Berlin 1970.
– *Der genetische Strukturalismus in der Literaturwissenschaft*, in: *Alternative* 13, 1970, H. 71, S. 50-60.
– und N. Peters, ›*Die Katzen*‹ *von Charles Baudelaire. Anmerkungen zur Interpretation von Roman Jakobson und Claude Lévi-Strauss*; Originalbeitrag in: *Alternative* 13, 1970, H. 71, S. 70-73.

Goodman, Nelson, *Languages of Art. An Approach to a Theory of Symbols*, London 1969; dt.: *Sprachen der Kunst. Ein Ansatz zu einer Symboltheorie*, Nachw. v. J. Schlaeger, Frankfurt 1973.

Groeben, Norbert, *Literaturpsychologie. Literaturwissenschaft zwischen Hermeneutik und Empirie*, Stuttgart/Berlin/Köln/Mainz 1972.

Gumbrecht, Hans Ulrich, *Zola im historischen Kontext. Für eine neue Lektüre des Rougon-Macquart-Zyklus*, München 1978.

Habermas, Jürgen, *Erkenntnis und Interesse*, Frankfurt 1968.
– *Vorbereitende Bemerkungen zu einer Theorie der kommunikativen Kompetenz*, in: J. Habermas, N. Luhmann, *Theorie der Gesellschaft oder Sozialtechnologie*, Frankfurt 1971, S. 101-141.
– *Bewußtmachende oder rettende Kritik – Die Aktualität Walter Benjamins* (1972), in: J. H., *Kultur und Kritik. Verstreute Aufsätze*, Frankfurt 1973, S. 302-344.
– *Moralentwicklung und Ich-Identität* (1974), in: J. H., *Zur Rekonstruktion des Historischen Materialismus*, Frankfurt 1976, S. 63-91.
– *Zwei Bemerkungen zum praktischen Diskurs. Paul Lorenzen zum 60. Geburtstag*, in: J. H., *Zur Rekonstruktion des Historischen Materialismus*, Frankfurt 1976, S. 338-346.
– *Zur Rekonstruktion des Historischen Materialismus*, Frankfurt 1976.

Halfmann, Ulrich, *Der amerikanische* ›*New Criticism*‹, Frankfurt 1971 (mit ausführlicher Bibliographie, S. 129-172).

Heeschen, Claus, *Grundfragen der Linguistik*, Stuttgart 1972.

Hegel, Georg Wilhelm Friedrich, *Vorlesungen über die Ästhetik* (posthum 1835), in: G.W.F.H., *Sämtliche Werke*, Hg. v. H. Glockner, Bd. 12, 13 u. 14.

Heller, Agnes, *Theorie der Bedürfnisse bei Marx*, Berlin 1976 (zuvor: Mailand 1974).

Hofmann, Werner, *Marcel Duchamp und der emblematische Realismus,* in: *Merkur. Zeitschrift für europäisches Denken* 19, 1965, S. 941-955.

Holenstein, Elmar, *Roman Jakobsons phänomenologischer Strukturalismus*, Frankfurt 1975.

Holland, Norman N., *The Dynamics of Literary Response*, New York 1968; Kap. *Form as Defense*, dt. in: R. Wolff (Hg.), *Psychoanalytische Literaturkritik*, München 1975, S. 355-378 (Zitatausgabe).

Horkheimer, Max u. Theodor W. Adorno, *Dialektik der Aufklärung* (1947), Frankfurt 1969 u. 1971 ff.

Imdahl, Max, *Vier Aspekte der Grenzüberschreitung in der bildenden Kunst*, in: H. R. Jauß (Hg.), *Die nicht mehr schönen Künste. Grenzphänomene des Ästhetischen*, München 1968, S. 493-505.

Iser, Wolfgang, *Die Appellstruktur der Texte*, Konstanz 1970.

Jaeggi, Urs, *Ordnung und Chaos. Strukturalismus als Methode und Mode*, Frankfurt 1968.

Jakobson, Roman, und Jurij Tynjanov, *Probleme der Literatur- und Sprachforschung*, in: *Novyj Lef* 12, 1928, S. 36-37; dt. in: *Kursbuch* 5, 1966, S. 74-76; zweisprachig in: W.-D. Stempel (Hg.), *Texte der russischen Formalisten*, Bd. 1, München 1972, S. 386-391.

– *Linguistics and Poetics*, in: T. A. Sebeok (Hg.), *Style in Language*, New York 1960, S. 350-377; dt.: *Linguistik und Poetik*, in: H. Blumensath (Hg.), *Strukturalismus in der Literaturwissenschaft*, Köln 1972, S. 118-147.

– und Claude Lévi-Strauss, *›Les Chats‹ de Charles Baudelaire*, in: *L'Homme. Revue française d'anthropologie* II/1 (1962), S. 5-21; dt. in: *Alternative* 11, 1968, H. 62/63, S. 156-170; *Sprache im technischen Zeitalter* 29, 1969, S. 2-19; H. Blumensath (Hg.), *Strukturalismus in der Literaturwissenschaft*, Köln 1972, S. 184-201.

– *Der grammatische Bau des Gedichts von B. Brecht ›Wir sind sie‹*, in: *Beiträge zur Sprachwissenschaft, Volkskunde und Literaturforschung (W. Steinitz zum 60. Geburtstag)*, Berlin 1965, S. 175-189.

– *The Grammatical Texture of a Sonnet from Sir Philip Sydney's ›Arcadia‹*, in: *Studies in Language and Literature in Honor of M. Schlauch*, Warschau 1966, S. 165-174.

– *Une microscopie du dernier spleen dans les Fleurs du Mal*, in: *Tel Quel* 29, 1967, S. 12-24.

Jauß, Hans Robert, *Die beiden Fassungen von Flauberts ›Education sentimentale‹*, in: *Heidelberger Jahrbücher* 2, 1958, S. 96-116.

– *Literaturgeschichte als Provokation der Literaturwissenschaft* (1967), in: H. R. J., *Literaturgeschichte als Provokation*, Frankfurt 1970, S. 144-207.

Jones, Ernest, *The Oedipus-Complex as an Exploration of Hamlets Mystery. A Study in Motive*, in: *The American Journal of Psychology* 71, 1910; dt.: *Das Problem des Hamlet und der Ödipus-Komplex*, in: *Schriften zur angewandten Seelenkunde*, H. 10, Leipzig/Wien 1911.

Jung, Carl Gustav, *Gesammelte Werke*, Bd. 15: *Über das Phänomen des Geistes in Kunst und Wissenschaft*, Olten 1971 (Zitatausgaben im folgenden abgekürzt als *GW* 15).

– *Über die Beziehungen der analytischen Psychologie zum dichterischen Kunstwerk* (1922), in: *GW* 15, S. 75-96.

– *Psychologie und Dichtung* (1930), in: *GW* 15, S. 97-120.

– *›Ulysses‹. Ein Monolog* (1932), in: *GW* 15, S. 121-149.

– *Picasso* (1932), in: *GW* 15, S. 151-157.

Kambartel, Friedrich, *Erfahrung und Struktur. Bausteine zu einer Kritik des Empirismus und Formalismus*, Frankfurt 1968.
- *Was ist und soll Philosophie?*, Konstanz 1968.
- [Artikel] *Struktur*, in: *Handbuch philosophischer Grundbegriffe 5*, München 1973, S. 1430-1439.
Kamlah, Wilhelm, u. Paul Lorenzen, *Logische Propädeutik. Vorschule des vernünftigen Redens*, Mannheim 1967.
- *Philosophische Anthropologie. Sprachphilosophische Grundlegung und Ethik*, Mannheim/Wien/Zürich 1972.
- *Meditatio mortis*, Stuttgart 1976.
Kant, Immanuel, *Kritik der Urteilskraft* (1790). (Seitenzahlen nach Originalpaginierung, Ausg. B.)
Kayser, Wolfgang, *Das sprachliche Kunstwerk. Eine Einführung in die Literaturwissenschaft*, Bern 1948.
Koppe, Franz, *Le mimosa sans moi. Zum poetischen ›Ding an sich‹ in der Lyrik Francis Ponges* (unveröffentl. Vortrag an der Universität Bochum, 1977).
- *Literarische Versachlichung. Zum Dilemma der neueren Literatur zwischen Mythos und Szientismus. Paradigmen: Voltaire, Flaubert, Robbe-Grillet*, München 1977.
- *Sprache und Bedürfnis. Zur sprachphilosophischen Grundlage der Geisteswissenschaften*, Stuttgart/Bad Cannstatt 1977.
- *Mythische Vernunft*, in: J. Mittelstraß u. M. Riedel (Hg.), *Vernünftiges Denken. Studien zur praktischen Philosophie und Wissenschaftstheorie – Wilhelm Kamlah zum Gedächtnis*, Berlin/New York 1978, S. 301-326.
- *Die literaturtheoretischen Hauptrichtungen und ihr Ertrag für eine Gegenstandsbestimmung der Literaturwissenschaft,* Teil I: *Positivismus und Formalismus*, Teil II: *Strukturalismus*, in: *Zeitschrift für allgemeine Wissenschaftstheorie* 9, 1978, S. 157-184 u. 361-398.
- *Hermeneutik der Lebensform – Hermeneutik als Lebensform. Zur Sozialphilosophie Peter Winchs*, in: J. Mittelstraß (Hg.), *Methodenprobleme der Wissenschaften vom gesellschaftlichen Handeln*, Frankfurt 1979, S. 223-272.
- *Kunst und Bedürfnis. Ein Ansatz zur sprachkritischen Wiederaufnahme systematischer Ästhetik*, in: W. Oelmüller (Hg.), *Kolloquium: Kunst und Philosophie I. Ästhetische Erfahrung*, Paderborn 1981.

Laermann, Klaus, *Was ist literaturwissenschaftlicher Positivismus?*, in: V. Žmegač u. Z. Škreb (Hg.), *Zur Kritik literaturwissenschaftlicher Methodologie*, Frankfurt 1973, S. 51-74.
Langer, Susanne, *Philosophy in a New Key. A study in the symbolism of reason, rite and art*, Cambridge, Mass. 1942; New York 1953.
- *Feeling and Form,* New York 1953; London 1967.
Lebel, Robert, *Sur Marcel Duchamp*, Paris 1959 (Zitatausgabe); dt.: R. L., *Marcel Duchamp*, mit Texten von André Breton und H. P. Roché, Köln 1962.

Lepenies, Wolf, u. Hans-Henning Ritter (Hg.), *Orte des wilden Denkens. Zur Anthropologie von Lévi-Strauss*, Frankfurt 1970.

Lesser, Simon O., *Fiction and the Unconscious*, Boston 1957; Kap. 5: *The Functions of Form*, dt. in: W. Beutin (Hg.), *Literatur und Psychoanalyse*, München 1972, S. 277-299 (Zitatausgabe).

Lévi-Strauss, Claude, *Introduction a l'œuvre de Marcel Mauss*, in: M. Mauss, *Sociologie et Anthropologie*, Paris 1950, S. IX-LII.

– *Anthropologie structurale*, Paris 1958; dt.: *Strukturale Anthropologie*, Frankfurt 1967 (Zitatausgabe).

– *Leçon inaugurale*, Paris 1960.

– *La pensée sauvage*, Paris 1962; dt.: *Das wilde Denken*, Frankfurt 1968.

– *Jean-Jacques Rousseau, fondateur des sciences de l'homme*, in: *J. J. Rousseau*, Hg. v. d. Université de Genève, Neuchâtel 1962.

– *Le Triangle culinaire*, in: *L'Arc* 26, 1965; dt.: *Das kulinarische Dreieck*, in: H. Gallas (Hg.), *Strukturalismus als interpretatives Verfahren*, Darmstadt/ Neuwied 1972, S. 1-24.

– *Wie funktioniert der menschliche Geist?*, in: *Alternative* 10, 1967, H. 54, S. 95-99 (zuerst in: *Les Lettres françaises* 1165, 1967, Interview von R. Bellour).

Lewis, Clive Staples, *The Allegory of Love. A Study in Medieval Tradition*, zuerst 1936; verbesserte Fassung 1938, seither unverändert (Zitatausgabe 1959).

Lorenzen, Paul, *Szientismus versus Dialektik*, in: R. Bubner [u. a.] (Hg.), *Hermeneutik und Dialektik (H.-G. Gadamer zum 70. Geburtstag)*, Tübingen 1970, Bd. 1, S. 57-72.

Lukács, Georg, *Es geht um den Realismus* (1938), in: G. L., *Werke*, Bd. 4: *Probleme des Realismus I*, Neuwied/Berlin 1970; auch in: F. J. Raddatz (Hg.), *Marxismus und Literatur*, Bd. 2, Hamburg 1969, S. 60-86 (Zitatausgabe).

– *Wider den mißverstandenen Realismus*, Hamburg 1958.

– *Einführung in die ästhetischen Schriften von Marx und Engels*, in: G. L., *Werke*, Bd. 10: *Probleme der Ästhetik*, Neuwied/Berlin 1969; auch in: V. Žmegač (Hg.), *Marxistische Literaturkritik*, Frankfurt 1972, S. 29-58 (Zitatausgabe).

Marcuse, Herbert, *Über den affirmativen Charakter der Kultur* (1937), in: H. M., *Kultur und Gesellschaft*, Bd. 1, Frankfurt 1965, S. 56-101.

– *One-Dimensional Man* (1964); dt.: H. M., *Der eindimensionale Mensch*, Neuwied/Berlin 1967.

– *Das Ende der Utopie*, Hg. v. H. Kurnitzky u. H. Kuhn, Berlin 1967.

– *Kunst und Revolution*, in: H. M., *Konterrevolution und Revolte*, Frankfurt 1973, S. 95-148 (Zitatausgabe); zuerst in: *Counterrevolution and Revolt* (1972).

– *Die Permanenz der Kunst. Wider eine bestimmte marxistische Ästhetik. Ein Essay*, München/Wien 1977.

Marcuse, Ludwig, *Freuds Ästhetik*, zuerst in: *Publications of the Modern Language Association of America* 72/1957; jetzt in: R. Wolff (Hg.), *Psychoanalytische Literaturkritik*, München 1975, S. 211-223; und in: L. M., *Essays, Porträts, Polemiken*, Zürich 1979, S. 149-170.

Maren-Grisebach, Manon, *Geistesgeschichtliche Methode*, in: M. M.-G., *Methoden der Literaturwissenschaft*, Bern/München 1970, 2., veränderte Aufl. 1972, S. 23-38.

Marquard, Odo, *Zur Bedeutung der Theorie des Unbewußten für eine Theorie der nicht mehr schönen Künste*, in: H. R. Jauß (Hg.), *Die nicht mehr schönen Künste. Grenzphänomene des Ästhetischen*, München 1968, S. 375-392.

Marx, Karl, *Einleitung zur Kritik der Politischen Ökonomie* (1857/58), in: Karl Marx/Friedrich Engels, *Werke*, Bd. 13, Berlin 1961, S. 615-642.

– mit Friedrich Engels u. Wladimir Iljitsch Lenin, *Über Kultur, Ästhetik, Literatur. Ausgewählte Texte*, Hg. v. H. Koch, Leipzig 1969.

Mehring, Franz, *Etwas über Naturalismus* (1892/93), in: *Gesammelte Schriften*, Bd. 2, Berlin 1961; auch in: F. J. Raddatz (Hg.), *Marxismus und Literatur*, Bd. 1, Hamburg 1969, S. 194-199 (Zitatausgabe).

Mukařovský, Jan, [Rezension von: V. Šklovskij, *Theorie der Prosa*], in: *Čin* 6, 1934, S. 123-130; dt. in: *Alternative* 14, 1971, H. 80, S. 166-171.

– *Kapitel aus der Poetik*, I u. II: Prag 1941, I-III: Prag 1948; dt. in Auswahl: *Kapitel aus der Poetik*, Frankfurt 1967.

– *Studien zur Ästhetik*, Prag 1966; dt.: *Kapitel aus der Ästhetik*, Frankfurt 1970.

Muschg, Walter, *Psychoanalyse und Literaturwissenschaft* [Antrittsvorlesung], Berlin 1930; auch in: B. Urban (Hg.), *Psychoanalyse und Literaturwissenschaft*, Tübingen 1973, S. 156-177.

Oelmüller, Willi (Hg.), *Kolloquium: Kunst und Philosophie I. Ästhetische Erfahrung*, Paderborn 1981.

Ogden, Charles K., u. Ivor A. Richards, *The Meaning of Meaning*, London 1923; dt.: *Die Bedeutung der Bedeutung*, Frankfurt 1974.

Paetzold, Heinz, *Neomarxistische Ästhetik*, Bd. 1: *Bloch – Benjamin*, Bd. 2: *Adorno – Marcuse*, Düsseldorf 1974.

Paulhan, Jean, *Les Fleurs de Tarbes ou la terreur dans les lettres*, Paris 1941.

Pereverzev, Valerijan F., *Notwendige Voraussetzungen der marxistischen Literaturwissenschaft*, Moskau 1928; auch in: V. Žmegač (Hg.), *Marxistische Literaturkritik*, Frankfurt 1972, S. 19-28 (Zitatausgabe).

Philippi, Klaus-Peter, *Formalismus – Strukturalismus*, in: J. Hauff [u. a.] (Hg.), *Methodendiskussion. Arbeitsbuch zur Literaturwissenschaft*, Bd. 1, Frankfurt 1971, S. 101-129.

Pingaud, Bernard, *Comment on devient structuraliste?*, in: *L'Arc* 26, 1965, S. 1-5.

Platon, *Politeia* (deutsch von F. Schleiermacher, *Sämtliche Werke*, Bd. 3).

Plechanow, Georgi W., *Die französische dramatische Literatur vom Stand-punkt der Soziologie*, Moskau 1905; auch in: F. J. Raddatz (Hg.), *Marxis-mus und Literatur*, Bd. 1, Hamburg 1969, S. 160-173 (Zitatausgabe).

Pongs, Hermann, *Psychoanalyse und Dichtung*, in: *Euphorion* 34, 1933; auch in: W. Beutin (Hg.), *Literatur und Psychoanalyse*, München 1972, S. 100-136.

Posner, Richard, *Strukturalismus in der Gedichtinterpretation. Textdeskription und Rezeptionsanalyse am Beispiel von Baudelaires ›Les Chats‹*, in: *Sprache im technischen Zeitalter* 29, 1969, S. 27-58 (Zitatausgabe); (erweitert) in: H. Blumensath (Hg.), *Strukturalismus in der Literaturwissenschaft*, Köln 1972, S. 202-242.

Prescott, Frederick C., *Poetry and Dreams*, in: *The Journal of Abnormal Psychology* 7, 1912/13, S. 17-46 u. 104-143.

– *The Poetic Mind*, New York 1922 (mit Kapitel über Grundsätze der analytischen Psychologie zur Deutung und Kritik dichterischer Schöp-fungen).

Raddatz, Fritz (Hg.), *Marxismus und Literatur. Eine Dokumentation in drei Bänden*, Hamburg 1969.

Rank, Otto, *Der Künstler. Ansätze zu einer Sexualpsychologie*, Leipzig 1907.

– *Traum und Dichtung. Traum und Mythos* (Appendix zur 2. Aufl. von Freuds *Traumdeutung*), Wien 1909.

– *Das Inzest-Motiv in Dichtung und Sage. Grundzüge einer Psychologie des dichterischen Schaffens*, Leipzig 1912.

– und Hanns Sachs, *Die Bedeutung der Psychoanalyse für die Geisteswissen-schaften*, Wiesbaden 1913 (repr. Amsterdam 1965).

Reik, Theodor, *Dichtung und Psychoanalyse*, in: *Pan* 2, 1912; jetzt in: B. Urban (Hg.), *Psychoanalyse und Literaturwissenschaft*, Tübingen 1973, S. 11-18.

Richter, Hans, *Dada – Kunst und Antikunst. Der Beitrag Dadas zur Kunst des 20. Jahrhunderts*, Köln 1964.

Ricœur, Paul, *Le conflit des interprétations. Essais d'herméneutique*, Paris 1969; dt.: *Hermeneutik und Strukturalismus. Der Konflikt der Interpretationen* I, München 1973.

Riffaterre, Michel, *Describing Poetic Structures. Two Approaches to Baude-laire's ›Les Chats‹*, in: *Yale French Studies* 36/37, 1966, S. 200-242.

Riha, Karl, *Literaturwissenschaft als Geistesgeschichte*, in: V. Žmegač u. Z. Škreb (Hg.), *Zur Kritik literaturwissenschaftlicher Methodologie*, Frankfurt 1973, S. 75-94.

Ritter, Hans-Henning, *Claude Lévi-Strauss als Leser Rousseaus*, in: W. Lepe-nies u. H. H. Ritter (Hg.), *Orte des wilden Denkens. Zur Anthropologie von Lévi-Strauss*, Frankfurt 1970, S. 113-159.

Rosenkranz, Karl, *Ästhetik des Häßlichen*, Königsberg 1853.

Sachs, Hanns, *Gemeinsame Tagträume*, Wien 1924; Auszüge in: W. Beutin (Hg.), *Literatur und Psychoanalyse*, München 1972, S. 65-77 (Zitatausgabe).

Saussure, Ferdinand de, *Cours de linguistique générale*, Genf 1916 (posthum).

Schiwy, Günther, *Der französische Strukturalismus. Mode, Methode, Ideologie*, Hamburg 1969.

Schmidt, Alfred, *Der strukturalistische Angriff auf die Geschichte*, in: A. Schmidt (Hg.), *Beiträge zur marxistischen Erkenntnistheorie*, Frankfurt 1969, S. 194-265.

Schneider, Hans Julius, *Pragmatik als Basis von Semantik und Syntax*, Frankfurt 1975.

– *Über das Schweigen der Philosophie zu den Lebensproblemen* (Antrittsvorlesung Konstanz 1976), Konstanz 1979.

– *Die Asymmetrie der Kausalrelation. Überlegungen zur interventionistischen Theorie G. H. von Wrights*, in: J. Mittelstraß u. M. Riedel (Hg.), *Vernünftiges Denken. Studien zur praktischen Philosophie und Wissenschaftstheorie. Wilhelm Kamlah zum Gedächtnis*, Berlin 1978, S. 217-234.

Scholz, Bernhard F., *Practical Justification in Literary Scholarship*, Ms. Utrecht 1979.

Šklovskij, Viktor, *Auferweckung des Wortes* (1914), in: W.-D. Stempel (Hg.), *Texte der russischen Formalisten*, Bd. 2, München 1972, S. 2-17.

– *Die Kunst als Verfahren* (verfaßt 1916, Erstveröffentlichung 1919), in: J. Striedter (Hg.), *Texte der russischen Formalisten*, Bd. 1, München 1969, S. 3-35.

– *Theorie der Prosa*, Moskau/Leningrad 1925; tschechische Ausg. 1934; gekürzte deutsche Fassung: Frankfurt 1966.

– *Denkmal zur Erinnerung an einen wissenschaftlichen Irrtum*, in: *Literaturnaja gazeta* 4, 1930; dt. in: A. Flaker, V. Žmegač (Hg.), *Formalismus, Strukturalismus und Geschichte. Zur Literaturtheorie und Methodologie in der Sowjetunion, CSSR, Polen und Jugoslawien*, Kronberg 1974, S. 74-80.

– *Der Zusammenhang der Mittel des Sujetbaus mit den allgemeinen Stilmitteln*, dt. in: V. S., *Theorie der Prosa*, Frankfurt 1966; zweisprachig in: J. Striedter (Hg.), *Texte der russischen Formalisten*, Bd. 1, München 1969, S. 37-121, unter dem Titel: *Der Zusammenhang zwischen den Verfahren der Sujetfügung und den allgemeinen Stilverfahren*.

Spingarn, Joel E., *The New Criticism* (Vortrag 1910), New York (Columbia Univ. Press) 1911.

Spitzer, Leo, *Stilstudien*, München 1928.

– *Zur sprachlichen Interpretation von Wortkunstwerken* (1930), in: H. Enders (Hg.), *Die Werkinterpretation*, Darmstadt 1967, S. 34-62.

Staiger, Emil, *Grundbegriffe der Poetik*, Zürich 1946.

– *Die Kunst der Interpretation*, in: *Neophilologus* 25, 1951, S. 1-15.

Strelka, Joseph, *Psychoanalyse und Mythenforschung in der Literaturwissenschaft*, in: V. Žmegač u. Z. Škreb (Hg.), *Zur Kritik literaturwissenschaftlicher Methodologie*, Frankfurt 1973, S. 199-215.

Striedter, Jurij, *Transparenz und Verfremdung. Zur Theorie des Bildes in der russischen Moderne*, in: W. Iser (Hg.), *Immanente Ästhetik – Ästhetische Reflexion. Lyrik als Paradigma der Moderne*, München 1966, S. 263-296.

– (Hg.), *Texte der russischen Formalisten*, Bd. 1: *Texte zur allgemeinen Literaturtheorie und zur Theorie der Prosa* (zweisprachig), München 1969; nur dt. (mit gleicher Paginierung): *Russischer Formalismus. Texte zur allgemeinen Literaturtheorie und zur Theorie der Prosa*, München 1971.

– [Einleitung zu] F. Vodička, *Die Struktur der literarischen Entwicklung*, München 1976.

Taine, Hippolyte, *Histoire de la littérature anglaise*, Bd. 1, Paris 1863.

Thiel, Christian, *Was heißt ›wissenschaftliche Begriffsbildung‹?*, in: D. Harth (Hg.), *Propädeutik der Literaturwissenschaft*, München 1973, S. 95-125.

Todorov, Tzvetan, *Les catégories du récit littéraire*, in: *Communication* 8, 1966, S. 125-151.

– *Poétique*, in: O. Ducrot [u. a.], *Qu'est-ce que le structuralisme?*, Paris 1968, S. 97-166; dt.: *Poetik*, in: *Einführung in den Strukturalismus*, Frankfurt 1973, S. 105-179 (Zitatausgabe).

Trabant, Jürgen, *»Bewußtseyn von Nöthen«, Philosophische Notiz zum Fortleben der Kunst in Adornos ästhetischer Theorie*, in: H.L. Arnold (Hg.), *Theodor W. Adorno*, München 1977, S. 130-135 (= Sonderband der Reihe *text + kritik*).

Trubetzkoj, Nikolaj, *Sur la ›morphonologie‹*, 1929 (Travaux du cercle linguistique de Prague, 1).

– *Grundzüge der Phonologie*, 1939 (Travaux du Cercle linguistique de Prague, 7).

Tynjanov, Jurij, *Das literarische Faktum* (1924), in: J. Striedter (Hg.), *Texte der russischen Formalisten*, Bd. 1, München 1969, S. 393-431.

– *Über die literarische Evolution* (1927), in: J. Striedter (Hg.), *Texte der russischen Formalisten*, Bd. 1, München 1969, S. 433-461.

Urban, Bernd, *Psychoanalyse und Literaturwissenschaft. Texte zur Geschichte ihrer Beziehungen*, Tübingen 1973.

Valéry, Paul, *Eupalinos ou l'architecte* (1923); dt. von R. M. Rilke, in: P. Valéry, *Gedichte. Die Seele und der Tanz. Eupalinos oder der Architekt*, Frankfurt 1962, S. 101-151.

Vodička, Felix, *Die Struktur der Entwicklung*, Prag 1969; dt. Auswahl: *Die Struktur der literarischen Entwicklung*, München 1976.

della Volpe, Galvano, *Critica del gusto*, Mailand 1960, ²1966; dt.: *Kritik des Geschmacks. Entwurf einer historisch-materialistischen Literaturtheorie und Ästhetik*, Darmstadt/Neuwied 1978.

Walzel, Oskar, *Die künstlerische Form des Dichtwerks* (1916), in: H. Enders (Hg.), *Die Werkinterpretation*, Darmstadt 1967, S. 1-33.

Warning, Rainer, *Rezeptionsästhetik als literaturwissenschaftliche Pragmatik*, in: R. W. (Hg.), *Rezeptionsästhetik. Theorie und Praxis*, München 1975, S. 9-41.

- *Rezeptionsästhetik*, München 1975.

- *Der Traum der Surrealisten* (Kolloquiumsvorlage in Konstanz u. Zürich 1981) unter dem Titel *Surrealistische Totalität und die Partialität der Moderne. Zur Lyrik Paul Eluards*, in: R. W. und W. Wehle (Hg.), *Lyrik und Malerei der Avantgarde*, München 1982, S. 481-520.

Weiss, Joseph, *A Psychological Theory of Formal Beauty*, in: *Psychoanalytic Quarterly* 16, 1947, S. 391-400.

Wellek, René, *Concepts of Criticism*, New Haven/London 1963; dt.: *Grundbegriffe der Literaturkritik*, Stuttgart/Berlin/Köln/Mainz 1965 (Zitatausgabe).

Wiegmann, Hermann, *Ernst Blochs ästhetische Kriterien und ihre interpretative Funktion in seinen Literarischen Aufsätzen*, Bonn 1976.

Wilde, Oscar, *The Decay of Lying*, in: *The Artist as Critic. Critical Writings of Oscar Wilde*, Hg. v. R. Ellmann, London 1970, S. 290-320.

Winch, Peter, *The Idea of Social Science and its Relation to Philosophy*, London 1958; dt.: *Die Idee der Sozialwissenschaft und ihr Verhältnis zur Philosophie*, Frankfurt 1966.

Wissmann, Jürgen, *Pop Art oder die Realität als Kunstwerk*, in: H. R. Jauß (Hg.), *Die nicht mehr schönen Künste. Grenzphänomene des Ästhetischen*, München 1968, S. 507-530.

Wittgenstein, Ludwig, *Philosophische Untersuchungen*, in: L. W., *Schriften I*, Frankfurt 1960.

- *Vermischte Bemerkungen. Eine Auswahl aus dem Nachlaß*, Hg. v. G. H. von Wright, Frankfurt 1977.

Wohlrapp, Harald, *Materialistische Erkenntniskritik? – Kritik an Alfred Sohn-Rethels Ableitung des abstrakten Denkens und Erörterung einiger grundlegender Gesichtspunkte für eine mögliche materialistische Erkenntnistheorie*, in: J. Mittelstraß (Hg.), *Methodologische Probleme einer normativ-kritischen Gesellschaftstheorie*, Frankfurt 1975, S. 160-243.

Wolff, Reinhold (Hg.), *Psychoanalytische Literaturkritik*, München 1975.

Wright, Georg Henrik von, *Norm and Action. A Logical Inquiry*, London 1963.

- *Explanation and Understanding*, Ithaca/New York 1971; dt.: *Erklären und Verstehen*, Frankfurt 1974.

Žmegač, Viktor (Hg.), *Marxistische Literaturkritik*, Frankfurt 1970, 2. veränderte Aufl. 1972.

- (Hg.), *Methoden der deutschen Literaturwissenschaft*, Frankfurt 1972.

Personenregister

Adorno, Theodor W. 58, 71, 75,
82-87, 108, 152, 154 f., 159, 171,
205, 207, 227 f., 235
Alkaios 155
Apel, Karl-Otto 82, 207, 217
Aristoteles 94, 150, 154, 218, 225
Assisi, Franz von 147
Austin, John L. 124, 219
Avenarius, Richard 212

Bach, Johann Sebastian 168, 231
Bachmann, Ingeborg 155
Balzac, Honoré de 18, 67, 70, 134,
201
Barthes, Roland 53, 55, 201
Bataille, George 201
Baudelaire, Charles 34, 45-52, 195,
198, 201, 218
Baumgarten, Alexander Gottlieb
119, 217
Becker, Jürgen 221
Beckett, Samuel 128, 131, 156,
159 f., 182, 221
Beethoven, Ludwig van 231
Behrmann, Alfred 193, 235
Benjamin, Walter 58, 71-75, 83 ff.,
86, 205 f.
Benn, Gottfried 77, 131
Bergler, Edmund 216
Beuys, Joseph 164, 181 f.
Bierwisch, Manfred 194 f., 201
Bloch, Ernst 58, 71, 76 f., 80, 82,
83, 86, 152, 206
Blumenberg, Hans 234
Bodkin, Maud 214
Bonaparte, Marie 211
Bosch, Hieronymus 164
Brecht, Bertolt 70, 76, 80, 85,
88, 155, 200, 206, 227
Breton, André 173, 232 f.

Brill, Abraham A. 216
Bubner, Rüdiger 72, 82, 204, 205,
207 f., 234
Bühler, Karl 31, 50, 194
Bürger, Peter 170 f., 183, 232 ff.

Camus, Albert 155
Carnap, Rudolf 43, 198
Cassirer, Ernst 161, 229
Celan, Paul 155, 164
Cervantes, Miguel 67, 151
Chagall, Marc 168
Comte, Auguste 17, 190 f.
Courbet, Gustave 80
Courths-Mahler, Hedwig 151, 156

Dante, Alighieri 18
Dauthendey, Max 218
Descartes, René 59
Dilthey, Wilhelm 43, 190
Duchamp, Marcel 175-178, 233 f.
Dumas, Alexandre 144

Ehrenzweig, Anton 101, 212
Eichenbaum, Boris 23, 193
Eisler, Hanns 206
Eliot, Thomas S. 131
Eluard, Paul 174, 233
Engels, Friedrich 57 ff., 61, 70,
202 ff., 214
Enzensberger, Christian 182 f.,
234

Fielding, Henry 67
Fischer, Ernst 205, 207
Flaker, Aleksander 191
Flaubert, Gustave 148 f., 158, 228
Foucault, Michel 198
Frege, Gottlob 128, 133, 219

249

Philosophie
in der edition suhrkamp

Philosophie
in der edition suhrkamp

Philosophie
in der edition suhrkamp

Philosophie
in der edition suhrkamp

304/4/6.90